施工内业资料

主　编　景　铎　梁　新
副主编　高明晖　刘任峰

HEUP 哈尔滨工程大学出版社

内容介绍

本书根据最新规范组织编写。全书紧紧围绕内业资料整理这个任务展开,主要讲述了建筑工程资料的分类与组卷,以及编写和填表方法。同时结合工程实例全面阐述工程资料整理的要点和注意事项。全书共分七个单元,主要内容包括工程资料管理概述、建筑工程资料、铁路工程资料、路基工程资料、桥梁工程资料、隧道工程资料和轨道工程资料。

本书可作为高职高专土木工程类各专业的通用教材,也可作为在职职工的岗前培训教材。

图书在版编目(CIP)数据

施工内业资料/景铎,梁新主编.—哈尔滨:哈尔滨工程大学出版社,2015.8

ISBN 978-7-5661-1119-7

Ⅰ.①施… Ⅱ.①景…②梁… Ⅲ.①建筑工程-技术档案 Ⅳ.①G275.3

中国版本图书馆 CIP 数据核字(2015)第 190656 号

责任编辑 丁 伟
封面设计 恒润设计

出版发行 哈尔滨工程大学出版社
社　　址 哈尔滨市南岗区东大直街 124 号
邮政编码 150001
发行电话 0451-82519328
传　　真 0451-82519699
经　　销 新华书店
印　　刷 哈尔滨工业大学印刷厂
开　　本 787mm×1 092mm　1/16
印　　张 15.5
字　　数 404 千字
版　　次 2015 年 8 月第 1 版
印　　次 2015 年 8 月第 1 次印刷
定　　价 33.00 元
http://www.hrbeupress.com
E-mail:heupress@hrbeu.edu.cn

前　　言

施工内业资料是施工单位在施工过程中以文字或表格形式形成的记录，它是作为评定工程质量的依据，可以反映工程的建设过程，是施工单位进行工程量计量和获得工程款支付的依据。本书根据施工现场资料案例进行编写，结合工程实际，使学生掌握施工现场第一手资料。

教材编写组人员长期从事工程技术专业的教学、科研、施工工作，既有教学经验，又有工程实践经验，对施工技术有较深入的认识。同时邀请现场施工技术人员审核，使本书内容更贴近实际现场施工案例。

本书根据最新规范组织编写。全书紧紧围绕内业资料整理这个任务展开，主要讲述了建筑工程资料的分类与组卷，以及编写和填表方法。同时结合工程实例全面阐述工程资料整理的要点和注意事项。全书共分七个单元：单元一为工程资料管理概述；单元二为建筑工程资料；单元三为铁路工程资料；单元四为路基工程资料；单元五为桥梁工程资料；单元六为隧道工程资料；单元七为轨道工程资料。本书可作为高职高专土木工程类各专业的通用教材，也可作为在职职工的岗前培训教材。

本书由黑龙江职业学院景铎老师担任主编，负责稿件整体统稿和审核。具体编写任务分工如下：黑龙江职业学院景铎老师编写单元二和单元三；哈尔滨职业技术学院梁新老师编写单元一和单元五；黑龙江职业学院高明晖老师编写单元六；哈尔滨职业技术学院刘任峰老师编写单元四和单元七。在本书编写过程中，得到了许多施工单位的关心帮助和提供的施工文件，同时参考了大量建筑企业、单位的案例和资料，并参阅了一些有关书籍，在此一并致以衷心的感谢。

由于编者水平有限，时间紧迫，书中难免存在疏漏和错误之处，恳请广大读者批评指正。

编　者

2015 年 1 月

目　　录

单元一　工程资料管理概述

【知识目标】

了解工程资料的基本概念及主要内容。
理解工程资料的管理职责。
掌握工程资料的归档范围与质量要求。

【能力目标】

通过本单元的教学，使学生初步把握工程资料的管理职责，逐步培养学生对于建设工程资料的归档范围与质量要求的掌握能力。

学习项目一　概　　述

一、工程资料的基本概念

工程资料是工程建设从项目的提出、筹备、勘测、设计、施工到竣工投产等过程中形成的文件材料、图纸、图表、计算材料、声像材料等各种形式的信息总和，简称为工程资料。其主要内容包括工程准备阶段资料、监理资料、施工资料和竣工验收资料。

工程资料是建设工程合法身份与合格质量的证明文件，是工程竣工交付使用的必备文件，也是对工程进行检查、验收、维修、改建和扩建的原始依据。在我国，国家立法和验收标准都对工程资料提出了明确的要求，《中华人民共和国建筑法》《建设工程质量管理条例》《建筑工程施工质量验收统一标准》（GB 50300—2001）《建设工程文件归档整理规范》（GB/T50328—2001）《建设工程资料管理规程》（JGJ/T 185—2009）等均把工程资料放在重要的位置。

正如工程实体建设是参与建设各方的共同责任一样，工程资料的形成也同样是参与建设各方的共同责任。工程资料不仅由施工单位提供，参与工程的建设、勘测、设计单位，承担监理任务的监理或咨询单位等，都负有收集、整理、签署、核查工程资料的责任。

为了保证工程的安全和使用功能，必须重视工程资料的真实性、可靠性。因此，应当规范工程资料的管理，将工程资料视为工程质量验收的重要依据，甚至是工程质量的组成部分。

二、工程资料的主要内容

1. 工程准备阶段资料

工程准备阶段资料是指工程在立项、审批、征地、勘察、设计、招投标、开工审批及工程概预算等工程准备阶段形成的资料,由建设单位提供。

2. 监理资料

监理资料是指监理单位在工程设计、施工等监理过程中形成的资料,主要包括监理管理资料、监理工作记录、竣工验收资料和其他资料等。监理资料由监理单位负责完成,工程竣工后,监理单位应按规定将监理资料移交给建设单位。

3. 施工资料

施工资料是指施工单位在工程具体施工过程中形成的资料,应由施工单位负责完成,主要包括单位工程整体管理与验收资料、施工管理资料、施工技术资料、施工测量记录、施工物资资料、施工记录、施工试验记录、施工质量验收记录等。工程竣工后,施工单位应按规定将施工资料移交给建设单位。

4. 竣工验收资料

竣工验收资料是指在工程项目竣工验收活动中形成的资料,包括工程验收总结、竣工验收记录、财务文件、声像、缩微、电子档案等。

学习项目二　工程资料的管理职责

根据国家规定,参与工程的建设、勘察、设计、监理和施工等单位均负有工程资料管理的责任。这些管理职责对参与建设的各方来说,有些是相同的、一致的,将这些参建各方所共有的职责称为通用职责;有些是参与建设的某一方所特有的职责。参建各方应当认真履行通用职责和各自特有的职责。

一、通用职责

通用职责也称基本职责,主要有以下五条:

(1)工程资料的形成应符合国家相关的法律、法规、技术规范、质量验收标准、工程合同和设计文件等的规定。

(2)工程各参建单位应将工程资料的形成和积累纳入工程建设管理的各个环节和全过程中。建设、监理、施工单位应各自组织本单位工程资料的整体管理工作,并应明确相关人员的职责。

(3)工程资料应随工程进度同步收集、整理,并按规定进行移交。资料组卷与资料份数应符合规定。

(4)工程资料应实行分级管理,由建设、监理、施工单位主管(技术)负责人组织本单位工程资料的全过程管理工作。建设过程中工程资料的收集、整理和审核工作应有专人负责,并按规定取得相应的岗位资格。

(5)工程各参建单位应确保各自所形成的资料真实、有效、完整和齐全。对工程资料进行涂改、伪造、随意抽撤或损毁、丢失等,应按有关规定对相关责任人予以处罚,情节严重的,应依法追究法律责任。

重要工程资料应保持其页码、内容的连续性,不准随意撕扯、抽撤或更换。资料的原始记录均应为真实的原始现场记录,不准再次抄录。当工程资料中有需要修改的内容时,应采取“杠改”的方式修改。“杠改”部分要清晰可辨,并注明更改原因,在修改位置旁由修改人本人签名承担责任。

二、各单位职责

1. 建设单位职责

（1）应负责工程准备及验收阶段资料的管理工作，并设专人对这些资料进行收集、整理和归档。

（2）在工程招标及与参建各方签订合同或协议时，应对工程资料和工程档案的编制责任、套数、费用、质量和移交期限等提出明确要求。

（3）必须向参与工程建设的勘察、设计、施工、监理等单位提供与建设工程有关的资料。

（4）由建设单位采购的建筑材料、构配件和设备，建设单位应保证建筑材料、构配件和设备符合设计文件和合同要求，并保证相关物资文件的完整、真实和有效。

（5）应负责监督和检查各参建单位工程资料的形成、积累和立卷工作，也可委托监理单位检查工程资料的形成、积累和立卷工作。

（6）对需由建设单位签认的工程资料应签署意见。

（7）应收集和汇总勘察、设计、监理和施工等单位立卷归档的工程档案。

（8）应负责组织竣工图的绘制工作，也可委托施工单位、监理单位或设计单位进行。

（9）列入城建档案馆接收范围的工程档案，建设单位应在组织工程竣工验收前，提请城建档案馆对工程档案进行预验收，未取得《建设工程竣工档案预验收意见》的不得组织工程竣工验收。

（10）建设单位应在工程竣工验收后3个月内将工程档案移交城建档案馆。

2. 勘察、设计单位职责

（1）应按合同和规范要求提供勘察、设计文件，包括工程洽商和变更。

（2）对需由勘察、设计单位签认的工程资料，应及时签署意见。

（3）应按照有关规定对工程竣工验收出具工程质量检查报告。

3. 监理单位职责

（1）应负责监理资料的管理工作，并设专人对监理资料进行收集、整理和归档。

（2）应按照合同约定，在勘察、设计阶段，对勘察、设计文件的形成、积累、组卷和归档进行监督、检查；在施工阶段，应对施工资料的形成、积累、组卷和归档进行监督、检查，使施工资料的完整性、准确性符合有关规定。

（3）对需由监理单位出具或签认的工程资料，应及时进行签署。

（4）列入城建档案馆接收范围的监理资料，监理单位应在工程竣工验收后两个月内移交建设单位。

4. 施工单位职责

（1）应负责施工资料的管理工作，实行技术负责人负责制，逐级建立健全施工资料管理岗位责任制。

（2）应负责汇总各分包单位编制的施工资料，分包单位应负责其分包范围内施工资料的收集和整理，并对施工资料的真实性、完整性和有效性负责。

（3）应在工程竣工验收前，完成工程施工资料的整理、汇总。

（4）应负责编制施工资料，一般不少于两套，一套自行保存，一套移交建设单位。

5. 城建档案馆职责

城建档案馆是长期保存工程资料的专业机构。它不属于参与工程建设的一方主体，但是担负对工程资料重要的管理职责，具体如下：

(1)应负责接收、收集、保管和利用城建档案的日常管理工作。

(2)应负责对城建档案的编制、整理、归档工作进行监督、检查、指导，对国家重点、大型工程项目的工程档案编制、整理、归档工作应指派专业人员进行指导。

(3)在工程竣工验收前，应对列入城建档案馆接收范围的工程档案进行预验收，并出具《建设工程竣工档案预验收意见》。

学习项目三　资料员的基本要求和工作职责

一、资料员的基本要求

资料员是施工企业六大员(施工员、质检员、预算员、安全员、材料员、资料员)之一。

建设的质量具体反映在建筑物的实体质量上，即所谓硬件；另外还反映在该项工程技术资料质量上，即所谓软件。工程资料的形成主要靠资料员的收集、整理、编制，因此，资料员在施工过程中担负着十分重要的责任。

要当好资料员除了本身有认真、负责的工作态度外，还必须了解建设工程项目的工程概况；熟悉本工程的施工图，施工基础知识，施工技术规范，施工质量验收规范，建筑材料的技术性能、质量要求及使用方法，有关政策、法规和地方性法规、条文等；还要了解施工管理的全过程，了解每项资料在什么时候产生。

二、资料员的工作职责

1. 熟练掌握档案资料工作的有关业务知识

(1)熟悉国家、地区、上级单位有关档案、资料管理的法规、条例、规定等。

(2)资料的收集、整理、归档。

(3)报送建设单位归档资料。

(4)施工单位归档资料。

(5)报送城建档案馆归档资料。

2. 资料收集过程中应遵守的三项原则

(1)参与的原则。工程资料管理必须纳入项目管理的程序中，资料员应参加生产协调会、项目管理人员工作会等，及时掌握施工管理信息，便于对资料的管理监控。

(2)同步的原则。工程资料的收集必须与实际施工进度同步。

(3)否定的原则。对分包单位必须提供的施工技术资料应严格把关，对所提供的资料不符合规定要求的不予结算工程款。

3. 资料的保管

(1)分类整理。按质量验收记录、工程质量控制资料核查记录、施工技术管理资料、工程安全和功能检查资料核查及主要功能抽查记录等划分，同类资料按产生时间的先后排列。

(2)固定存放。根据实际条件,配备必要的存放资料的箱柜存放资料,并注意防火、防蛀、防霉。

(3)借阅有手续。资料的借阅必须建立一定的借阅制度,并按制度办理借阅手续。

(4)按规定移交、归档。项目通过竣工验收后,按时移交给公司、建设单位和城建档案部门。

三、资料员的工作内容

资料员的工作内容按不同阶段划分,可分为施工前期阶段、施工阶段和竣工验收阶段。

1. 施工前期阶段

(1)熟悉建设项目的有关资料和施工图。

(2)协助编制施工组织设计(施工技术方案),并填写施工组织设计(技术方案)报审表,提交现场监理机构审批。

(3)填报开工报告,填报工程开工报审表,填写开工通知单。

(4)协助编制各工种的技术交底材料。

(5)协助制定各种规章制度。

2. 施工阶段

(1)及时搜集整理进场的工程材料、构配件、成品、半成品和设备的质量保证资料(出厂质量证明书、生产许可证、准用证、交易证),填报工程材料、构配件、设备报审表,由监理工程师审批。

(2)与施工进度同步,做好隐蔽工程验收记录及检验批质量验收记录的报审工作。

(3)及时整理施工试验记录和测试记录。

(4)阶段性地协助整理施工日记。

3. 竣工验收阶段

(1)工程竣工资料的组卷

①单位(子单位)工程质量验收资料。

②单位(子单位)工程质量控制资料核查记录。

③单位(子单位)工程安全与功能检验资料核查及主要功能抽查资料。

④单位(子单位)工程施工技术管理资料。

(2)归档资料(提交城建档案馆)

①施工技术准备文件,包括图纸会审记录、控制网设置资料、工程定位测量资料、基槽开挖线测量资料。

②工程图纸变更记录,包括图纸会审记录、设计变更记录、工程洽谈记录等。

③地基处理记录,包括地基钎探记录和钎探平面布置点、验槽记录和地基处理记录、桩基施工记录、试桩记录等。

④施工材料预制构件质量证明文件及复试试验报告。

⑤施工试验记录,包括土壤试验记录、砂浆和混凝土抗压强度试验报告、商品混凝土出厂合格证和复试报告、钢筋接头焊接报告等。

⑥施工记录,包括工程定位测量记录、沉降观测记录、现场施工预应力记录、工程竣工测量、新型建筑材料、施工新技术等。

⑦隐蔽工程检查记录，包括基础与主体结构钢筋工程、钢结构工程、防水工程、高程测量记录等。

⑧工程质量事故处理记录。

学习项目四　工程资料的归档范围与质量要求

一、工程资料的归档

1. 归档的概念及含义

工程资料的归档是指工程资料形成单位完成其工作任务后，将形成的资料整理立卷，按规定移交档案管理机构。归档包括两方面的含义：一是建设、勘察、设计、施工、监理等单位将本单位在工程建设过程中形成的资料向本单位档案管理机构移交；二是勘察、设计、施工、监理等单位将本单位在工程建设过程中形成的资料向建设单位档案管理机构移交。

2. 归档的相关规定

（1）归档资料必须完整、准确、系统，能够反映工程建设的全过程。归档的资料必须经过分类整理，并应组成符合要求的案卷。建设工程文件归档范围和保管期限如表 1－1 所示。

表 1－1　建设工程文件归档范围和保管期限表

序号	归档文件	保存单位和保管期限				
		建设单位	施工单位	设计单位	监理单位	城建档案馆
	工程准备阶段文件					
一	立项文件					
1	项目建议书	永久				✓
2	项目建议书审批意见及前期工作通知书	永久				✓
3	可行性研究报告及附件	永久				✓
4	可行性研究报告审批意见	永久				✓
5	与立项有关的会议纪要、领导讲话	永久	✓			
6	专家建议文件	永久				✓
7	调查资料及项目评估研究材料	长期				✓
二	建设用地、征地、拆迁文件					
1	选址申请及选址规划意见通知书	永久				✓
2	用地申请报告及县级以上人民政府城乡建设用地批准书	永久				✓
3	拆迁安置意见、协议、方案等	长期				✓
4	建设用地规划许可证及其附件	永久				✓
5	划拨建设用地文件	永久				✓
6	国有土地使用证	永久				✓

表 1－1(续)

序号	归档文件	保存单位和保管期限				
		建设单位	施工单位	设计单位	监理单位	城建档案馆
三	勘察、测绘、设计文件					
1	工程地质勘察报告	永久		永久		✓
2	水文地质勘察报告、自然条件、地震调查	永久		永久		✓
3	建设用地钉桩通知单(书)	永久				✓
4	地形测量和拨地测量成果报告	永久		永久		✓
5	申报的规划设计条件和规划设计条件通知书	永久		长期		✓
6	初步设计图纸和说明	长期		长期		
7	技术设计图纸和说明	长期		长期		
8	审定设计方案通知书及审查意见	长期		长期		✓
9	有关行政主管部门(人防、环保、消防、交通、园林、市政、文物、通信、保密、河湖、教育、白蚁防治、卫生等)批准文件或取得的有关协议	永久				✓
10	施工图及其说明	长期		长期		
11	设计计算书	长期		长期		
12	政府有关部门对施工图设计文件的审批意见	永久		长期		✓
四	招投标文件					
1	勘察设计招投标文件	长期				
2	勘察设计承包合同	长期		长期		✓
3	施工招投标文件	长期				
4	施工承包合同	长期	长期			✓
5	工程监理招投标文件	长期				
6	监理委托合同	长期		长期	✓	
五	开工审批文件					
1	建设项目列入年度计划的申报文件	永久				✓
2	建设项目列入年度的批复文件或年度计划项目表	永久				✓
3	规划审批申报表及报送的文件和图纸	永久				
4	建设工程规划许可证及其附件	永久				✓
5	建设工程开工审查表	永久				
6	建设工程施工许可证	永久				✓
7	投资许可证、审计证明、缴纳绿化建设费等证明	长期				✓
8	工程质量监督手续	长期				✓

表1－1(续)

序号	归档文件	保存单位和保管期限				
		建设单位	施工单位	设计单位	监理单位	城建档案馆
六	财务文件					
1	工程投资估算材料	短期				
2	工程设计概算材料	短期				
3	施工图预算材料	短期				
4	施工预算	短期				
七	建设、施工、监理机构及负责人					
1	工程项目管理机构(项目经理部) 及负责人名单	长期				✓
2	工程监理单位(项目监理部)及负责人名单	长期			长期	✓
3	工程项目施工管理机构(施工项目经理部)及负责人名单	长期	长期			✓
	监理规划					
1	监理规划					
(1)	监理规划	长期			短期	✓
(2)	监理实施细则	长期			短期	✓
(3)	监理部总控制计划等	长期			短期	✓
2	监理月报中的有关质量问题	长期			长期	✓
3	监理部总控制计划等	长期			长期	✓
4	进度控制					
(1)	工程开工/复工审批表	长期			长期	✓
(2)	质量事故报告及处理意见	长期			长期	✓
5	质量控制					
(1)	不合格项目通知	长期			长期	✓
(2)	质量事故报告及处理意见	长期			长期	✓
6	造价控制					
(1)	预付款报审与支付	短期				
(2)	月付款报审与支付	短期				
(3)	设计变更、洽商费用报审与签认	长期				
(4)	工程竣工决算审核意见书	长期				✓
7	分包资质					
(1)	分包单位资质材料	长期				
(2)	供货单位资质材料	长期				
(3)	试验等单位资质材料	长期				

表 1－1(续)

序号	归档文件	保存单位和保管期限				
		建设单位	施工单位	设计单位	监理单位	城建档案馆
8	监理通知					
(1)	有关进度控制的监理通知	长期			长期	
(2)	有关投资控制的监理通知	长期			长期	
(3)	有关质量控制的监理通知	长期			长期	
9	合同与其他事项管理					
(1)	工程延期报告及审批	永久			长期	✓
(2)	费用索赔报告及审批	长期			长期	
(3)	合同争议、违约报告及处理意见	永久			长期	✓
(4)	合同变更材料	长期			长期	✓
10	监理工作总结					
(1)	专题总结	长期			短期	
(2)	月报总结	长期			短期	
(3)	工程竣工总结	长期			短期	✓
(4)	质量评价意见报告	长期			长期	✓
	施工文件					
一	建设安装工程					
(一)	土建(建筑与结构)工程					
1	施工技术准备文件					
(1)	施工组织设计	长期				
(2)	技术交底	长期	长期			
(3)	图纸会审记录	长期	长期	长期		✓
(4)	施工预算的编制和审查	短期	短期			
(5)	施工日志	短期	短期			
2	施工现场准备					
(1)	控制网设置资料	长期	长期			✓
(2)	工程定位测量资料	长期	长期			✓
(3)	基槽开挖线测量资料	长期	长期			✓
(4)	施工安全措施	短期	短期			
(5)	施工环保措施	短期	短期			
3	地基处理记录					
(1)	地基钎探记录和钎探平面布点图	永久	长期			✓
(2)	验槽记录和地基处理记录	永久	长期			✓
(3)	桩基施工记录	永久	长期			✓
(4)	试桩记录	长期	长期			✓

表 1－1(续)

序号	归档文件	保存单位和保管期限				
		建设单位	施工单位	设计单位	监理单位	城建档案馆
4	工程图纸变更记录					
(1)	设计会议会审记录	永久	长期	长期		✓
(2)	设计变更记录	永久	长期	长期		✓
(3)	工程洽商记录	永久	长期	长期		✓
5	施工材料、预制构件质量证明文件及复试试验报告					
(1)	砂、石、砖、水泥、钢筋、防水材料、隔热保温、防腐材料、轻集料试验汇总表	长期				✓
(2)	砂、石、砖、水泥、钢筋、防水材料、隔热保温、防腐材料、轻集料出厂证明文件	长期				✓
(3)	砂、石、砖、水泥、钢筋、防水材料、轻集料、焊条、沥青复试试验报告	长期				✓
(4)	预制构件(钢筋、混凝土)出厂合格证、试验记录	长期				✓
(5)	工程物资选样送审表	短期				
(6)	施工试验记录	短期				
(7)	工程物资进场报验表	短期				
6	施工试验记录					
(1)	土壤(素土、灰土)干密度试验报告	长期				✓
(2)	土壤(素土、灰土)击实试验报告	长期				✓
(3)	砂浆配合比通知单	长期				
(4)	砂浆(试块)抗压强度试验报告	长期				✓
(5)	混凝土配合比通知单	长期				
(6)	混凝土(试块)抗压强度试验报告	长期				✓
(7)	混凝土抗渗试验报告	长期				✓
(8)	商品混凝土出厂合格证、复试报告	长期				✓
(9)	钢筋接头(焊接)试验报告	长期				✓
(10)	防水工程试水检查记录	长期				
(11)	楼地面、屋面坡度检查记录	长期				
(12)	土壤、砂浆、混凝土、钢筋连接、混凝土抗渗试验报告汇总表	长期				✓
7	隐蔽工程检查记录					
(1)	基础和主体结构钢筋工程	长期	长期			✓
(2)	钢结构工程	长期	长期			✓
(3)	防水工程	长期	长期			✓
(4)	高程控制	长期	长期			

表 1－1(续)

序号	归档文件	保存单位和保管期限				
		建设单位	施工单位	设计单位	监理单位	城建档案馆
8	施工记录					
(1)	工程定位测量检查记录	永久	长期			✓
(2)	预检工程检查记录	短期				
(3)	冬期施工混凝土搅拌测温记录	短期				
(4)	冬期施工混凝土养护测温记录	短期				
(5)	烟道、垃圾道检查记录	短期				
(6)	沉降观测记录	短期				✓
(7)	结构吊装记录	长期				
(8)	现场施工预应力记录	长期				✓
(9)	工程竣工测量	长期	长期			✓
(10)	新型建筑材料	长期	长期			✓
(11)	施工新技术	长期	长期			✓
9	工程质量事故处理记录	永久				✓
10	工程质量检验记录					
(1)	检验批质量验收记录	长期	长期		长期	
(2)	分项工程质量验收记录	长期	长期		长期	
(3)	基础、主体工程验收记录	永久	长期		长期	✓
(4)	幕墙工程验收记录	永久	长期		长期	✓
(5)	分部(子分部)工程质量验收记录	永久	长期		长期	✓
(二)	电气、给排水、消防、采暖、通风、空调、燃气、建筑智能化、电梯工程					
1	一般施工记录					
(1)	施工组织设计	长期	长期			
(2)	技术交底	短期				
(3)	施工日志	短期				
2	图纸变更记录					
(1)	图纸会审	永久	长期		✓	
(2)	设计变更	永久	长期			✓
(3)	工程洽商	永久	长期			✓
3	设备、产品质量检查、安装记录					
(1)	设备、产品质量合格证、质量保证书	长期	长期			✓
(2)	设备装箱单、商检证明和说明书、开箱报告	长期				

表 1－1(续)

序号	归档文件	保存单位和保管期限				
		建设单位	施工单位	设计单位	监理单位	城建档案馆
(3)	设备安装记录	长期				✓
(4)	设备试运行记录	长期				✓
(5)	设备明细表	长期	长期			✓
4	预检记录	短期				
5	隐蔽工程检查记录	长期	长期			✓
6	施工试验记录					
(1)	电气接地电阻、绝缘电阻、综合布线、有线电视末端等测试记录	长期				✓
(2)	楼宇自控、监视、安装、视听、电话等系统调试记录	长期				✓
(3)	变配电设备安装、检查、通电、满负荷测试记录	长期				✓
(4)	给排水、消防、采暖、通风、空调、燃气等管道强度、严密性、灌水、通风、吹洗、漏风、试压、通球、阀门等试验记录	长期				✓
(5)	电梯照明、动力、给排水、消防、采暖、通风、空调、燃气等系统调试、试运行记录	长期				✓
(6)	电梯接地电阻、绝缘电阻测试记录；空载、半载、满载、超载试运行记录；平衡、运速、噪声调整试验报告	长期				✓
7	质量事故处理记录	永久	长期			✓
8	工程质量检验记录					
(1)	检验批质量验收记录	长期	长期		长期	
(2)	分项工程质量验收记录	长期	长期		长期	
(3)	分部(子分部)工程质量验收记录	长期	长期		长期	✓
(三)	室外工程					
1	室外安装(给水、雨水、污水、热力、燃气、电信、电力、照明、电视、消防等)施工文件	长期				✓
2	室外建筑环境(建筑小品、水景、道路、园林绿化等)施工文件	长期				✓
二	市政基础设施工程					
	竣工图					
一	建筑安装工程竣工图					
(一)	综合竣工图					
1	综合图					
(1)	总平面布置图(包括建筑、建筑小品、水景、照明、道路)	永久	长期			✓
(2)	竖向布置图	永久	长期			✓

表1-1(续)

序号	归档文件	保存单位和保管期限				
		建设单位	施工单位	设计单位	监理单位	城建档案馆
(3)	室外给水、排水、热力、燃气等管网综合图	永久	长期			✓
(4)	电气(包括电力、电信、电视系统等)综合图	永久	长期			✓
(5)	设计总说明书	永久	长期			✓
2	室外专业图					
(1)	室外给水	永久	长期			✓
(2)	室外雨水	永久	长期			✓
(3)	室外污水	永久	长期			✓
(4)	室外热力	永久	长期			✓
(5)	室外燃气	永久	长期			✓
(6)	室外电信	永久	长期			✓
(7)	室外电力	永久	长期			✓
(8)	室外电视	永久	长期			✓
(9)	室外建筑小品	永久	长期			✓
(10)	室外消防	永久	长期			✓
(11)	室外照明	永久	长期			✓
(12)	室外水景	永久	长期			✓
(13)	室外道路	永久	长期			✓
(14)	室外绿化	永久	长期			✓
(二)	专业竣工图					
1	建筑竣工图	永久	长期			✓
2	结构竣工图	永久	长期			✓
3	装修(装饰)工程竣工图	永久	长期			✓
4	电气工程(智能化工程)竣工图	永久	长期			✓
5	给排水工程(消防工程)竣工图	永久	长期			✓
6	采暖、通风、空调工程竣工图	永久	长期			✓
7	燃气工程竣工图	永久	长期			✓
二	市政基础设施工程竣工图					
	竣工验收文件					
一	工程竣工总结					
1	工程概况表	永久				✓
2	工程竣工总结	永久				✓

表 1－1(续)

序号	归档文件	保存单位和保管期限				
		建设单位	施工单位	设计单位	监理单位	城建档案馆
二	竣工验收记录					
(一)	建筑安装工程					
1	单位(子单位)工程质量验收记录	永久	长期			✓
2	竣工验收证明书	永久	长期			✓
3	竣工验收报告	永久	长期			✓
4	竣工验收备案表(包括各专项验收认可文件)	永久				✓
5	工程质量保修书	永久	长期			✓
(二)	市政基础设施工程					
三	财务文件					
1	决算文件	永久				✓
2	交付使用财产总表和财产明细表	永久	长期			✓
四	声像、缩微、电子档案					
1	声像档案					
(1)	工程照片	永久				✓
(2)	录音、录像材料	永久				✓
2	缩微	永久				✓
3	电子档案					
(1)	光盘	永久				✓
(2)	磁盘	永久				✓

(2)根据工程建设的程序和特点,归档可以分阶段进行,也可以在单位或分部工程通过竣工验收后进行。一般规定勘察、设计单位应当在任务完成时,施工、监理单位应当在工程竣工验收前,将各自形成的有关工程档案向建设单位归档。

(3)勘察、设计、施工单位在收齐工程文件并整理立卷后,建设单位、监理单位应根据城建管理机构的要求,对档案文件的完整、准确、系统情况和案卷质量进行审查。审查合格后向建设单位移交。

(4)工程档案一般不少于两套,一套由建设单位保管,一套(原件)移交当地城建档案馆。

(5)勘察、设计、施工、监理等单位向建设单位移交档案时,应编制移交清单,双方签字、盖章后方可交接。

(6)凡设计、施工及监理单位需要向本单位归档的文件,应按国家有关规定和表 1－1 的要求单独立卷归档。

二、工程资料的质量要求

(1)工程资料应使用原件。因各种原因不能使用原件的,应在复印件上加盖单位公章,注明原件存放处,并有经办人签字及时间。

(2)工程资料应真实反映工程的实际情况,资料的内容必须真实、准确,与工程实际相符合。

(3)工程资料的内容必须符合国家有关的技术规范和标准。

(4)工程文件资料应字迹清楚、图样清晰、图表整洁、签字盖章手续完备。签字必须使用档案规定用笔,可采用碳素墨水、蓝黑墨水等耐久性强的书写材料,不得使用铅笔、圆珠笔、红色墨水、纯蓝墨水、复写纸等易褪色的书写材料。工程资料的照片及声像档案应图像清晰、声音清楚、文字说明或内容准确。

(5)工程文件中文字材料幅面尺寸规格宜为 A4 幅面(297 mm×210 mm)。图纸宜采用国家标准图幅。

(6)工程文件的纸张应采用能够长期保存的耐久性强、韧性大的纸张。图纸一般采用蓝晒图,竣工图应是新蓝图。计算机出图必须清晰,不得使用复印件。

(7)所有竣工图均应加盖竣工图章。

(8)竣工图章的基本内容应包括"竣工图"字样、施工单位、编制人、审核人、技术负责人、编制日期、监理单位、现场监理、总监。竣工图章尺寸为 50 mm×80 mm。竣工图章应使用不易褪色的红印泥,应盖在图标栏上方空白处。竣工图章式样如图 1-1 所示。

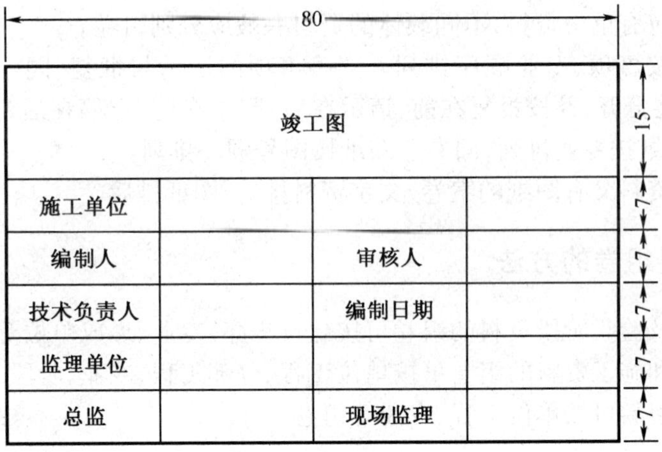

图 1-1　竣工图章式样

(9)利用施工图改绘竣工图,必须标明变更修改依据。凡施工图结构、工艺、平面布置等有重大改变,或变更部分超过图面 1/3 的,应当重新绘制竣工图。

(10)不同幅面工程图纸应按《技术制图——复制图的折叠方法》(GB/T 10609.3—2009) 统一折叠成 A4 幅面(297 mm×210 mm),图标栏露在外面。

学习项目五　工程资料的组卷

一、工程资料组卷的基本原则

1. 组卷的概念

组卷又称立卷，是指按一定的原则和方法，将有保存价值的资料进行系统整理、编制目录、详细核对以后装订成宗卷。

2. 组卷的原则

组卷应遵循工程资料的自然形成规律，保持卷内文件资料的有机联系，便于档案的保管和利用。

(1)建设项目应按单位工程组卷。

(2)工程资料应按照不同的收集、整理单位及资料类别，按工程准备及竣工验收阶段资料、监理资料、施工资料和竣工图分别进行组卷。

(3)卷内资料排列顺序要依照卷内的资料构成而定，一般顺序为封面、目录、资料部分、备考表和封底。组成的案卷力求美观整洁。

(4)卷内若存在多种工程资料时，同类资料按日期顺序排列，不同资料之间的排列顺序应按资料编号顺序排列。

(5)案卷不宜过厚，一般不超过 40 mm。

(6)案卷内不应有重份资料，不同载体的资料一般应分别组卷。

(7)文字资料按事项、专业顺序排列。同一事项的请示与批复、同一文件的印本与定稿、主体与附件不能分开，并按批复在前、请示在后，印本在前、定稿在后，主体在前、附件在后的顺序排列。图纸按专业排列，同专业图纸按图号顺序排列。

(8)既有文字资料又有图纸的案卷，文字资料排前，图纸排后。

二、工程资料组卷的方法

(1)工程准备及验收阶段资料的组卷可按建设程序、专业、形成单位等组卷。

(2)监理资料和施工资料的组卷可按单位工程、分部工程、专业、阶段等组卷。

(3)竣工图的组卷可按单位工程、专业等组卷。

三、宗卷页码的编写

(1)编写页码应以独立卷为单位，卷内文件均以有书写内容的页面编写页号。

(2)每卷单独编号，页号从“1”开始。

(3)页号编写位置:单面书写的文件在右下角;双面书写的文件，正面在右下角，背面在左下角。

(4)图纸折叠后无论何种形式，页号一律编写在右下角。

(5)成套图纸或印刷成册的科技文件资料，自成一卷的，原目录可代替卷内目录，不必重新编写页码。

(6)案卷封面、卷内目录、卷内备考表不编写页号。

四、宗卷目录的编制

(1)宗卷目录式样宜符合图1－2的要求。

(2)序号:按卷内资料排列先后用阿拉伯数字从1依次标注。

(3)文件编号:填写工程文件资料原有的文号或图号。

(4)责任者:填写文件的直接形成单位和个人。有多个责任者时,选择两个主要责任者,其余用“等”代替。

(5)文件题名:填写文字资料和图纸名称,无标题的资料应根据内容拟写标题。

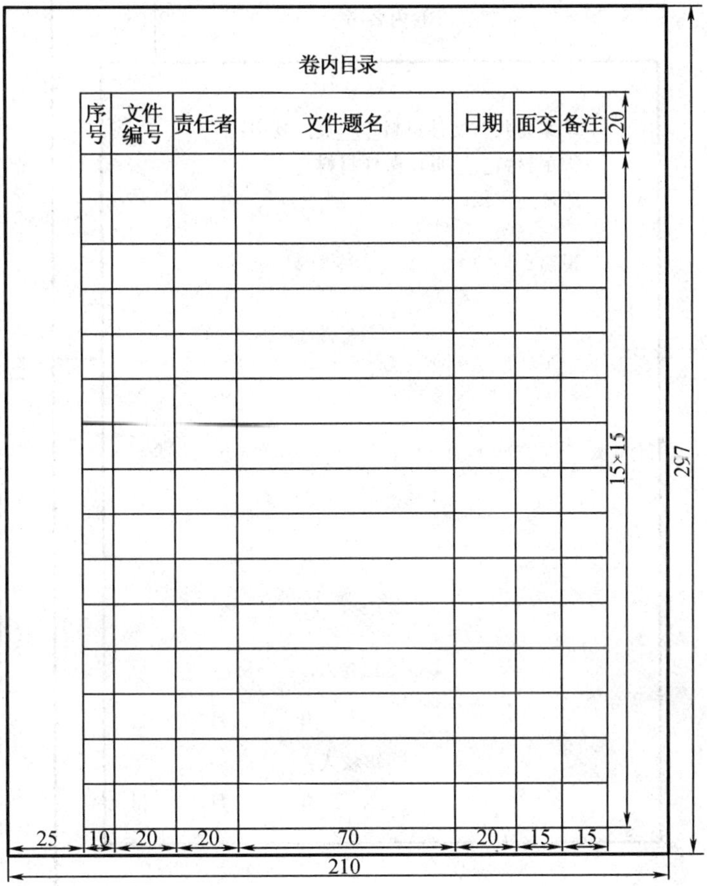

图1－2　宗卷目录式样

(6)日期:填写资料形成的日期。

(7)页次:填写资料在卷内所排的起始页号。

(8)卷内目录排列在卷内文件资料首页之前。

五、宗卷备考表的编制

(1)卷内备考表的式样宜符合图1－3的要求。

(2)卷内备考表主要标明卷内文件的总页数、各类文件页数、照片张数,以及立卷单位对案卷情况的说明。

(3)立卷单位的立卷人、审核人应签字。

(4)案卷备考表的说明,主要说明卷内文件复印件情况、页码错误情况、文件的更换情况等,没有需要说明的事项可不填写。

(5)卷内备考表排列在卷内文件的尾页之后。

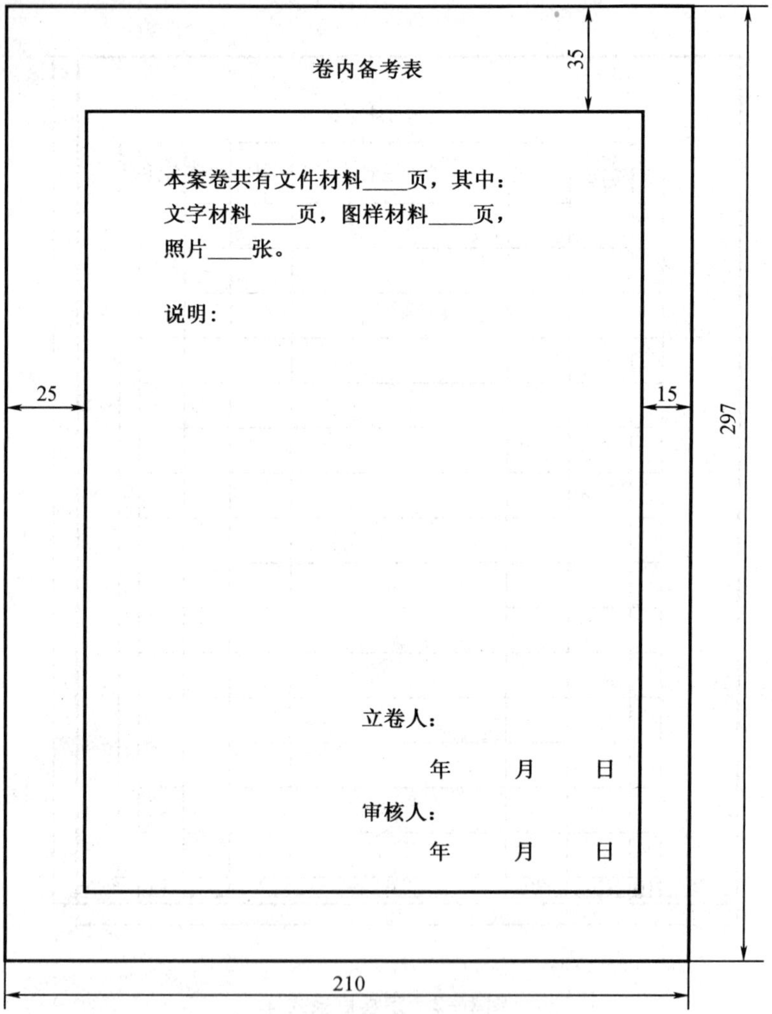

图1－3 卷内备考表式样

六、宗卷封面的编制

(1)案卷封面印刷在卷盒、卷夹的正表面,也可采用内封面形式。案卷封面的式样宜符合图1－4的要求。

(2)案卷封面的内容应包括名称、案卷题名、编制单位、编制日期、密级、保管期限等。

(3)档号:应由分类号、项目号和案卷号组成,由档案保管单位填写。

(4)档案馆代号:应填写国家给定的本档案馆的编号,由档案馆填写。

(5)案卷题名:应简明、准确地提示卷内文件的内容。案卷题名应包括工程名称、专业名称、卷内文件的内容。

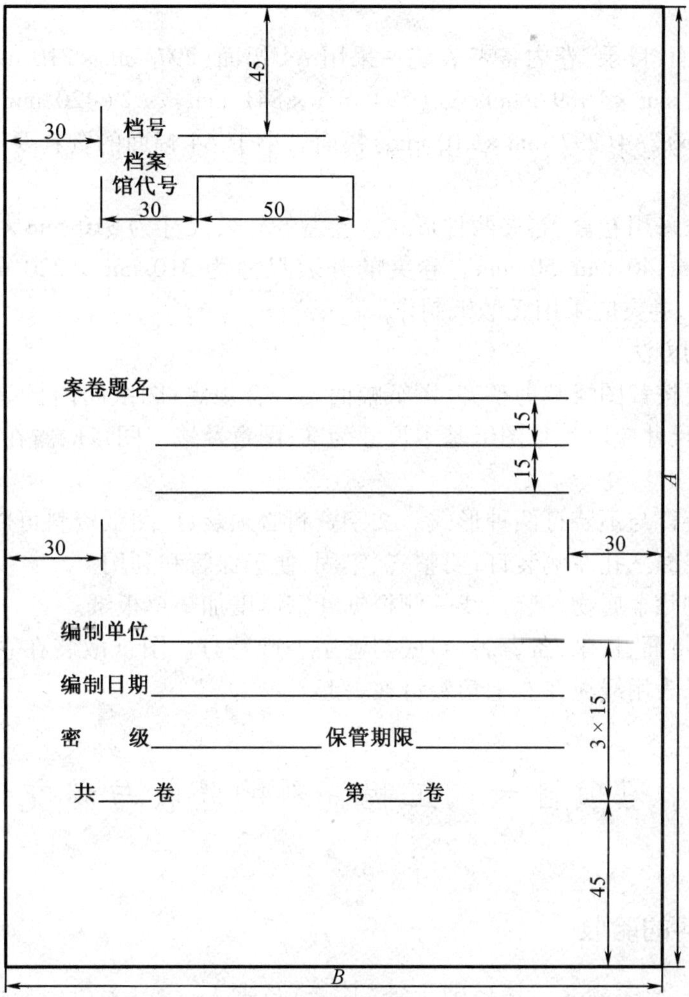

图 1-4　案卷封面的式样

注:卷盒、卷夹封面:$A \times B = 310\ mm \times 220\ mm$;案卷封面:$A \times B = 297\ mm \times 210\ mm$。

(6)编制单位:应填写本卷档案的编制单位并加盖公章。

(7)编制日期:应填写案卷内全部文件形成的起止日期。

(8)保管期限:由档案保管单位按照保管期限的有关规定填写。分为永久、长期、短期三种期限。永久是指工程档案需永久保存;长期是指工程档案的保存期限等于该工程的使用寿命;短期是指工程档案保存20年以下。同一案卷内有不同保管期限的文件,该案卷保管期限应从长。

(9)密级:由档案保管单位按照本单位的保密规定或有关规定填写,分为绝密、机密、秘密三种。同一案卷内有不同密级的文件，应以高密级为本卷密级。

说明：城建档案馆的分类号依据建设部《城市建设分类大纲》（建办档 19931103 号）编写，一般为大类号加属类号。档号按《城市建设档案著录规范》（GB/T 50323—2001）编写。

七、宗卷的装订

1. 卷宗规格

卷内资料、封面、目录、卷内备考表统一采用 A4 幅面（297 mm×210 mm）的尺寸，图纸分别采用 A0（841 mm×1 189 mm）、A1（594 mm×841 mm）、A2（420 mm×594 mm）、A3（297 mm×420 mm）、A4（297 mm×210 mm）幅面。小于 A4 幅面的资料要用 A4 白纸衬托。

2. 卷宗的装具

案卷装具一般采用卷盒、卷夹两种形式。卷盒的外表尺寸为 310 mm×220 mm，厚度分别为 20 mm，30 mm，40 mm，50 mm。卷夹的外表尺寸为 310 mm×220 mm，厚度一般为 20～30 mm。卷盒、卷夹应采用无酸纸制作。

3. 图纸折叠的方法

图纸折叠前要按裁图线裁剪整齐，图纸幅面要符合规定；图纸向内折叠，成手风琴风箱式；折叠后的幅面尺寸应以 4 号图纸基本尺寸为准；图章及竣工图章应露在外面。

4. 卷宗装订

案卷可采用装订与不装订两种形式。文字资料必须装订，图纸资料可以散装存放。

装订应采用线绳三孔左侧装订，要整齐、牢固，便于保管和利用。

装订时必须剔除金属物。装订线一侧根据卷宗厚度加垫草板纸。

装订时，须将封面、目录、备考表、封底与卷宗一起装订。图纸散装在卷盒内时，要将卷宗封面、目录、备考表用线绳在左上角装订在一起。

学习项目六　工程资料的验收与移交

一、工程资料的验收

工程竣工验收前，参建各方单位的主管（技术）负责人，应对本单位形成的工程资料进行竣工审查；建设单位应按照国家验收规范有关规定的要求，对参建各方汇总的资料进行验收，使其完整、准确。列入城建档案馆（室）接收范围的工程档案，建设单位在组织工程竣工验收前，应提请城建档案管理机构对工程档案进行预验收。建设单位未取得城建档案管理机构出具的认可文件，不得组织工程竣工验收。

验收主要包括以下内容：

（1）工程资料是否齐全、系统、完整；

（2）工程资料的内容是否真实、准确地反映工程建设活动和工程实际状况；

（3）工程资料是否已整理立卷，并符合相关规范的规定；

（4）竣工图绘制方法、图式及规格等是否符合专业技术要求，图面整洁，加盖竣工图章等；

(5)文件的形成、来源是否符合实际,单位或个人的签章手续完备情况等;

(6)文件材质、幅面、书写、绘图、用墨、托裱等是否符合要求。

二、工程资料的移交

(1)施工、监理等工程参建单位应将工程资料按合同或协议在约定的时间,按规定的套数移交给建设单位,并填写移交目录,双方签字、盖章后按规定办理移交手续。

(2)列入城建档案馆接收范围的工程档案,建设单位在工程竣工验收后3个月内必须向城建档案馆移交一套符合规定的工程档案资料,并按规定办理移交手续。若推迟报送日期,应在规定报送时间内向城建档案馆申请延期报送,并说明延期报送的原因,经同意后方可办理延期报送手续。停建、缓建工程的档案,暂由建设单位保管。改建、扩建和维修工程,建设单位应当组织设计、施工单位根据实际情况修改、补充和完善原工程资料。对改变的部位,应当重新编制工程档案,并在工程验收后3个月内向城建档案馆移交。建设单位向城建档案馆移交工程档案时,应办理移交手续,填写移交目录,双方签字、盖章后交接。

单元二　建筑工程资料

【知识目标】

了解建筑工程施工管理资料、工程质量控制资料、工程质量验收资料、工程安全和功能检验资料的内容。

理解建筑工程施工管理资料、工程质量控制资料、工程质量验收资料的整理要求。

掌握工程施工管理资料、工程质量控制资料、工程质量验收资料的整理方法。

【能力目标】

通过本单元的教学,使学生初步具有建筑工程施工管理资料、工程质量控制资料、工程质量验收资料整理的技能,逐步培养学生的施工资料整理的能力。

学习项目一　建筑工程施工管理资料的整理

建筑工程施工管理资料包括工程开工报审表、施工组织设计(施工方案)、施工现场质量管理检查记录、技术交底记录、施工日志、预检工程(技术复核)记录、工程竣工施工总结、工程质量保修书以及竣工图等内容。工程施工管理资料的内容及分类见表2-1。

表2-1　工程施工管理资料的内容

序号	资料名称	序号	资料名称
1	工程开工报审表	6	预检工程(技术复核)记录
2	施工组织设计(施工方案)	7	工程竣工施工总结
3	施工现场质量管理检查记录	8	工程质量保修书
4	技术交底记录	9	竣工图
5	施工日志		

一、工程开工报审表

工程开工报审表是建设单位与施工单位共同履行基本建设程序的证明文件,是施工单位、承建单位工程施工工期的证明文件。

施工单位在开工前,应对工程是否满足开工条件进行检查,若符合以下条件,则可向监理单位提出开工申请:政府主管部门已颁发施工许可证;征地拆迁工作能满足工程进度的需要;施工图纸及有关设计文件已齐备;施工组织设计已经通过监理单位审定,并经该项目的总监理工程师签字批准；施工场地、道路、水、电、通信、施工设备及施工材料已满足开工要求，地下障碍物已清理或查明；测量控制桩已经监理单位复查合格；施工、管理人员已按计划到位，项目质量、技术管理的组织机构和管理制度已经建立；专职管理人员（质检员、技术员等）和特种作业人员（起重工、电焊工等）已取得有效上岗证件。

1. 资料表式

工程开工报审表的样式见表2－2。

表2－2　工程开工报审表

致： 我方承担的________工程，已完成了以下各项工作，具备开工条件，特此申请施工，请核查并签发开工指令。 附件：1. 开工报告。 2. 证明文件。 施工单位（章）________ 项目经理________ 日　期________
审查意见： 监理工程师________ 日　期________
审批意见： 监理单位（章）________ 总监理工程师________ 日　期________

2. 资料要求

（1）工程开工报审表一般由施工单位填写，报监理单位审批。由建设单位直接分包的工程，开工时也要填写工程开工报审表。

（2）施工单位应签章（与施工合同中签章一致），并由项目经理（与施工合同中一致）签字，然后报监理单位进行审批。

（3）监理单位收到施工单位的工程开工报审表后，应对施工单位的开工准备情况进行逐一审查。如经监理单位审查，符合开工条件，由监理单位总监理工程师签字、加盖公章后即可开工。工期应以此批准日期起计算。

二、施工组织设计（施工方案）

施工组织设计是施工单位开工前为工程所做的施工组织、施工工艺、施工计划等方面的设计，是指导拟建工程全过程中各项活动的技术、经济和组织的综合性文件。

1. 施工组织设计的主要内容

（1）工程概况和工程特点。建设地点、工程名称、工程性质、结构形式、建筑面积、投资、施工条件、工作量以及主要分项工程量、交付生产和使用的期限。

（2）施工准备工作计划。根据施工部署和施工方案的要求及施工总进度计划的安排编制，主要内容包括熟悉与会审图纸、编制施工组织设计和施工预算、新技术项目的试验申请、测量放线、土地征用、居民拆迁和障碍物拆除、场地平整、临时道路和临时供水供电及供热等管线的敷设、进行计划和技术交底、组织施工机具和材料及半成品进场等。

（3）施工部署及相应的技术组织措施。为全局性的施工总规划，根据工期要求和机械设备、材料、劳动力的供应情况，以及当地条件和环境因素等合理确定施工顺序，合理确定主要分部、分项工程的施工方法，合理划分检验批。落实各项管理人员和施工质量、安全措施，积极推广新工艺、新技术等。

（4）主要施工方法及各项资源需要量计划。根据工程特点，确定主要施工方法；根据工程预算、定额和施工进度计划，合理确定材料、劳动力、机具设备、构件及半成品需要计划，保证工程进度按计划实施。

（5）工程质量、进度保证措施。

（6）施工总进度计划。根据施工部署和施工方案合理确定各主要建筑物的施工期限及其相互衔接或穿插配合情况，合理划分施工流水段，对编制的进度计划表应及时进行检查和调整。

（7）施工总平面图。施工总平面图是施工组织设计的主要组成内容之一，它是把建设区域内的建筑物、构筑物，以及施工现场的材料仓库、运输道路、给水、排水、供电、测量基准点等分别绘制在建筑总平面图上的规划和布置图。

2. 资料要求

（1）施工组织设计或施工方案内容应齐全，步骤清晰，层次分明。

（2）能够反映工程特点，有保证工程质量的技术措施。

（3）编制及时，必须在工程开工前编制并报审完成，没有或不及时编制单位工程施工组织设计的，为不符合要求。

（4）参编人员应在“会签表”上签字，交项目经理签署意见并在会签表上签字，经审批同意后执行，并进行交底。

三、施工现场质量管理检查记录

施工现场质量管理检查记录是施工单位在工程开工前向监理机构提出的对有关制度、

技术组织与管理等进行检查和确认的记录。施工现场质量管理检查记录是健全质量管理体系的具体要求。

1. 资料表式

施工现场质量管理检查记录见表 2－3。

表 2－3　施工现场质量管理检查记录表

<table>
<tr><td>工程名称</td><td colspan="2"></td><td colspan="2">施工许可证(开工证)</td><td></td></tr>
<tr><td>建设单位</td><td colspan="2"></td><td colspan="2">项目负责人</td><td></td></tr>
<tr><td>设计单位</td><td colspan="2"></td><td colspan="2">项目负责人</td><td></td></tr>
<tr><td>监理单位</td><td colspan="2"></td><td colspan="2">总监理工程师</td><td></td></tr>
<tr><td>施工单位</td><td></td><td>项目结果</td><td></td><td>项目技术负责人</td><td></td></tr>
<tr><td>序号</td><td colspan="2">项目</td><td colspan="3">内容</td></tr>
<tr><td>1</td><td colspan="2">现场质量管理制度</td><td colspan="3"></td></tr>
<tr><td>2</td><td colspan="2">质量责任制</td><td colspan="3"></td></tr>
<tr><td>3</td><td colspan="2">主要专业工程操作上岗证书</td><td colspan="3"></td></tr>
<tr><td>4</td><td colspan="2">分包方资质与对分包单位的管理制度</td><td colspan="3"></td></tr>
<tr><td>5</td><td colspan="2">施工图审查情况</td><td colspan="3"></td></tr>
<tr><td>6</td><td colspan="2">地质勘查资料</td><td colspan="3"></td></tr>
<tr><td>7</td><td colspan="2">施工组织设计、施工方案及审批</td><td colspan="3"></td></tr>
<tr><td>8</td><td colspan="2">施工技术标准</td><td colspan="3"></td></tr>
<tr><td>9</td><td colspan="2">工程质量检验制度</td><td colspan="3"></td></tr>
<tr><td>10</td><td colspan="2">搅拌站及计量设置</td><td colspan="3"></td></tr>
<tr><td>11</td><td colspan="2">现场材料、设备存放与管理</td><td colspan="3"></td></tr>
<tr><td></td><td colspan="2"></td><td colspan="3"></td></tr>
<tr><td colspan="6">检查结论：

总监理工程师：
（建设单位项目负责人）　　　　年　月　日</td></tr>
</table>

2. 主要内容

(1) 现场管理制度：主要是图纸会审、设计交底、技术交底、施工组织设计编制审批程序、工序交接、质量检查奖惩、质量例会以及质量问题处理的制度等。

(2) 质量责任人的分工：检查质量负责人的分工，各项质量责任的落实规定，定期检查及有关人员奖罚制度等。

(3)主要专业工种操作上岗证书:如测量工、焊工、架子工、垂直运输司机等工种。

(4)专业分包应有相应的资质:在有分包的情况下,总施工单位应有管理分包单位的制度,主要是质量、技术的管理制度。

(5)施工图审查情况:主要包括建设行政主管部门出具的施工图审查批准书及审查机构出具的审查报告。

(6)地质勘察资料:有勘察资质的单位出具的地质勘察报告。

(7)施工组织设计及审批:检查编写内容,有针对性的具体措施,有编制程序及内容,有编制、审核、批准单位,并有贯彻执行的措施。

(8)施工技术标准:是保证工程质量的基础和操作的依据;施工单位应编制不低于国家质量验收规范的操作规程和企业标准;要有批准程序,由企业的总工程师、技术委员会负责人审查批准,有批准日期、执行日期、企业标准编号及标准名称;可作为培训工人、技术交底和施工操作的主要依据,也是进行质量检查评定的标准。

(9)工程质量检验制度:包括三个方面的检查,一是原材料、设备的进场检验制度;二是施工过程的试验报告;三是竣工后的抽查检测,应专门制订抽测项目、抽测时间等计划。此项内容可以单独做出计划,也可以在施工组织设计中列出。

(10)搅拌站及计量设施:主要是现场的计量设施管理制度及其精确度的控制措施(预拌混凝土或安装专业没有此项内容)。

(11)现场材料、设备存放与管理:是保证材料、设备质量的必备措施,要根据材料、设备的性能制定管理制度,建立相应的库房等。

3. 资料要求

(1)表列项目的内容必须填写完整。

(2)工程名称应填写工程的全称,与合同或招投标文件中的工程名称一致,建设、设计、监理单位的名称也应与合同签章上的单位名称相同,各单位有关负责人必须签字。

(3)应填写施工单位的施工许可证号。

(4)检查结论应填写“现场管理制度完整”或“现场管理制度基本完整”(指有制度但不完善,如缺少企业标准或措施不全面等)。检查结论由总监理工程师填写,并签字。达不到要求条件的不允许施工,施工单位应限期整改。

(5)表头部分可统一填写,不需具体人员签名,只是明确负责人的地位。

四、技术交底记录

技术交底是施工企业进行技术、质量管理的一个重要环节,是把设计要求、施工措施、安全生产贯彻到基层的一项管理办法。

1. 资料表式

技术交底记录见表2-4。

表 2－4　技术交底记录表

工程名称		交底部位	
工程编号		日期	
交底内容：			
技术负责人：	交底人：	接受交底人：	

2. 主要内容

(1)图纸交底：包括工程的设计要求，地基基础、主体结构和建筑构造的做法与要求，抗震处理，设计图纸的轴线、标高、尺寸、预留孔洞、预埋件等具体事项，砂浆、混凝土、砖等材料的强度要求和使用功能，要做到掌握设计关键，认真按图施工。

(2)施工组织设计交底：将施工组织设计的全部内容向施工人员交代，主要包括工程特点、施工部署、施工方法、操作规程、施工顺序及进度、任务划分、劳动力安排、平面布置、工序搭接、施工工期、质量标准及各项管理措施。

(3)设计变更和工程洽商交底：在工程施工过程中，由于图纸本身差错或图纸与实际情况不符，或由于材料、施工条件发生变化等原因，会对图纸的部分内容做出修改。为避免在施工中发生差错，必须对设计变更、工程洽商或其他形式的图纸变动文件（如图纸会审、设计补充说明通知等）向管理和施工人员做统一说明，进行交底。

(4)分项工程技术交底：分项工程技术交底是各级技术交底的关键，应在各分项工程施工前进行。其主要内容为施工准备、操作工艺、技术安全措施、质量标准、新技术工程的特殊要求、劳动定额、材料消耗等。

(5)安全交底：必须实行逐级安全技术交底，纵向延伸到班组全体作业人员。其内容主要包括本工程项目的施工作业特点和危险点，针对危险点的具体预防措施，应注意的安全事项，相应的安全操作规程和标准，发生事故后应及时采取的避难和急救措施。

3. 资料要求

(1)按设计图纸要求，严格执行施工验收规范要求及安全技术措施。

(2)结合本工程的实际情况及特点，提出切实可行的新技术、新方法，交底应清楚明确。

(3)签章齐全，责任明确。没有各级人员的签章视为无效。

(4)技术交底书符合要求，按施工图设计要求详细填写，并逐一列出，交底内容齐全、交底时间及时为正确，没有技术交底资料或后补为不正确。

(5)交底技术负责人、交底人、接受交底人均应有本人签字，只有当签字齐全后方可生效。技术交底应发至施工班组。

五、施工日志

施工日志是施工过程中，管理人员对有关工程施工、技术管理、质量管理活动及其效果逐日做出的具有连续完整性的记录。施工日志应从开工持续到竣工，贯穿整个施工过程。

1. 资料表式

施工日志见表 2－5。

表 2－5　施工日志

编号：

工程名称		施工单位	
分部(分项)工程		施工班组	

<table>
<tr><td>日期</td><td></td><td>星期</td><td></td><td>全天气象</td><td colspan="2">气温</td></tr>
<tr><td rowspan="2">施工部位</td><td rowspan="2"></td><td rowspan="2">出勤人数</td><td rowspan="2"></td><td rowspan="2"></td><td>白天</td><td>夜间</td></tr>
<tr><td></td><td></td></tr>
</table>

当日施工内容	质量检查情况	操作负责人	质检员

存在问题及处理办法：

设计变更、技术交底	
隐蔽工程验收部位	
材料使用情况	
材料、设备进场情况	
材料检验、试块留置	
工序交接检查情况	
机械使用情况	
安全	
其他	
专业施工工长	

2. 主要内容

(1)工程施工准备工作的记录，包括现场准备、施工组织设计学习、技术交底的重要内容及交底的人员和日期、施工图纸中的关键部位等。

(2)施工过程中对班组抽检活动的开展情况及其效果，组织互检和交接检的情况及效果，施工组织设计及技术交底的执行情况及效果等的记录和分析。

(3)分项工程质量评定、质量检查、隐蔽工程验收、预检及上级组织的检查等技术活动的日期、结果、存在问题及处理情况的记录。

(4)原材料检验结果、施工检验结果的记录,包括日期、内容、达到的效果及未达到要求等问题和处理情况及结论。

(5)质量、安全、机械事故的记录,包括原因、调查分析、责任者、处理情况及结论,对经济损失、工期影响等要记录清楚。

(6)有关洽商、变更情况,交代的方法、对象、结果等的记录。

(7)有关归档资料的整理、交接的记录。

(8)有关新工艺、新材料的推广使用情况,以及小改、小革、小窍门的活动记录,包括项目、数量、效果及有关人员。桩基应单独记录并上报核查。

(9)工程的开工、竣工日期,以及主要分部、分项的施工起止日期。

(10)重要分部工程的特殊质量要求和施工方法。

(11)有关领导或部门对工程所做的生产、技术方面的决定或建议。

(12)气温、气候、地质以及其他特殊情况(如停水、停电、停工)的记录等。

(13)在紧急情况下采取的特殊措施及施工方法,施工记录由单位工程负责人填写。

(14)混凝土、砂浆试块的留置组数、时间以及28天的强度试验结果。

(15)其他重要事项。

3. 资料要求

(1)要求对单位工程从开工到竣工的整个施工阶段进行全面记录,要求内容完整,能全面反映工程进展情况。

(2)施工记录、桩基记录、混凝土浇灌记录、模板拆除记录等,应单独记录,分别列报。

(3)审核处由施工单位项目经理部的技术负责人填写。

(4)按要求及时记录、内容齐全为正确,内容不齐全、没有记录为不正确。

六、预检工程记录

预检工程记录是指在施工前对某些重要分项(项目)准备工作或前道工序进行的预先检查的记录。及时进行工程预检是保证工程质量、防止重大质量事故发生的重要环节。

1. 资料表式

预检工程记录见表2－6。

表2－6　预检工程记录表

工程名称		检查日期	年　　月　　日
预检项目		预检楼层	
预检部位		高程	
预检内容:			

表 2－6(续)

<table>
<tr><td>工程名称</td><td colspan="2"></td><td>检查日期</td><td colspan="2">年　　月　　日</td></tr>
<tr><td colspan="6">依据:施工图纸(施工图纸编号＿＿＿＿＿＿＿＿)、设计变更/洽商(编号＿＿＿＿＿＿＿＿)和有关规范、规程。
材质:主要材料和设备＿＿＿＿＿＿＿＿
规格/型号＿＿＿＿＿＿＿＿
特殊工艺:</td></tr>
<tr><td colspan="6">检查意见:
合格　　　　不合格
质量问题:</td></tr>
<tr><td>施工单位</td><td colspan="5"></td></tr>
<tr><td>技术负责人</td><td></td><td>质检员</td><td></td><td>施工员</td><td></td></tr>
</table>

注:本表由施工单位填报,建设单位、施工单位、城建档案馆各保存一份。

2. 主要内容

(1)建筑物位置线:红线、坐标、建筑物控制桩、轴线桩、标高、水准点,并附平面示意图,重点工程附测量原始记录。

(2)基础尺寸线:包括基础轴线、断面尺寸、标高(槽底和垫层)等。

(3)模板:包括几何尺寸、轴线标高、预埋件位置、预留孔洞位置、模板牢固性、模板清理等。

(4)墙体:包括各层墙身轴线,门、窗洞口位置,皮数杆及 50 cm 水平线。

(5)桩基定位的控制点。

(6)翻样检查。

(7)设备基础的位置、标高、几何尺寸、预留孔洞、预埋件等。

(8)主要管道、沟的标高和坡度,各层地面基层、屋面找平层的坡度等。

3. 资料要求

(1)应准确提供预检资料内容,并按检查后的实际结果提出检查意见。

(2)预检后有问题需要复查时,由委托单位提出,应写明两次复检的检查意见。

(3)专业技术负责人、质检员、施工员均要签字。

七、工程竣工施工总结

工程竣工施工总结是施工单位在工程竣工前就工程的施工情况做出的总结,同时应附一份工程竣工报告,提请建设单位组织竣工验收。

1. 资料表式

工程竣工报告见表 2－7。

表 2－7　工程竣工报告

施工许可证号：

<table>
<tr><td>工程名称</td><td></td><td colspan="2">结构类型</td><td></td><td>建设单位</td><td></td></tr>
<tr><td>工程地点</td><td></td><td colspan="2">建筑面积</td><td></td><td>施工单位</td><td></td></tr>
<tr><td>工程造价</td><td colspan="2"></td><td rowspan="7">工程项目完成情况</td><td colspan="2">现场清理情况</td><td></td></tr>
<tr><td>计划开工日期</td><td colspan="2"></td><td colspan="2">施工资料整理情况</td><td></td></tr>
<tr><td>实际开工日期</td><td colspan="2"></td><td colspan="2">施工质量验收情况</td><td></td></tr>
<tr><td>计划竣工日期</td><td colspan="2"></td><td colspan="2">未完工程盘点情况</td><td></td></tr>
<tr><td>实际竣工日期</td><td colspan="2"></td><td colspan="2"></td><td></td></tr>
<tr><td>计划工作日数</td><td colspan="2"></td><td colspan="2"></td><td></td></tr>
<tr><td>实际工作日数</td><td colspan="2"></td><td colspan="2"></td><td></td></tr>
<tr><td rowspan="2">审核意见</td><td colspan="2">建设单位</td><td colspan="2">监理单位</td><td colspan="2">施工单位</td></tr>
<tr><td colspan="2">项目负责人：　（公章）
年　月　日</td><td colspan="2">总监理工程师：　（公章）
年　月　日</td><td colspan="2">单位负责人：　（公章）
年　月　日</td></tr>
</table>

2. 主要内容

(1)工程概况。

(2)施工情况。

(3)施工资料整理情况。

(4)施工质量验收情况。

3. 资料要求

(1)工程名称、结构类型、工程地点、建设单位、施工单位、计划开工日期、实际开工日期、计划竣工日期应与开工报告相一致。

(2)工程造价应填写实际结算价。

(3)实际竣工日期应填写达到竣工条件的日期。

(4)计划工作日数指由计划竣工日期和计划开工日期计算的日历天数。

(5)实际工作日数指由实际竣工日期和实际开工日期计算的日历天数。

(6)竣工条件说明要写明应完成的工程项目的完成情况；现场建筑物四周整洁情况；技术资料是否齐全；工程质量是否验收合格，提出问题是否整改。未完工程盘点情况栏填写未完甩项工程，这些工程不影响结构安全和使用功能，经协商可以甩项交工。

(7)审核意见栏建设单位、监理单位、施工单位负责人均需签字，注明日期并加盖单位公章。

八、工程质量保修书

建设工程实行质量保修制度，施工单位在向建设单位提交工程竣工验收报告时，应当向建设单位出具质量保修书。质量保修书中应当明确建设工程的保修范围、保修期限和保修责任等。对在保修范围和保修期限内发生的质量缺陷,施工单位应当履行保修义务。建设工程的保修期自竣工验收合格之日起计算。

在正常使用条件下,建设工程的最低保修期限如下:

(1)地基基础工程和主体结构工程,为设计文件规定的合理使用年限。

(2)屋面防水工程、有防水要求的房间及外墙面,保修期限为5年。

(3)供热与供冷系统,保修期限为两个采暖期、供冷期。

(4)电气管线、给排水管道、设备安装和装修工程,保修期限为2年。

(5)其他项目的保修期限由建设单位和施工单位约定。

(6)房屋建筑工程在保修范围和保修期限内发生质量缺陷,施工单位应当履行保修义务。工程质量保修书的填写按有关标准文本执行。

九、竣工图

竣工图是指建设工程完成后,由建设单位组织设计、施工单位按照建设工程竣工后的实际情况编制的工程图纸。竣工图需要由施工单位在竣工图上加盖竣工图章。竣工图章的内容包括编制单位名称、编制人、审核人、技术负责人、编制日期等重要内容。

1.竣工图章

竣工图章式样如图1-1所示。

2.竣工图的主要内容

(1)工程总体布置图、位置图,地形复杂的应附竖向布置图。

(2)总图(室外)工程竣工图。

(3)建筑专业竣工图。

(4)结构竣工图。

(5)装饰、装修竣工图。

(6)石墙竣工图。

(7)消防竣工图。

(8)给水、排水竣工图。

(9)电气竣工图。

(10)燃气竣工图。

(11)采暖、通风、空调竣工图。

(12)电气系统竣工图。

(13)其他建设项目竣工图等。

3.资料要求

(1)按图施工没有变化的,在原图上加盖竣工图章后,即为竣工图;出现一般性的设计变更,但可在原图上加以修改补充作为施工图的,应在原图上注明修改的位置,并附加设计变更或洽商记录的复印本及施工说明,加盖竣工图章后作为竣工图;出现重大变化无法在原图上修改的,应重新绘制竣工图。

(2)竣工图必须采用不褪色的绘图墨水绘制;竣工图章应加盖在原图签的右上方,重新绘制的竣工图,图签加盖在图纸右下角。

(3)不同幅面的竣工图纸应按《技术制图——复制图的折叠方法》(GB/T 10609.3—

2009)，统一折成 A4 幅面(297 mm×210 mm)，图标栏露在外面。

学习项目二　工程质量控制资料的内容

工程质量控制资料是系统反映单位工程的结构技术性能、使用功能和使用安全的资料，是证明或说明工程质量情况的真实、准确、及时的资料，是质量管理的依据所在。

一、工程质量控制资料的主要类别

(1)图纸会审、设计变更、洽商记录。
(2)测量放线记录。
(3)原材料出厂的质量合格证及进场试验报告。
(4)施工试验报告和记录。
(5)隐蔽工程验收记录。
(6)施工记录。
(7)质量事故处理记录以及较大质量问题的检测、加固处理措施记录等。

二、工程质量控制资料的内容

单位(子单位)工程质量控制资料核查记录见表 2－8。

表 2－8　单位(子单位)工程质量控制资料核查记录表

资料报送编目	资料名称	份数	说明
	建筑与结构		
	图纸会审、设计变更、洽商记录		
	工程定位测量、放线记录		
	原材料出厂合格证书及进场试(检)验报告		
	合格证、试(检)验报告汇总表		
	合格证		
	材料检验报告		
	钢材合格证、试验报告汇总表		
	钢材出厂合格证		
	钢筋机械性能试验报告		
	钢材试验报告		
	焊接试验报告、焊条(剂)合格证汇总表		
	焊条(剂)合格证		
	水泥出厂合格证、试验报告汇总表		
	水泥出厂合格证		

表2-8(续)

资料报送编目	资料名称	份数	说明
	水泥试验报告		
	砖(砌块)出厂合格证、试验报告汇总表		
	砖出厂合格证		
	砖(砌块)试验报告		
	粗细骨料合格证、试验报告汇总表		
	砂子试验报告		
	石子试验报告		
	轻骨料试验报告		
	防水材料合格证、试验报告汇总表		
	防水材料合格证		
	防水卷材试验报告		
	防水涂料试验报告		
	防水材料试(检)验报告表(通用)		
	铝合金、塑钢、幕墙材料出厂质量证书汇总表		
	铝合金、塑钢、幕墙材料出厂质量证书		
	硅酮结构胶相容性试验报告		
	施工试验报告及见证检验报告		
	检验报告(通用)		
	钢材连接试验报告		
	钢材焊接接头冲击试验报告		
	钢材焊接接头硬度试验报告		
	焊缝射线探伤报告		
	焊缝超声波探伤报告		
	焊缝磁粉探伤报告		
	土壤试验报告		
	土壤击实试验报告		
	混凝土试块强度试验报告汇总表		
	混凝土强度试配报告单		
	外加剂试配报告单		
	混凝土试块试验报告单		
	混凝土抗渗性能试验报告单		
	混凝土抗冻性能试验报告单		
	预拌混凝土出厂合格证		
	混凝土强度评定表		

表2-8(续)

资料报送编目	资料名称	份数	说明
	混凝土强度非统计方法评定		
	砂浆抗压强度试验报告汇总表		
	砂浆试配及报告单		
	砂浆试块试验报告		
	隐蔽工程验收表		
	施工记录		
	施工记录表(通用)		
	地基钎探记录		
	地基验槽记录		
	构件吊装记录		
	电热法施加预应力张拉记录		
	钢筋冷拉记录		
	混凝土浇灌申请书		
	混凝土开盘鉴定		
	混凝土工程施工记录		
	混凝土坍落度检查记录		
	冬期施工混凝土日报		
	混凝土养护测温记录		
	预制构件、预拌混凝土合格证		
	预制构件、预拌混凝土、门窗合格证汇总表		
	预制构件合格证		
	钢构件合格证		
	木构件合格证		
	门窗合格证		
	预拌混凝土合格证		
	地基、基础、主体结构检验及抽样检测资料		
	中间交接检验记录		
	单项工程竣工验收记录(通用)		
	工程质量事故调查处理资料		
	工程质量事故报告		
	建设工程质量事故调(勘)查处理资料		
	分部(子分部)工程质量验收记录		
	分项、检验批工程质量验收记录		
	新材料、新工艺施工记录		

表2－8(续)

资料报送编目	资料名称	份数	说明
	给排水与采暖		
	给排水与采暖工程图纸会审、设计变更、洽商记录		
	材料、配件、设备出厂合格证及进场检(试)验报告		
	材料、设备出厂合格证		
	主要材料、设备出厂合格证、检(试)验报告汇总表		
	主要设备开箱检验记录(通用)		
	管道、设备强度试验、严密性试验记录		
	给排水、采暖隐蔽工程验收记录		
	系统清洗、灌水、通水、通球试验记录		
	管道系统吹洗(扫)检验记录		
	排水管道灌水、通水试验记录		
	室内排水管道通球试验记录		
	给排水与采暖分部(子分部)工程质量验收记录		
	给排水与采暖分项、检验批工程质量验收记录		
	建筑电气		
	建筑电气工程图纸会审、设计变更、洽商记录		
	材料、配件、设备出厂合格证及进场试(检)验报告		
	材料、设备出厂合格证		
	主要材料、设备出厂合格证、试(检)验报告汇总表		
	主要设备开箱检验记录		
	电气设备调试记录		
	接地、绝缘电阻测试记录		
	接地电阻测试记录		
	绝缘电阻测试记录		
	电气工程隐蔽工程验收记录		
	电气工程施工记录		
	电气工程分部(子分部)工程质量验收记录		
	电气工程分项、检验批工程质量验收记录		
	通风与空调工程		
	通风与空调工程图纸会审、设计变更、洽商记录		
	材料、配件、设备出厂合格证及进场检(试)验报告		
	材料、设备出厂合格证		
	材料、配件、设备出厂合格证及进场检(试)验报告汇总表		
	主要设备开箱检验记录		

表 2－8(续)

资料报送编目	资料名称	份数	说明
	冷冻水管道压力试验记录		
	通风与空调隐蔽工程验收记录		
	制冷设备运行调试记录		
	设备单机试车记录		
	制冷机组试运行调试记录		
	通风、空调系统试运行调试记录		
	风量、温度测试记录		
	除尘器、空调机漏风检测记录		
	各房间室内风量测量记录		
	管网风量平衡记录		
	空气净化系统检测记录		
	通风与空调分部(子分部)工程质量验收记录		
	通风与空调分项、检验批工程质量验收记录		
	电梯		
	电梯工程图纸会审、设计变更、洽商记录		
	材料、设备、配件出厂合格证及进场试(检)验报告		
	材料、设备出厂合格证		
	主要材料、设备出厂合格证、试(检)验报告汇总表		
	主要设备开箱检验记录		
	电梯隐蔽工程验收记录		
	电梯安装工程施工记录		
	接地、绝缘电阻测试记录		
	负荷试验、安全装置检查记录		
	电梯安全装置检查记录		
	电梯负荷运行试验记录		
	电梯分部(子分部)工程质量验收记录		
	电梯分项工程质量验收记录		
	建筑智能化		
	建筑智能化工程图纸会审、设计变更、洽商记录		
	材料、设备出厂合格证及进厂检(试)验报告		
	材料、设备出厂合格证		
	主要材料、设备出厂合格证、检(试)验报告汇总表		
	主要设备开箱检验记录		
	隐蔽工程验收记录		

表 2－8(续)

资料报送编目	资料名称	份数	说明
	系统功能测定及设备调试记录		
	系统功能测定记录		
	设备调试记录		
	系统检测报告		
	综合布线测试记录		
	光纤损耗测试记录		
	视频系统末端测试记录		
	系统技术、操作和维护手册(由供货厂家提供)		
	系统管理、操作人员培训记录		
	建筑智能化分部(子分部)工程质量验收记录		
	建筑智能化分项工程质量验收记录		
	桩基、有支护土方资料		
	桩基、有支护土方工程图纸会审、设计变更、洽商记录		
	桩位定位测量放线图		
	材料出厂合格证及进厂检(试)验报告		
	施工试验报告及见证检测报告		
	隐蔽工程验收记录		
	施工记录		
	施工记录(通用)		
	钢筋混凝土预制桩施工记录		
	钢管桩施工记录		
	泥浆护壁成孔灌注桩施工记录		
	干作业成孔灌注桩施工记录		
	套管成孔灌注桩施工记录		
	井点施工记录(通用)		
	轻型井点降水记录		
	喷射井点降水记录		
	电渗井点降水记录		
	管井井点降水记录		
	深井井点降水记录		
	地下连续墙挖槽施工记录		
	地下连续墙护壁泥浆施工记录		
	地下连续墙混凝土浇筑记录		
	锚杆成孔记录		

表 2－8(续)

资料报送编目	资料名称	份数	说明
	锚杆安装记录		
	预应力锚杆张拉与锁定施工记录		
	注浆及护坡混凝土施工记录		
	土钉墙土钉成孔施工记录		
	土钉墙土钉钢筋安装记录		
	沉井下沉施工记录		
	沉井、沉箱下沉完毕检查记录		
	试打桩情况记录		
	预制构件、预拌混凝土合格证		
	桩基检测资料		
	桩的静载试验报告		
	工程的质量事故调查处理资料		
	桩基、有支护土方分项、检验批工程质量验收记录		
	地基处理资料		
	地基处理工程图纸会审、设计变更、洽商记录		
	工程测量放线定位平面图		
	材料出厂合格证及进场检(试)验报告		
	隐蔽工程验收记录		
	地基处理施工记录		
	土桩和灰土挤密桩桩孔施工记录		
	土桩和灰土挤密桩桩孔分填施工记录		
	重锤夯实施工记录		
	强夯地基施工记录		
	深层搅拌桩施工记录		
	地基处理工程试验检测报告		
	工程质量事故调查处理资料		
	地基处理子分部工程质量验收记录		
	地基处理分项工程质量验收记录		

学习项目三　工程质量控制资料填写及整理要求

一、图纸会审、设计变更、洽商记录

1. 图纸会审

图纸会审记录是对已正式签署的设计文件进行交底、审查和会审，对所提出的问题予以记录的技术文件。图纸会审应由建设单位组织设计、监理、施工单位（地基处理较为复杂时应包括勘察单位）进行。

（1）图纸会审记录表（表2－9）

表2－9　图纸会审记录表

工程编号：

<table>
<tr><td colspan="2">工程名称</td><td></td><td>会审日期及地点</td><td></td></tr>
<tr><td colspan="2">建筑面积</td><td></td><td>结构类型</td><td></td></tr>
<tr><td rowspan="4">参加人员</td><td>设计单位</td><td colspan="3"></td></tr>
<tr><td>施工单位</td><td colspan="3"></td></tr>
<tr><td>监理单位</td><td colspan="3"></td></tr>
<tr><td>建设单位</td><td colspan="3"></td></tr>
<tr><td colspan="2">主持人</td><td colspan="3"></td></tr>
<tr><td colspan="2">记录内容</td><td colspan="3"></td></tr>
<tr><td colspan="2">建设单位签章</td><td>设计单位签章</td><td>监理单位签章</td><td>施工单位签章</td></tr>
<tr><td colspan="2">代表：</td><td>代表：</td><td>代表：</td><td>代表：</td></tr>
</table>

（2）会审内容

①建筑、结构、设备安装等设计图纸是否齐全，手续是否完备；设计是否符合国家有关政策和规范的规定；图纸总的做法说明是否齐全、清楚、明确，与建筑、结构、安装、装饰和节点大样图之间有无矛盾；设计图纸（平、立、剖、节点）之间尺寸是否相符，建筑与结构、土建与安装之间互相配合的尺寸是否相符，有无错误和遗漏；设计图纸本身、建筑构造与结构构造、结构各构件之间在立体空间上有无矛盾；预留孔洞、预埋件、大样图或采用标准构配件的型号、尺寸有无错误和矛盾。

②总图的建筑物坐标位置与单位工程建筑平面图是否一致；建筑物的设计标高是否可行；地基与基础的设计与实际情况是否相符，结构性能如何；建筑物与地下构筑物及管线之

间有无矛盾。

③主要结构的设计在承载力、刚度、稳定性等方面有无问题；主要部位的建筑构造是否合理；设计能否保证工程质量和安全施工。

④图纸的结构方案、建筑装饰与施工单位的施工能力、技术水平、技术装备有无矛盾；采用新工艺、新技术，施工单位有无困难；所需特殊建筑材料的品种、规格、数量能否解决；专业机械设备能否保证。

⑤安装专业的设备是否与图纸选用的设备相一致；到货的设备出厂资料是否齐全，技术要求是否合理，是否与设计图纸要求相一致；设备与土建图纸基础是否相符合，管口相对位置、接管规格、材质、坐标、标高是否与设计图纸一致；管道、设备及管件需做防腐、脱脂及特殊清洗时，设计结构是否合理，技术要求是否切实可行。

(3)资料要求

①图纸会审一般由建设单位主持，或建设、设计单位共同主持，应按要求组织图纸会审，主持人要签记姓名。

②有关专业均要有人员参加会审，参加人员签字齐全有效，日期、地点要写清楚。

③要记录会审中发现的所有需要记录的内容，已解决的注明解决方法，未解决的注明解决时间及方式，记录由设计、施工的任一方整理，可在会审时协商确定。

④凡会审已形成的正式文件记录，均不得进行涂改。

⑤建设单位、设计单位、监理单位、施工单位等参加图纸会审的单位，会审记录由单位盖章后生效。

2. 设计变更

设计变更是在设计、施工过程中，由于设计图纸本身问题，设计图纸与实际情况不符，施工条件变化，原材料的规格、品种、质量不符合设计要求，以及有关人员提出的合理化建议等原因，需要对设计图纸部分内容进行修改而办理的变更设计文件。

(1)遇有下列情况之一时，必须由设计单位签发变更通知单：

①当决定对图纸进行较大修改时。

②施工前及施工过程中发现图纸有差错，做法或尺寸有矛盾，结构变更，图纸与实际情况不符。

③由建设单位提出对建筑构造、细部做法、使用功能等方面的修改意见，必须经过设计单位同意，并提出设计变更通知书或设计变更图纸。

④由设计单位或建设单位提出的设计图纸修改，应由设计部门提出设计变更联系单；由施工单位提出的属于设计错误时，应由设计部门提出设计变更联系单；由施工单位的技术、材料等原因造成的设计变更，由施工单位提出洽商，请求设计变更，并经设计部门同意，以洽商记录作为变更设计的依据。

(2)要求说明：

①所有设计变更必须由原设计单位的相应设计专业人员做出，有关负责人签字，设计单位盖章批准，最后由建设单位(项目负责人)、监理单位(项目总监)、施工单位(项目经理)签字盖章生效。

②应先有设计变更后施工，按签发日期顺序排列。

③内容明确、具体，办理及时。必要时附图，不得任意涂改和后补。

(3)设计变更涉及以下内容时，必须报请原图纸审查部门审批，批准后方可实施：

①建筑物的稳定性、安全性（含地基基础和主体结构体系）。

②消防、节能、环保、抗震、卫生、人防的有关强制性标准规范。

③图纸规定的深度要求。

④影响公众利益。

3. 洽商记录

洽商记录是施工过程中，由于设计图纸本身差错，设计图纸与实际情况不符，施工条件变化，原材料的规格、品种、质量不符合设计要求，以及职工提出合理化建议等原因，需要对设计图纸部分内容进行修改而办理的工程洽商记录文件。

（1）工程洽商记录表（表2－10）

表2－10　工程洽商记录表

工程名称：			
洽商事项：			
建设单位： 代表： 年　月　日	设计单位： 代表： 年　月　日	监理单位： 代表： 年　月　日	施工单位： 代表： 年　月　日

（2）洽商记录遇有下列情况之一者，必须由设计单位签发设计变更通知单，不得以洽商记录办理：

①当决定对图纸进行较大修改时。

②施工前及施工过程中发现图纸有差错，做法、尺寸矛盾，结构变更或与实际情况不符时。

③由建设单位提出，对建筑构造、细部做法、使用功能等方面提出的修改意见。

（3）要求说明：

①洽商记录按签订日期先后顺序编号排列，内容明确具体，必要时附图，签字齐全，不得任意涂改和后补。

②应先有洽商记录，后施工。

③特殊情况需先施工后变更者，必须先征得设计部门同意，洽商记录需在一周内补上。

二、测量放线记录

1. 工程定位测量及复测记录

工程定位测量及复测记录，是根据当地行政主管部门给定总图范围内的工程建筑物和构筑物的位置、标高进行测量与复测，以确保建筑物的位置、标高的正确。

测量人员根据建筑红线或指定建筑物引测控制线，施测出该建筑物轴线，做出永久控制桩并做好复测。

(1)工程定位测量放线记录表(表2－11)

表2－11 工程定位测量放线记录表

年 月 日　　　　编号：

<table>
<tr><td>工程名称</td><td colspan="2">建设单位</td><td></td><td colspan="2"></td><td rowspan="7">定位测量示意图
(尺寸单位:mm)

测量员：
年 月 日</td></tr>
<tr><td>施测单位</td><td colspan="5"></td></tr>
<tr><td>图纸编号</td><td colspan="5"></td></tr>
<tr><td rowspan="2">测量依据</td><td rowspan="2">引用坐标</td><td>A</td><td>$X=Y=$</td><td rowspan="2">水准点高程/m</td><td>相对</td></tr>
<tr><td>B</td><td>$X=Y=$</td><td>绝对</td></tr>
<tr><td>使用仪器型号</td><td colspan="3">经纬仪</td><td colspan="2">水准仪</td></tr>
<tr><td>备注</td><td colspan="5"></td></tr>
<tr><td rowspan="3">会签栏</td><td colspan="3">施工测量单位(签章)</td><td colspan="2">监理(建设)单位(签章)</td><td>复验意见：</td></tr>
<tr><td>专业技术负责人</td><td>质量检查员</td><td>专业工厂</td><td colspan="2" rowspan="2">年 月 日</td><td rowspan="2">年 月 日</td></tr>
<tr><td></td><td></td><td></td></tr>
</table>

(2)工程定位测量及复测记录

包括平面位置定位、标高定位、测设点位和提供竣工技术资料。

①平面位置定位：根据场地上建筑物主轴线控制点或其他控制点，将房屋外墙轴线交点用经纬仪投测到地面木桩顶面作为标志的小钉上。

②标高定位：根据施工现场水准控制点标高(或从附近引测的大地水准点标高)，推算±0.000标高，或根据±0.000标高与某建筑物、某处标高的相对关系，用水准仪和水准尺在供放线用的龙门桩上标出标高。

③测设点位：将已经设计好的各种不同的建(构)筑物的几何尺寸和位置，按照设计要求，运用测量仪器和工具标定到地面及楼层上，并设置相应的标志作为施工的依据。

④提供竣工技术资料：在工程竣工后，将施工中各项测量数据及建筑物的实际位置、尺寸和地下设施位置等资料，按规定格式整理或编绘技术资料。

鉴于工程测量的重要性，凡工程测量均必须进行复测。

(3)资料要求

①工程定位测量：每个工程均需填写工程定位测量放线记录、工程定位测量复测记录。工程定位测量放线都必须进行复测，以确保工程测量正确无误。

②施测部位：填写工程进行定位测量放线或工程定位放线复测的部位、位置。

③使用仪器：测量时使用的经纬仪、水准仪等仪器，填写时应注明规格、型号。

④大气温度：填写测量时的大气温度。

⑤测量依据：根据规划部门指定的坐标及施工现场水准控制点的标高推算出的该建筑物±0.00标高。

⑥定位测量示意图：要标注准确，如指北针、轴线、坐标等，高程依据要求标注引出位置，标明基础主轴线之间的尺寸以及建(构)筑物与建筑红线或控制桩的相对位置。

⑦实测坐标、高程：按实际位置与实际测定标高填写。

⑧复验意见:当复测与初测偏差较小时可以不必改正;当复测与初测偏差较大需要纠正时,注明偏差方向、数据后,应填写“按复测数据施工”。

⑨参加定位测量及复测的监理、建设、施工单位人员必须签字齐全,不应代签。

2. 基槽及各层测量放线记录

基槽及各层测量放线记录是指建筑工程根据施工图设计给定的位置、轴线、标高进行的测量与复测,以保证建筑物的位置、轴线、标高正确。

(1)基槽及各层测量放线记录表(表2-12)

表2-12　基槽及各层测量放线记录表

施测单位:　　　　　　　　　　　　日期:　年　月　日　　　　　　　　　　编号:

<table>
<tr><td colspan="2">工程名称</td><td colspan="3"></td></tr>
<tr><td colspan="2">工程部位</td><td colspan="3"></td></tr>
<tr><td colspan="2">轴线定位依据</td><td colspan="3"></td></tr>
<tr><td colspan="2">标高确定依据</td><td colspan="3"></td></tr>
<tr><td colspan="2">测量仪器名称及型号</td><td colspan="3"></td></tr>
<tr><td colspan="2">测量放线示意图</td><td colspan="3">测量员:　　　　施测日期:　年　月　日</td></tr>
<tr><td colspan="2">复验意见</td><td colspan="3">年　月　日</td></tr>
<tr><td rowspan="3">参加人员</td><td>监理(建设)单位(签章)</td><td colspan="3">施工单位(签章)</td></tr>
<tr><td>年　月　日</td><td>专业技术负责人</td><td>质检员</td><td>专业工长</td></tr>
<tr><td></td><td></td><td></td><td></td></tr>
</table>

(2)主要内容

①基槽验线主要包括轴线、外轮廓线、断面尺寸、基底高程、坡度等的检测与检查。

②楼层放线主要包括各层墙柱轴线、边线、门窗洞口位置线、楼层0.5 m(或1 m)水平控制线、轴线竖向投测控制线等。

③不同类别的工程应分别提供基槽及各层测量放线与复测记录。

(3)资料要求

①工程部位:填写基槽或楼层(分层、分轴线或施工流水段)测量的具体部位。

②轴线、标高定位方法:总平面图、建筑方格网等定位依据以及竖向投测依据。

③测量放线示意图的内容包括:基底外轮廓线及断面;垫层标高;集水坑、电梯井等垫层标高、位置;楼层外轮廓线,楼层重要控制轴线、尺寸、相对高程等;示意图指北针方向、分楼层段的具体图名。

④复验意见:由监理(建设)单位复验后填写。

三、原材料出厂的质量合格证及进场试验报告

1. 合格证、试验报告汇总表

合格证、试验报告汇总表核查用于工程的各种材料的品种、规格、数量，通过汇总达到检查的目的。

(1)合格证、试验报告汇总表(表2-13)

表2-13 合格证、试验报告汇总表

工程名称：

序号	名称、规格、品种	生产厂家	进场		合格证编号	复试报告日期	试验结论	主要使用部位及有关说明
			数量	时间				

填表单位： 审核： 制表：

(2)资料要求

①合格证、试验报告汇总表按施工过程中依次形成的以上表式，经核查后全部汇总，不得缺漏。

②砂、石、砖、水泥、钢材、防水材料等均应进行整理汇总，品种、规格应满足设计要求的品种和规格，否则为合格证、试验报告不全。

③试验结论是指进场材料抽样复试的复试报告的结论，应填写是否符合某标准要求。

④主要使用部位及有关说明要填写进场材料主要使用在何处及需要说明的事项。

⑤施工单位项目经理部的项目技术负责人为审核人，签字有效；施工单位项目经理部的专职质检员为制表人，签字有效。

2. 合格证粘贴表

合格证粘贴表是为整理不同厂家提供的规格不一的出厂合格证而设定的表式。

(1)合格证粘贴表(表2-14)

表2-14 合格证粘贴表

审核： 整理： 年 月 日

(2)资料要求

①各种材料的合格证应按施工过程中依次形成的以上表式,经核查符合要求后全部粘贴在表内,不得缺漏。

②审核人、整理人应分别签字。

3. 材料检验报告

材料检验报告是为保证建筑工程质量,对用于工程的材料进行有关指标测试,由试验单位出具的试验证明文件。

(1)材料检验报告(表2-15)

表2-15 材料检验报告

委托单位: 试验编号:

工程名称		委托日期	
使用部位		报告日期	
试样名称及规格型号		检验类别	
生产厂家		批号	

序号	检验项目	标准要求	实测结果	单项结论

依据标准:
检验结论:
备注:

试验单位: 技术负责人: 审核: 试(检)验:

(2)资料要求

①材料检验必须按相关标准进行,应将质量标准与试验结果一并填写。

②材料检验的试验报告单位必须具有相应的资质,不具备相应资质的试验室出具的报告无效。

③有见证取样试验要求的必须进行见证取样试验。

④材料试验报告责任人签章必须齐全。

⑤检验结论应全面、准确地填写是否符合标准规定。

⑥试验单位是指承接该试验的具有相应资质的试验单位，签字盖章有效；技术负责人是指承接该试验的具有相应资质的试验单位的技术负责人，签字有效；审核应由承接该试验的具有相应资质的试验单位的技术负责人签字；试（检）验应由试验单位的参与试验人员签字。

4. 钢材、钢筋出厂合格证、试验报告

（1）钢材试验报告见表 2－16，钢筋力学性能试验报告见表 2－17。

表 2－16　钢材试验报告

委托单位：　　　　　　　　　　　　报告编号：

建设单位：　　　　　　　　　　　　收样日期：

工程名称：　　　　　　　　　　　　检验日期：

<table>
<tr><td colspan="3">试样名称</td><td colspan="3"></td><td colspan="2">委托编号</td><td colspan="4"></td></tr>
<tr><td colspan="3">使用部位</td><td colspan="3"></td><td colspan="2">试验委托人</td><td colspan="4"></td></tr>
<tr><td colspan="3">试样规格型号</td><td colspan="3"></td><td colspan="2">试样编号</td><td colspan="4"></td></tr>
<tr><td colspan="3">产地</td><td colspan="3"></td><td colspan="2">代表数量</td><td colspan="4"></td></tr>
<tr><td rowspan="2">试件规格</td><td colspan="3">力学性能</td><td rowspan="2">冷弯 $d=a$</td><td rowspan="2">硬度（HV）</td><td rowspan="2">冲击韧性 /MPa</td><td colspan="5">化学成分/%</td></tr>
<tr><td>屈服点 /MPa</td><td>抗拉强度 /MPa</td><td>伸长率 δ /%</td><td>碳 C</td><td>硫 S</td><td>锰 Mn</td><td>磷 P</td><td>硅 Si</td></tr>
<tr><td></td><td></td><td></td><td></td><td></td><td></td><td></td><td></td><td></td><td></td><td></td><td></td></tr>
<tr><td></td><td></td><td></td><td></td><td></td><td></td><td></td><td></td><td></td><td></td><td></td><td></td></tr>
<tr><td></td><td></td><td></td><td></td><td></td><td></td><td></td><td></td><td></td><td></td><td></td><td></td></tr>
<tr><td></td><td></td><td></td><td></td><td></td><td></td><td></td><td></td><td></td><td></td><td></td><td></td></tr>
<tr><td></td><td></td><td></td><td></td><td></td><td></td><td></td><td></td><td></td><td></td><td></td><td></td></tr>
<tr><td></td><td></td><td></td><td></td><td></td><td></td><td></td><td></td><td></td><td></td><td></td><td></td></tr>
<tr><td></td><td></td><td></td><td></td><td></td><td></td><td></td><td></td><td></td><td></td><td></td><td></td></tr>
<tr><td></td><td></td><td></td><td></td><td></td><td></td><td></td><td></td><td></td><td></td><td></td><td></td></tr>
<tr><td></td><td></td><td></td><td></td><td></td><td></td><td></td><td></td><td></td><td></td><td></td><td></td></tr>
<tr><td colspan="2">依据标准和结论</td><td colspan="10"></td></tr>
<tr><td colspan="2">备注</td><td colspan="10"></td></tr>
<tr><td colspan="2">检验人：</td><td colspan="2">审核：</td><td colspan="2">技术负责人：</td><td colspan="3">检验单位：</td><td colspan="3">见证取样人及编号：</td></tr>
</table>

表 2-17 钢筋力学性能试验报告

委托单位					试验编号		
建设单位					收样日期		
工程名称					检验日期	编号	
试样名称			委托编号				
使用部位			试验委托人				
试样规格型号			试样编号				

产地		代表数量		炉批号	

规格/mm	屈服点/MPa		抗拉强度/MPa		伸长率/%		弯曲条件	弯曲结果
	标准要求	实测值	标准要求	实测值	标准要求	实测值		

备注：

检验结论：(1)(依据标准)							
(2)							
检验人：	审核：	技术负责人：	检验单位(公章)：	见证取样人及编号：			

(2)资料要求

①结构中所用受力钢筋及钢材应有出厂合格证和复试报告。

②钢材、钢筋进场时应有包括炉号、型号、规格、机械性能、化学成分、数量(指每批的代表数量)、生产厂家名称、出厂日期等内容的出厂合格证，合格证必须包括机械性能、化学成分。

③出厂合格证采用抄件或复印件时应加盖抄件(注明原件存放单位及钢材批量)或复印件单位章，经手人签字。钢材合格证经检查不符合有关规定的，为不符合要求。

④凡使用进口钢筋，应做机械性能试验和化学成分检验。

⑤钢材、钢筋试验报告中复试的品种、规格必须齐全,钢材试验报告单的品种、规格应和图纸上的品种、规格相一致,并应满足批量要求,应将试验报告结果与标准资料相对比,检查其是否符合要求。复试必须实行见证取样,试验室应在见证取样人名单上加盖公章,经手人签字。

⑥钢筋集中加工的应将钢筋复验单及钢筋加工出厂证明抄送施工单位(钢筋出厂证明及复验单原件由钢筋加工厂保存);直接发到现场或构件厂的钢筋,复试由使用单位负责。

⑦试验报告的检查:检查试验编号是否填写,检查钢材试验单的试验资料是否准确无误,各项签字和报告日期是否齐全。

5. 水泥出厂合格证、试验报告

水泥试验报告是为保证工程质量,对用于工程中的水泥的强度、安定性和凝结时间等指标进行测试后由试验单位出具的质量证明文件。

(1)水泥试验报告见表2-18。水泥出厂合格证应分类按序贴于合格证粘贴表上。

表2-18　水泥试验报告

委托单位:　　　　　　　　　　　　　试验编号:

工程名称				使用说明	
水泥名称		强度等级		委托日期	
批号				检验类别	
生产厂		代表批量		报告日期	
检验项目	标准要求	实测结果	检验项目	标准要求	实测结果
细度			初凝		
标准稠度用水量			终凝		
胶砂流动度			安定性		
	抗折强度/MPa		抗压强度/MPa		快测强度/MPa
	3 d	28 d	3 d	28 d	
测定值					
实测结果					

依据标准:

检验结论:

备注:

试验单位:　　　　技术负责人:　　　　审核:　　　　试(检)验:

（2）资料要求

①所有牌号、品种的水泥均应有合格证和试验报告，水泥使用以复试报告为准，试验内容必须齐全且均应在使用前取得，试验报告单的试验编号必须填写，以防止弄虚作假。

②水泥出厂合格证内容应包括水泥牌号、厂标、水泥品种、强度等级、出厂日期、批号、合格证编号、抗压强度、抗折强度、安定性、凝结时间。

③合格证中应有 3 d、7 d、28 d 抗压、抗折强度和安定性试验结果。水泥复试可以提出 3 d 强度以适应施工需要，但必须在 28 d 后补充 28 d 水泥强度报告，应注意出厂编号、出厂日期一致。

④从出厂日期起 3 个月内为有效期，超过 3 个月（快硬硅酸盐水泥超过 1 个月）应另做试验。

⑤水泥的合格试验单应满足工程使用水泥的数量、品种、强度等级等要求，且水泥的必试项目不得缺漏。

⑥水泥试验报告单必须和配合比通知单、试块强度试验报告单上的水泥品种、强度等级、厂牌相一致；水泥复试单和混凝土、砂浆试验报告上的时间进行对比可鉴别水泥是否有先用后试验现象。

⑦单位工程的水泥复试批量与实际使用数量的批量构成应基本一致。

⑧必须实行见证取样，试验室应在见证取样人名单上加盖公章，经手人签字。

⑨水泥出厂合格证或试验报告不齐，为不符合要求；水泥先用后试验或不试验为不符合要求；水泥进场 3 个月未复试，为不符合要求。

⑩水泥进场时应对其品种、级别、包装或散装仓号、出厂日期等进行检查，并应对其强度、安定性及其他必要的性能指标进行复验，其质量必须符合现行国家标准《通用硅酸盐水泥》（GB 175—2007）等的规定。按同一生产厂家、同一等级、同一品种、同一批号且连续进场的水泥，袋装不超过 200 t 为一批，散装不超过 500 t 为一批，每批抽样不少于一次。

6. 砖（砌块）出厂合格证、试验报告

砖（砌块）试验报告是对工程中的砖（砌块）的强度等指标进行复试后由试验单位出具的质量证明文件。

（1）砖（砌块）试验报告见表 2－19。砖（砌块）出厂合格证按工程进度依次贴于合格证粘贴表上。

表 2－19　砖（砌块）试验报告

委托单位：　　　　　　　　　　　　试验编号：

<table>
<tr><td>工程名称</td><td colspan="6"></td><td colspan="2">委托日期</td></tr>
<tr><td>使用部位</td><td colspan="6"></td><td colspan="2">报告日期</td></tr>
<tr><td>强度级别</td><td colspan="2"></td><td colspan="2">代表批量</td><td colspan="2"></td><td colspan="2">检验类别</td></tr>
<tr><td>生产厂家</td><td colspan="4"></td><td colspan="2">规格尺寸</td><td colspan="2"></td></tr>
<tr><td>工程名称</td><td colspan="4"></td><td colspan="2">委托日期</td><td colspan="2"></td></tr>
<tr><td rowspan="3">抗压检验结果</td><td colspan="3">强度平均值/MPa</td><td colspan="3">强度标准值、最小值/MPa</td><td rowspan="2">强度标准差/MPa</td><td rowspan="2">变异系数</td></tr>
<tr><td>标准要求</td><td colspan="2">实测结果</td><td colspan="2">标准要求</td><td>实测结果</td></tr>
<tr><td></td><td colspan="2"></td><td colspan="2"></td><td></td><td></td><td></td></tr>
</table>

表 2 - 19(续)

外观质量					
尺寸偏差					
检验项目	泛霜	石灰爆裂	冻融	吸水率	饱和系数
实测结果					

依据标准：

检验结论：

备注：

试验单位：　　技术负责人：　　审核：　　试(检)验：

(2)资料要求

①应核对砖出厂合格证,合格证的内容应包括厂家、品种、规格、批量、出厂日期、出厂批号、强度等级及相关性能指标,并盖有厂检验部门的印章,合格证不包括上述内容时复试时应加试。

②应核对砖试验报告单,砖试验报告单的内容应包括试验编号、委托单位、工程名称、使用部位、品种、规格、强度等级、厂家、出厂日期、批号、代表数量、送检日期、试验日期以及试验结果等内容。

③用于工程中的各种品种、强度等级的砖(指普通实心砖),进场后不论有无出厂合格证,均必须(在工地取样)按规定批量(一批砖为 3.5 万 ~ 15 万块)进行复试。必试项目为抗压强度,设计有要求时进行抗折强度试验。实行见证取样,试验室应在见证取样人名单上加盖公章,经手人签字,随同试验报告单一并返送委托单位。试验报告单后面必须有返送的见证取样人名单,无返送人员名单的试验报告单视为无效。

④砖试验不全或不进行试验的为不符合要求。

⑤砖进场的外观检查,应检查砖的规格、尺寸(长、宽、厚)、缺棱掉角程度及数量、砖的花纹、棱边弯曲和大面翘曲程度、有无石灰爆裂现象、砖的锻烧程度。

7. 粗、细骨料及轻骨料试验报告

粗、细骨料及轻骨料试验报告是对工程中的骨料筛分以及含泥量、泥块含量、针片状含量、压碎指标等进行复试后由试验单位出具的质量证明文件。

(1)建筑用砂检验报告见表 2 - 20,建筑用碎石(卵石)检验报告见表 2 - 21,轻骨料试验报告见表 2 - 22。

表 2－20　建筑用砂检验报告

工程名称				委托日期	
砂种类				报告日期	
产地		代表批量		检验类别	
检验项目	标准要求	实测结果	检验项目	标准要求	实测结果
表观密度/(kg/m^3)			石粉含量/%		
堆积密度/(kg/m^3)			氯盐含量/%		
紧密密度/(kg/m^3)			含水率/%		
含泥量/(kg/m^3)			吸水率/%		
泥块含量/(kg/m^3)			云母含量/%		
硫化物及硫酸盐含量/%			孔晾率/%		
			坚固性		
轻物质含量/%			碱活性		

筛孔尺寸/mm	9.50	4.75	2.36	1.18	0.60	0.30	0.15	筛分结果	细度模式
标准下限/%									
标准上限/%									级配区属
实测结果/%									

依据标准：

检验结论：

备注：

试验单位：　　　　技术负责人：　　　　审核：　　　　试(检)验：

表 2－21　建筑用碎石(卵石)检验报告

委托单位：　　　　　　　　　　　　试验编号：

工程名称				委托日期	
砖种类				报告日期	
产地		代表批量		检验类别	
检验项目	标准要求	实测结果	检验项目	标准要求	实测结果
表观密度/(kg/m^3)			有机物含量		
堆积密度/(kg/m^3)			坚固性		
紧密密度/(kg/m^3)			岩石强度/MPa		
含泥量/(kg/m^3)			压碎指标/%		
泥块含量/(kg/m^3)			SO_2 含量/%		
吸水量/%			碱活性		
针片状含量/%			空隙率/%		

表 2－21(续)

筛孔尺寸/mm	90.0	75.0	63.0	53.0	37.5	31.5	26.5	19.0	16.0	9.50	4.75	2.36
标准下限/%												
标准上限/%												
实测结果/%												

依据标准：

检验结论：

表 2－22　轻骨料试验报告

委托单位：　　　　　　　　　　　　　　试验编号：

<table>
<tr><td>工程名称</td><td colspan="4"></td><td>委托日期</td><td></td></tr>
<tr><td>轻骨科种类</td><td colspan="2"></td><td>密度等级</td><td></td><td>报告日期</td><td></td></tr>
<tr><td>产地</td><td colspan="2"></td><td>代表批量</td><td></td><td>检验类别</td><td></td></tr>
<tr><td colspan="5">检验项目</td><td colspan="2">实测结果</td></tr>
<tr><td rowspan="8">试验结果</td><td rowspan="3">、筛分析</td><td colspan="3">1. 细度模数(细骨料)</td><td colspan="2"></td></tr>
<tr><td colspan="3">2. 最人粒径(粗骨料)</td><td colspan="2"></td></tr>
<tr><td colspan="3">3. 级配情况</td><td colspan="2"></td></tr>
<tr><td>二、表观密度/(kg/m³)</td><td colspan="5"></td></tr>
<tr><td>三、堆积密度/(kg/m³)</td><td colspan="5"></td></tr>
<tr><td>四、筒压强度/MPa</td><td colspan="5"></td></tr>
<tr><td>五、吸水率/1h</td><td colspan="5"></td></tr>
<tr><td>六、其他</td><td colspan="5"></td></tr>
</table>

结论：

试验单位：　　　技术负责人：　　　审核：　　　计算：　　　试(检)验：

(2)资料要求

①粗、细骨料试验报告必须是经监理单位审核同意的试验室出具的试验报告单。

②工程中使用的砂、石按产地不同和批量要求进行试验，必须试验的项目为颗粒级配、含水率、相对密度、容重、含泥量。对重要工程混凝土使用的砂、碎石或卵石应进行碱活性检验。

③按工程需要的品种、规格，先试验后使用。试验报告单应试项目齐全，试验编号必须填写，并应符合有关规范要求。

④C30 及 C30 以上的混凝土、防水混凝土、特殊部位混凝土，设计提出要求应加试有害杂质含量等。混凝土强度等级为 C40 及其以上混凝土或设计有要求时应对所用石子硬度进行试验。

⑤当设计为预防混凝土出现碱－骨料反应而对砂子含碱量提出要求时，应进行专门试验。

⑥粗、细骨料试验报告应按产地、粒径、试验时间依次排列归档。

8. 焊条、焊剂合格证

(1)焊条、焊剂合格证均应分类按序粘贴于合格证粘贴表上。

(2)工程上使用的焊条、焊丝和焊剂，必须有出厂合格证。

9. 防水材料合格证、试验报告

防水材料试验报告是对工程中的防水材料的耐热度、不透水性、拉力、柔度等指标进行复试后由试验单位出具的质量证明文件。

(1)防水卷材试验报告见表 2－23，防水涂料试验报告见表 2－24。

防水材料合格证按厂家提供的规格，根据工程进度贴于合格证粘贴表上。

表 2－23　防水卷材试验报告

委托单位：　　　　　　　　　　　　　　试验编号：

<table>
<tr><td colspan="2">工程名称</td><td colspan="5"></td><td colspan="3">委托日期</td><td colspan="2"></td></tr>
<tr><td colspan="2">生产厂家</td><td colspan="5"></td><td colspan="3">报告日期</td><td colspan="2"></td></tr>
<tr><td colspan="2">使用部位</td><td colspan="5"></td><td colspan="3">检验类别</td><td colspan="2"></td></tr>
<tr><td colspan="2">代表数量</td><td></td><td colspan="2">规格型号</td><td colspan="2"></td><td colspan="3">批号</td><td colspan="2"></td></tr>
<tr><td rowspan="9">试验结果</td><td colspan="3" rowspan="2">一、拉力试验</td><td colspan="2">1. 拉力/N</td><td colspan="2">纵</td><td></td><td colspan="2">横</td><td></td></tr>
<tr><td colspan="2">2. 拉伸强度/MPa</td><td colspan="2">纵</td><td></td><td colspan="2">横</td><td></td></tr>
<tr><td colspan="3">二、断裂伸长率(延伸率)/%</td><td colspan="4">纵</td><td></td><td colspan="2">横</td><td></td></tr>
<tr><td colspan="3">三、剥离强度(屋面)/MPa</td><td colspan="8"></td></tr>
<tr><td colspan="3">四、黏合性(地下)/MPa</td><td colspan="8"></td></tr>
<tr><td colspan="3">五、耐热度</td><td colspan="4">温度/℃</td><td></td><td colspan="2">评定</td><td></td></tr>
<tr><td colspan="3">六、不透水性(抗渗透性)</td><td colspan="8"></td></tr>
<tr><td colspan="3">七、柔韧性(低温柔性、低温弯折性)</td><td colspan="4">温度/℃</td><td></td><td colspan="2">评定</td><td></td></tr>
<tr><td colspan="3">八、其他</td><td colspan="8"></td></tr>
</table>

依据标准：

结论：

备注：

试验单位：　　　　　技术负责人：　　　　　审核：　　　　　试(检)验：

表 2-24 防水涂料试验报告

工程名称及使用部位				委托日期	
试件名称及使用规格				报告日期	
生产厂家				检验类别	
代表数量				批号	
试验结果	一、延伸性/mm				
	二、拉伸强度/MPa				
	三、断裂伸长率/%				
	四、黏结性/MPa				
	五、耐热度	温度/℃		评定	
	六、不透水性				
	七、柔韧性(低温)	温度/℃		评定	
	八、固体含量				
	九、其他				

依据标准：

检验结论：

备注：

试验单位： 技术负责人： 审核： 试(检)验：

(2)资料要求

①防水材料必须有出厂合格证和在工地取样的试验报告。

②按规定在现场进行抽样复检,对试件进行编号后按见证取样规定送试验室复试。试样来源及名称应填写清楚。试验单子项填写齐全,复试单试验编号必须填写,以防弄虚作假。防水材料的试验单中的各试验项目、数据应和检验标准对照,必须符合专项规定或标准要求,不合格的防水材料不得用于工程,并必须通过技术负责人专项处理,签署退场处理意见。试验结论要明确,责任人签字要齐全,不得漏签或代签。

③货物进场要抽样检查。按合同中规定的品种、规格及质量要求,先逐项进行外观检查,然后对照厂方(供方)提供的出厂合格证的质量指标,逐项核对。

④防水材料合格证、试验报告对应排列,按厂家、品种依次排列归档。

10. 门窗、预制混凝土构件合格证

(1)门窗、预制混凝土构件合格证以厂家提供表式,根据工程进度分类粘贴于合格证粘贴表上。

(2)资料要求

①门窗、预制混凝土构件必须有出厂合格证。任何预制混凝土构件,只有在取得生产厂家提供的合格证,并经现场抽检合格后方可使用。合格证原件及检查记录,要求填写齐全,不得缺漏或填错。

②构件合格证应包括生产厂家、工程名称、合格证编号、合同编号、设计图纸的种类、构件类别和名称、型号、代表数量、生产日期、结构试验评定、承载力、拱度,并有生产单位技术负责人、质检员姓名或签字,加盖生产单位公章。

其他部分内容,在此不予介绍。

四、施工试验报告和记录

1.施工试验报告

施工试验报告是为保证建筑工程质量,对用于工程的无特定表式的材料,进行有关指标的测试,由试验单位出具的试验证明文件。

(1)施工试验报告(通用)(表2-25)

表2-25 施工试验报告(通用)

委托单位: 报告日期:
建设单位: 收样日期:
工程单位: 检验日期:

施工部位		试样名称	
生产厂家		试样规格、材质	
试验内容及要求:			
试验情况:			
依据标准:			
结论:			
检验人: 审核人: 负责人: 检验单位(公章): 见证取样人及编号:			

（2）资料要求

①无特定表式的材料必须有出厂合格证和在工地取样的试验报告，试验单子项填写齐全，不得漏填或错填，复试单试验编号必须填写。

②试验结论要明确，责任人签字要齐全，不得漏签或代签，并加盖试验单位公章。

③委托单上的工程名称、部位、品种、强度等级等与试验报告单应对应一致。

④必须填写报告日期，以检查是否为先试验后施工，先用后试验为不符合要求。

⑤试验的代表批量和使用数量的代表批量应相一致。

⑥必须实行见证取样时，试验室应在见证取样人名单上加盖公章，经手人签字。

⑦使用材料与规范及设计要求不符为不符合要求。

⑧试验结论与使用品种、强度等级不符为不符合要求。

2. 土壤试验报告

土壤试验报告是为保证工程质量，由试验单位对工程中进行的回填夯实类土的干质量密度指标进行测试后出具的质量证明文件。

（1）土壤试验报告见表2－26，土壤击实试验报告见表2－27。

表2－26　土壤试验报告

委托单位：　　　　　　　　　　　　　试验编号：

工程名称				委托日期	
取样部位		试验种类		报告日期	
试样数量		最小干密度/(g/cm³)		试验类别	
取样编号	取样步次	湿密度/(g/cm³)	含水率/%	干密度/(g/cm³)	单个结论

取样位置示意图：

依据标准：

检验结论：

试验单位：　　　　技术负责人：　　　　审核：　　　　检验：

表 2 – 27　土壤击实试验报告

委托单位：　　　　　　　　　　　　　　　试验编号：

工程名称				取样部位	
土样类别		最大粒径/mm		压实系数	
检验类别		委托日期		报告日期	

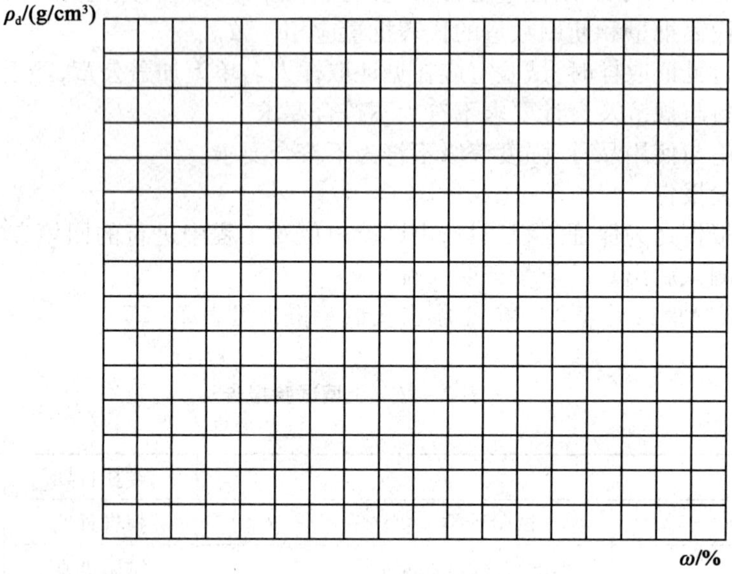

ρ_d-ω关系曲线

依据标准：

检验结论：

最佳含水率　　%，最大干密度　　g/cm^3，控制最小干密度　　g/cm^3

备注：

试验单位：　　　　　　技术负责人：　　　　　　审核：　　　　　　试验：

（2）资料要求

①素土回填、灰土及砂石垫层、砂石地基的干密度试验应有取样位置示意图，取点分布应符合评定标准的规定。

②土壤试验记录要填写齐全；土体试验报告单的子目应齐全，计算数据准确，签证手续完备，鉴定结论明确。

③单位工程的素土、砂、砂石等回填必须按每层取样，检验的数量、部位、范围和测试结果应符合设计要求及规范规定。如干质量密度低于质量标准时，必须有补夯措施和重新进行测定的报告。

④大型和重要的填方工程，其填料的最大干密度、最佳含水量等技术参数必须通过击实试验确定。

⑤检验时，如出现下列情况之一者，该项目应为不符合要求：大型土方或重要的填方工程以及素土、灰土、砂石等地基处理，无干土质量密度试验报告单或报告单中的实测数据不符合质量标准；土壤试验有“缺、漏、无”现象及不符合有关规定的内容和要求。

3. 钢筋连接试验报告

钢筋连接试验报告是为保证建筑工程质量，对用于工程的不同形式的钢材连接进行有关指标的测试，由试验单位出具的试验证明文件。

（1）钢筋连接试验报告（表 2 - 28）。

表 2 - 28　钢筋连接试验报告

试样名称				委托编号	
使用部位				试验委托人	
钢材类别		原材料试验编号		试样编号	
接头类型		代表数量		操作人	
公称直径	屈服点	抗拉强度	断口特征及位置	冷弯条件	冷弯结果

检验结论：（1）（依据标准）

（2）

年　　月　　日

备注：（焊工姓名、焊接方法、岗位证书编号）

检验人：　　审核：　　技术负责人：　　检验单位（公章）：　　见证取样人及编号：

（2）资料要求

①钢筋或钢材闪光对焊、电弧焊、电渣压力焊等均应按有关规定执行；试验子项齐全，试验数据必须符合要求。

②钢筋焊接接头按规定每批各取 3 件分别进行抗剪（点焊）、拉伸及弯曲试验，试验报告单的子项应填写齐全。对不合格焊接件应重新复试，对焊件进行补焊。

③钢结构构件按设计要求应分别进行一、二、三级焊接质量检验。一、二级焊缝，即承受拉力或压力要求、与母材有同等强度的焊缝，必须有超声波检验报告，一级焊缝还应有 X 射线伤检报告。

④受力预埋件钢筋T型接头必须做拉伸试验且必须符合设计或规范规定。

⑤焊条、焊丝和焊剂的品种、牌号、规格和使用应符合设计要求和规范规定，应有出厂合格证（如包装商标上有技术指示，也可将商标揭下存档，无技术指标时应进行复试）并应注明使用部位及设计要求的型号。质量指标包括机械性能和化学分析。低氢型碱性焊条以及在运输中受潮的酸性焊条，应烘蜡后再用，并填写烘熔记录。

⑥不同预应力钢筋的焊接均必须符合设计或规范要求（先焊后拉）。

⑦试验编号必须填写，以此作为查询试验室及试验台账，核实焊接试验数据的重要依据。

⑧必须实行见证取样，试验室应在见证取样人名单上加盖公章，经手人签字。

⑨机械连接或其他连接方式必须按设计要求进行试验，由试验室出具试验报告。

⑩无焊工合格证的人员进行施焊为不符合要求。

4. 砂浆配合比

（1）砂浆配合比通知单（表2－29）

表2－29　砂浆配合比通知单

工程名称				委托日期	
使用部位				报告日期	
砂浆种类		设计等级		要求稠度	
水泥品种、强度等级		生产厂家		试验编号	
砂规格				试验编号	
掺和料种类				试验编号	
外加剂种类				试验编号	
配合比					
材料名称	水泥	砂子	掺和料	水	外加剂
用量/（kg/m^3）					
质量配合比					
实测稠度		分层度		养护条件	

依据标准：

备注：

试验单位：　　技术负责人：　　审核：　　试验：

(2)资料要求

①凡是要求强度等级的各种砂浆均应出具配合比,并按配合比拌制砂浆,严禁使用经验配合比。

②配合比采用的原材料必须与施工采用的材料一致。当原材料中水泥、砂子、外加剂出现较大变更时,如水泥的厂家或等级变更、砂子粒径变更等,应另行出具配合比。

③试验内容齐全。

④配合比签字盖章齐全。

⑤配合比按种类、强度等级、报告日期依次排序归档。

5. 砂浆试件抗压强度检验报告

砂浆试件抗压强度检验报告是施工单位根据设计要求的砂浆强度等级,在施工现场按标准留置试件,由试验单位进行强度测试后出具的报告单。

(1)砂浆试件抗压强度检验报告(表2-30)

表2-30 砂浆试件抗压强度检验报告

委托单位: 报告编号:
建设单位: 收样日期:
工程名称: 检验日期: 编号:

砂浆种类													
组号	设计等级	工程结构部位	制作日期		试验日期		龄期/d	试件尺寸/mm	受压面积/mm^2	立方体破坏压力/kN	砂浆立方体抗压强度/MPa	抗压强度/MPa	达到设计强度/%
			月	日	月	日							
检验依据和结论													
备注													

检验: 审核: 技术负责人: 检验单位(公章): 见证取样人及编号:

(2)资料要求

①砂浆强度以标准养护龄期28 d的试件抗压试验结果为准,在冬季施工条件下养护时应增加同条件养护的试件,并有测温记录。

②非标养试块应有测温记录,超龄期试件按有关规定换算为28 d强度进行评定。

③砌筑砂浆的验收批,同一类型、强度等级的砂浆试件应不少于3组。当同一验收批只有一组试件时,该组试件抗压强度的平均值必须大于或等于设计强度等级所对应的立方体抗压强度。

④每一检验批且不超过250砌体的各种类型及强度等级的砌筑砂浆,每台搅拌机应至少抽检一次;在砂浆搅拌机出料口随机取样制作砂浆试件(同盘砂浆应只制作一组试件),最后检查试件强度试验报告单。

⑤当施工中或验收时出现下列情况时,可采用现场检验方法对砂浆和砌体强度进行原位检测或取样检验,并判定其强度:砂浆试件缺乏代表性或试块数量不足;对砂浆试件的试验结果有怀疑或有争议;砂浆试件的试验结果不能满足设计要求。

⑥有特殊性能要求的砂浆应符合相应标准并满足施工规范要求。

⑦砌筑砂浆采用重量配合比,如砂浆组成材料有变更,应重新选定砂浆配合比。砂浆所有材料应符合质量检验标准,不同品种的水泥不得混合使用。砂浆的种类、强度等级、稠度、分层度均应符合设计要求和施工规范规定。

6. 混凝土试块试验报告汇总表

混凝土试块试验报告汇总表可核查用于工程的各种品种、强度等级、数量的混凝土试块,其通过汇总可达到便于检查的目的。

(1)混凝土试块试验报告汇总表(表2-31)

表2-31 混凝土试块试验报告汇总表

工程名称: 年 月 日

序号	试验编号	施工部位	留置组数	设计要求强度等级	试块成型日期	龄期	混凝土试块强度等级	备注

填表单位: 审核: 制表:

(2)资料要求

①混凝土试块试验报告汇总表应按施工过程中依次形成的混凝土试块试验报告表式，经核查后全部汇总填写。

②混凝土试块试验报告汇总表的整理按工程进度为序进行。

③用于检查的试件，应在混凝土的浇筑地点随机抽取。

7. 混凝土强度试配报告单

混凝土强度试配报告单是施工单位根据设计要求的混凝土强度等级提请试验单位进行混凝土试配，根据试配结果出具的混凝土强度试配报告单。

(1)混凝土强度试配报告单(表2-32)

表2-32　混凝土强度试配报告单

工程名称					委托日期	
使用部位					报告日期	
混凝土种类		设计等级			要求坍落度	
水泥品种、强度等级		生产厂家			试验编号	
砂规格					试验编号	
外加剂种类及掺量					试验编号	
掺和料种类及掺量					试验编号	
配合比						
材料名称	水泥	砂子	石子	水	外加剂	掺和料
用量/(kg/m^3)						
质量配合比						
搅拌方法		振捣方法			养护条件	
砂率/%		水灰比			实测坍落度	

依据标准：

备注：

试验单位：　　　　技术负责人：　　　　审核：　　　　试(检)验：

(2)资料要求

①不论混凝土工程量大小、强度等级高低，均应进行试配，并按配比单拌制混凝土，严禁使用经验配合比；不做试配为不正确。

②申请试配应提供混凝土的技术要求、原材料的有关性能、混凝土的搅拌、施工方法和养护方法，设计有特殊要求的混凝土应特别予以详细说明。

③混凝土试配应在原材料试配试验合格后进行。

④试验、审核、技术负责人签字齐全,并加盖试验单位公章。

⑤凡现浇框架结构、剪力墙结构、现场预制大型构件、重要混凝土基础以及构筑物、大体积混凝土及其他不同品种、不同强度等级、不同级配的混凝土均应事先送样申请试配,以保证满足设计要求。由试验室根据试配结果签发通知单,施工中如材料与送样有变化应另行送样,申请修改配合比。承接试配的试验室应由省级以上行业主管部门批准。

⑥通常情况下,当建筑材料的供应渠道与材质相对稳定时,施工企业可根据本单位常用的材料,由试验室试配出各种混凝土、砂浆配合比备用,作为一般工程的施工实际配合比。在使用过程中根据材料情况及混凝土质量检验结果适当予以调整。遇有下列情况时,应该单独提供混凝土、砂浆试配申请:重要工程或对混凝土性能有特殊要求时;所用原材料的产地、品种和质量有显著变化时;外加剂和掺和料的品种有变化时。

⑦混凝土、砂浆配合比严禁采用经验配合比。

8. 混凝土试块试验报告

混凝土试块试验报告是为保证工程质量由试验单位对工程中留置的混凝土试块的强度指标进行测试后出具的质量证明文件。

(1)混凝土试块试验报告(表2-33)

表2-33　混凝土试块试验报告

委托单位:　　　　　　　　　　　　　　试验编号:

工程名称					委托日期	
结构部位					报告日期	
强度等级		试块边长/mm			检验类别	
配合比编号					养护方法	
试样编号	成型日期	破型日期	龄期/d	强度值/MPa	强度代表值/MPa	达设计强度/%
依据标准:						
备注:						
试验单位:		技术负责人:		审核:	试(检)验:	

(2)资料要求

①现浇框架结构、剪力墙结构、现场预制大型构件、重要混凝土基础以及构筑物、大体积混凝土及其他不同品种、不同强度等级、不同级配的混凝土均应在浇筑地点随机抽取留

置试件。

②混凝土试件由施工单位提供。

③混凝土强度以标准养护龄期 28 d 的试件抗压试验结果为准,在冬期施工条件下养护时应增加同条件养护的试件,并有测温记录。

④非标准养护试件应有测温记录,超龄期试件按有关规定换算为 28 d 强度进行评定。

⑤混凝土强度以单位工程按《混凝土结构工程施工质量验收规范》(GB 50204—2002)进行质量验收。

⑥必须实行见证取样,试验室应在见证取样人名单上加盖公章,经手人签字。

⑦有特殊性能要求的混凝土应符合相应标准并满足施工规范的要求。

⑧混凝土试件试验也称混凝土物理力学性能试验,内容有抗压强度试验、抗拉强度试验、抗折强度试验、抗冻性试验、抗渗性能试验、干缩试验等。对混凝土的质量检验,一般只进行抗压强度试验,对设计有抗冻、抗渗等要求的混凝土应分别按有关设计要求进行相关试验。

9. 混凝土抗渗性能试验报告

混凝土抗渗性能试验报告是为保证防水工程质量,由试验单位对工程中留置的抗渗混凝土试块的强度指标进行测试后出具的质量证明文件。

(1)混凝土抗渗性能试验报告(表 2－34)

表 2－34　混凝土抗渗性能试验报告

委托单位：　　　　　　　　　　　　　　　　　试验编号：

工程名称				使用部门	
混凝土强度等级				设计抗渗等级	
混凝土配合比编号		成型日期		委托日期	
养护方法		龄期		报告日期	

试件上表面渗水部位及剖开渗水高度　　mm　　　　实际达到压力　　MPa

依据标准：

检验结论：

备注：

试验单位：　　　　技术负责人：　　　　审核：　　　　试(检)验：

(2)资料要求

①不同品种、不同强度等级、不同级配的抗渗混凝土均应在混凝土浇筑地点随机留置试块,且至少有 1 组在标准条件下养护,试件的留置数量应符合相应标准的规定。

②抗渗混凝土强度以标准养护龄期 28 d 的试块抗压试验结果为准,在冬期施工条件下养护时应增加同条件养护的试块,并有测温记录。

③抗渗混凝土试验报告单子项应填写齐全。

④抗渗混凝土强度等级按《混凝土结构工程施工质量验收规范》(GB 50204—2002)和《混凝土强度检验评定标准》(GB/T 50107—2010)进行验收,抗渗性能应符合《地下防水工程质量验收规范》(GB 50208—2011)。

⑤抗渗试验必须见证取样,试验室应在见证取样人名单上加盖公章,经手人签字。

10. 混凝土试件抗压强度统计评定表

混凝土试件抗压强度统计评定表是单位工程混凝土强度进行综合检查评定用表。其主要核查水泥等原材料是否与实际相符,混凝土强度等级、试压龄期、养护方法、试件留置的部位及组数等是否符合设计要求和有关标准、规范的规定。

(1)混凝土试件抗压强度统计评定表(表 2-35)

表 2-35　混凝土试件抗压强度统计评定表

评定日期:　　　　　　　年　　月　　日　　　　　　　　　　　　编号:

<table>
<tr><td>工程名称</td><td colspan="7"></td><td colspan="2">施工单位</td><td colspan="3"></td></tr>
<tr><td>强度等级</td><td colspan="7"></td><td colspan="2">养护方法</td><td colspan="3"></td></tr>
<tr><td>统计日期</td><td colspan="7">年　月　日至　　年　月　日</td><td colspan="2">结构部位</td><td colspan="3"></td></tr>
<tr><td rowspan="3">试件组数 n</td><td rowspan="3">强度标准值 $f_{cu,k}$/MPa</td><td colspan="3" rowspan="3">强度平均值 $m_{f_{cu}}$/MPa</td><td colspan="2" rowspan="3">强度最小值 $f_{cu,min}$/MPa</td><td rowspan="3">标准差 $s_{f_{cu}}$/MPa</td><td colspan="2" rowspan="2">合格判定系数</td><td colspan="3">试件组数 n</td></tr>
<tr><td>10 ~ 14</td><td>15 ~ 24</td><td>≥25</td></tr>
<tr><td>λ_1</td><td></td><td>1.7</td><td>1.65</td><td>1.60</td></tr>
<tr><td></td><td></td><td colspan="3"></td><td colspan="2"></td><td></td><td>λ_2</td><td></td><td>0.9</td><td>0.85</td><td>0.85</td></tr>
<tr><td rowspan="6">每组强度值 /MPa</td><td></td><td colspan="3"></td><td colspan="2"></td><td></td><td colspan="2"></td><td></td><td></td><td></td></tr>
<tr><td></td><td colspan="3"></td><td colspan="2"></td><td></td><td colspan="2"></td><td></td><td></td><td></td></tr>
<tr><td></td><td colspan="3"></td><td colspan="2"></td><td></td><td colspan="2"></td><td></td><td></td><td></td></tr>
<tr><td></td><td colspan="3"></td><td colspan="2"></td><td></td><td colspan="2"></td><td></td><td></td><td></td></tr>
<tr><td></td><td colspan="3"></td><td colspan="2"></td><td></td><td colspan="2"></td><td></td><td></td><td></td></tr>
<tr><td></td><td colspan="3"></td><td colspan="2"></td><td></td><td colspan="2"></td><td></td><td></td><td></td></tr>
<tr><td rowspan="3">评定方法</td><td colspan="7">统计方法</td><td colspan="5">非统计方法</td></tr>
<tr><td colspan="2">$0.60f_{cu,k}$</td><td colspan="3">$m_{f_{cu}} - \lambda \times f_{cu,k}$</td><td colspan="2">$\lambda_2 \times f_{cu,k}$</td><td colspan="2">$1.15f_{cu,k}$</td><td colspan="3">$0.95f_{cu,k}$</td></tr>
<tr><td colspan="2"></td><td colspan="3"></td><td colspan="2"></td><td colspan="2"></td><td colspan="3"></td></tr>
<tr><td>评定公式</td><td colspan="3">$m_{f_{cu}} - \lambda_1 \times f_{cu,k} \geq 0.90f_{cu,k}$</td><td colspan="4">$f_{cu,min} \geq \lambda_2 \times f_{cu,k}$</td><td colspan="2">$m_{f_{cu}} \geq 1.15f_{cu,k}$</td><td colspan="3">$f_{cu,min} \geq 0.95f_{cu,k}$</td></tr>
<tr><td>结果</td><td colspan="3"></td><td colspan="4"></td><td colspan="2"></td><td colspan="3"></td></tr>
<tr><td>结论</td><td colspan="3"></td><td colspan="4"></td><td colspan="2"></td><td colspan="3"></td></tr>
<tr><td rowspan="3">会签栏</td><td colspan="3">监理(建设)单位</td><td colspan="9">施工单位</td></tr>
<tr><td colspan="3" rowspan="2">年　　月　　日</td><td colspan="4">专业技术负责人</td><td colspan="2">审核</td><td colspan="3">统计</td></tr>
<tr><td colspan="4"></td><td colspan="2"></td><td colspan="3"></td></tr>
</table>

(2)资料要求

①正确按《混凝土结构工程施工质量验收规范》(GB 50204—2002)及《混凝土强度检验评定标准》(GB/T 50107—2010)对混凝土进行评定。

②评定数据准确，评定人员符合要求。

③结构实体用同条件试块的汇总、评定纳入结构实体检测资料进行整理归档。

五、隐蔽工程验收记录

隐蔽工程验收记录是指被下道工序所隐蔽的，关系到结构性能和使用功能的重要部位或项目的隐蔽检查记录。凡本工序操作完毕，将被下道工序所掩盖、包裹而再无从检查的工程项目，在隐蔽前必须进行隐蔽工程验收。

1. 土建工程主要隐蔽验收内容

(1)土方工程

①基槽标高及几何尺寸，土质情况。

②地基处理的填料配比、厚度、密实度。

③回填土的填料配比、厚度、密实度。

(2)钢筋工程

①纵向受力钢筋的品种、规格、数量、位置等。

②钢筋的连接方式、接头位置、接头数量、接头面积百分率等。

③箍筋、横向钢筋的品种、规格、数量、间距等。

④预埋件的规格、数量、位置等。

(3)地面工程　地面下的基土、各种防护层及经过防腐处理的结构或连接件。

(4)屋面工程　保温隔热层、找平层、防水层。

(5)防水工程　卷材防水层及胶结材料防水的基层，地下室外墙防水，厨、卫间防水层。

(6)装饰工程　地面下的灰土，装饰隐蔽部位的防腐处理等。

(7)完工后无法检查或规范中要求做隐蔽验收的项目。

2. 隐蔽工程验收记录

隐蔽工程验收记录见表2－36，钢筋隐蔽工程验收记录见表2－37，地下防水隐蔽工程验收记录见表2－38。

表2－36　隐蔽工程验收记录表

施工单位：　　　　　　　　　　　　　　　　　　　　编号：

工程编号			分项工程名称	
施工图名称及编号			项目经理	
施工标准名称及代号			专业技术负责人	
隐蔽工程部位	质量要求	施工单位自查情况	监理(建设)单位验收情况	
工程编号			分项工程名称	

表 2－36(续)

施工单位自查结论	施工单位项目技术负责人：　　　　年　月　日
监理(建设)单位验收结论	监理工程师(建设单位项目负责人)：　　　　年　月　日
备注	

表 2－37　钢筋隐蔽工程验收记录表

年　　月　　日　　　　　　　　　　　　编号：

工程名称		隐检项目	
隐蔽验收部位		隐检时间	
隐检依据			

隐检内容：

(1)纵向受力钢筋的品种、规格、数量、位置。

(2)钢筋的连接方式、接头位置、接头数量、接头面积百分率。

(3)箍筋、横向钢筋品种、规格、数量、间距，预埋件的规格、数量、位置。

(4)设计变更和钢筋保护层厚度等。

(5)预应力筋锚具和连接件的品种、规格、数量、位置及护套等。

(6)预留孔道的规格、数量、位置、形状及灌浆孔、排水管等。

(7)锚固区局部加强构造等。

施工单位自查情况与结论：	钢筋(原材、焊接)检验		
	规格	合格证编号	试验报告编号

监理(建设)单位验收意见与结论：

监理(建设)单位(签章)	施工单位(签章)		
专业监理工程师： (建设单位项目专业技术负责人) 年　月　日	专业技术负责人	质检员	专业工长

表 2－38　地下防水隐蔽工程验收记录表

年　　月　　日　　　　　　　　　　　　编号：

工程名称		隐检项目	
隐检部位		防水等级	
防水构造		隐检时间	

隐检内容：

(1)卷材、涂料防水层及基层。

(2)防水混凝土结构和防水层掩盖的部位。

(3)变形缝、施工缝等防水构造的做法。

(4)管道设备穿过防水层的封固部位。

(5)渗排水层、盲沟和坑槽。

(6)衬砌前围岩渗漏水处理。

(7)基坑的超挖和回填。

施工单位自查情况与结论：

监理（建设）单位验收意见与结论：

<table>
<tr><td>监理（建设）单位（签章）</td><td colspan="3">施工单位（签章）</td></tr>
<tr><td rowspan="2">专业监理工程师：
（建设单位项目专业技术负责人）
年　　月　　日</td><td>专业技术负责人</td><td>质检员</td><td>专业工长</td></tr>
<tr><td></td><td></td><td></td></tr>
</table>

3. 资料要求

(1)隐蔽工程验收记录应按专业，分层、分段、分部位按施工程序进行填写。隐蔽工程验收记录按分项工程检验批填写，内容包括位置、标高、材质、品种、规格、数量、焊接接头、防腐、管盒固定、管口处理等，需附图时应附图。

(2)隐蔽工程验收时，施工单位必须附有关分项工程质量验收及测试资料，包括原材料试（化）验单、质量验收记录、出厂合格证等，以备查验。

(3)需要进行处理的，处理后必须进行复验，并且办理复验手续，填写复验日期，并做出复验结论。

(4)工程具备隐检条件后，由专业工长填写隐蔽工程验收记录，由质检员提前一天报请监理单位，验收时由专业技术负责人组织专业工长、质检员共同参加。验收后由监理单位专业监理工程师（建设单位项目专业技术负责人）签署验收意见及验收结论。

(5)凡未经过隐蔽工程验收或验收不合格的工程，不得进入下道工序施工。

(6)隐蔽工程验收记录上签字、盖章要齐全，参加验收人员须本人签字，并加盖监理（建设）单位项目部公章和施工单位项目部公章。

六、施工记录

1. 施工记录(通用)

施工记录(通用)为未定专项施工记录表式而又需要在施工过程中进行必要记录的施工项目时采用。

(1)施工记录表(通用)(表2-39)

表2-39 施工记录表(通用)

工程名称		验收日期	
施工内容			
施工依据与材质			
问题与处理意见			
鉴定意见与建议			
参加验收单位及人员			
项目技术负责人:	质检员:	记录人:	

(2)资料要求

①凡相关专业施工质量验收规范中主控项目或一般项目的检查方法中要求进行检查施工记录的项目,均应按资料的要求对该项施工过程完成后的成品质量进行检查并填写施工记录。存在问题时应有处理建议。

②施工记录应按表式内容逐一填写。

③施工记录由项目经理部的专职质量检查员或工长实施记录,由项目技术负责人审定。

2. 地基钎探记录

地基钎探记录是为了探明基底下对沉降影响最大的一定深度内的土层情况而进行的钎探记录。基槽完成后一般均应按设计要求或施工规范进行钎探。

(1)地基钎探记录表(表2-40)

表 2－40 地基钎探记录表

工程名称：　　　　　　　　　　　　　　　　施工单位：

钎探方式			直径			钎探日期			
探点编号	锤击数								探点布置及处理部位示意图
	合计	0～30 cm	30～60 cm	60～90 cm	90～120 cm	120～150 cm	150～180 cm	180～210 cm	

工程质量负责人：　　　　　　　检验员：　　　　　　钎探人：

（2）资料要求

①地基钎探记录主要包括钎探点平面布置图和锤击数记录。

②钎探点平面布置图应与实际基槽一致，应标出方向，基槽各轴线、轴号要与设计基础图一致。确定钎探点布置及编号顺序。钎探点平面布置图也可以在表外另附图。

③钎探负责人负责组织钎探并记录，专业工长要对钎探点的布设和各步锤击数进行检查，专业技术负责人审核并签证。

④地基钎探记录原则上应用原始记录表，受损严重的可以重新抄写，但原始记录仍要原样保存，重新抄写好的记录数据、文字应与原件一致，要注明原件处并有抄写人签字。

3. 地基验槽记录

地基是建筑物的基石，认真、细致地进行地基验槽，及时发现并慎重处理好地基施工中出现的有关问题，是保证地基符合设计要求的一项重要措施，同时也可以丰富和提高工程勘察报告的准确程度。

（1）地基验槽记录表（表 2－41）

表 4－41 地基验槽记录表

工程名称：　　　　　　　　　　　　　　　　施工单位：

建筑面积		项目经理	
开挖时间		项目技术负责人	
完成时间		质检员	
验收时间		记录人	

表 2－41(续)

<table>
<tr><td>项次</td><td colspan="2">项目</td><td>查验情况</td><td colspan="2">附图或说明</td></tr>
<tr><td>1</td><td colspan="2">土壤类别</td><td></td><td colspan="2" rowspan="8"></td></tr>
<tr><td>2</td><td colspan="2">基底是否为老土</td><td></td></tr>
<tr><td>3</td><td colspan="2">地基土的均匀、致密程度</td><td></td></tr>
<tr><td>4</td><td colspan="2">地下水情况</td><td></td></tr>
<tr><td>5</td><td colspan="2">有无坑、穴、洞、窑、墓</td><td></td></tr>
<tr><td>6</td><td colspan="2">其他</td><td></td></tr>
<tr><td>初验结论</td><td colspan="3"></td></tr>
<tr><td>复验结论</td><td colspan="3"></td></tr>
<tr><td>建设单位</td><td>监理单位</td><td>设计单位</td><td colspan="2">勘察单位</td><td>施工单位</td></tr>
<tr><td></td><td></td><td></td><td colspan="2"></td><td></td></tr>
</table>

(2)资料要求

①地基土的均匀、致密程度,有无坑、穴、洞、窑、墓等内容应填写齐全,签字盖章应齐全。

②地基需处理时,须有设计部门的处理方案。处理后应复验并注明复验意见。

③对有地基处理或设计要求处理及注明的地段、处理的方案、要求、实施记录及实施后的验收结果,应作为专门问题进行处理,归档编号。

④地基验槽除设计有规定外,均应提供地基钎探记录资料,没有地基钎探时应补探。

⑤地基验槽必须在当地质量监督部门监督的情况下进行,有建设、设计、施工、监理各方签证为符合要求,否则为不符合要求。

4. 混凝土施工记录

不论混凝土浇筑工程量大小均应对环境条件、混凝土配合比、浇筑部位、坍落度、试件留置情况等进行真实记录。

(1)混凝土施工记录表(表 2－42)

表 2－42　混凝土施工记录

编号:

<table>
<tr><td>工程名称</td><td colspan="2"></td><td>施工单位</td><td colspan="3"></td></tr>
<tr><td rowspan="2">混凝土强度等级</td><td rowspan="2"></td><td rowspan="2">操作班组</td><td rowspan="2"></td><td colspan="2">气象</td><td></td></tr>
<tr><td colspan="2">风力</td><td></td></tr>
<tr><td rowspan="2">混凝土配比单编号</td><td rowspan="2"></td><td rowspan="2">浇筑部位</td><td rowspan="2"></td><td rowspan="2">气温/℃</td><td>最高</td><td></td></tr>
<tr><td>最低</td><td></td></tr>
</table>

表 2 -42(续)

材料 混凝土配合比	水泥/kg	砂/kg	石/kg	水/kg	外加剂名称及用量/kg			掺和料名称及用量/kg	
配合比									
每 m^3 用量									
每盘用量									
浇筑时间	年　月　日　时至　年　月　日　时								
搅拌、运输、振捣、养护方法									
当班完成混凝土数量/m^3									
浇筑过程记录	坍落度检测： 试块留置： 施工缝处理：								
备注									

专业技术负责人：　　　　质检员：　　　　施工工长：　　　　试验员：

(2)资料要求

①混凝土施工记录应按表中要求填写浇筑部位、天气情况、配比单编号等。

②配合比按试验室提供的配合比填写，每盘用量应按施工配合比填写，根据施工情况及时测试砂、石含水率，调整配合比，由试验配合比转变为施工配合比。

③在混凝土浇筑过程中要及时检查坍落度。冬期施工时大体积混凝土还要做测温记录。

七、质量事故处理记录及质量检测、加固处理文件

1. 质量事故处理记录

凡因工程质量不符合规定的质量标准，影响使用功能或设计要求的质量事故，在初步调查的基础上应填写工程质量事故报告。

(1)工程质量事故报告(表 2 -43)

表 2 -43　工程质量事故报告

事故部位			报告日期	
事故性质	设计错误		交底不清	违反操作规程
事故发生日期				
事故等级				
直接责任者		职务		损失金额

表2－43(续)

事故经过和原因分析：		
事故处理意见：		
企业负责人：	企业技术负责人：	项目经理：

(2)资料要求

①工程质量事故的内容及处理建议应填写具体、清楚。

②有当事人及有关领导的签字及附件资料。

③事故经过和原因分析要尊重事实，尊重科学，实事求是。

(3)工程建设重大质量事故

①工程建设过程中发生的重大质量事故。

②由于勘察、设计、施工等过失造成工程质量低劣，在交付使用后发生的重大质量事故。

③因工程质量达不到合格标准，而需要加固补强、返工或报废，且经济损失达到重大质量事故级别的重大质量事故。

(4)一般工程质量事故

凡造成影响使用功能和工程结构安全，造成永久性缺陷的，均应视为一般质量事故。

2. 质量检测、加固处理文件

工程结构、安装等分部中出现需要检测的，其检测文件、设计复核认可文件、加固补强方案以及补强验收文件等，应进行汇总归档。

学习项目四　工程质量验收资料的整理

一、工程质量验收的划分与程序

1. 工程质量验收的划分

建设工程质量验收划分为单位(子单位)工程质量竣工验收、分部(子分部)工程质量验收、分项工程质量验收和检验批质量验收。

2. 工程质量验收的程序

(1)检验批的质量验收。

(2)分项工程质量验收。

(3)分部(子分部)工程质量验收。

(4)单位(子单位)工程质量竣工验收。

单位工程施工质量验收必须按以上顺序依序进行，报送资料逆向依序编制。

二、单位(子单位)、分部(子分部)、分项工程和检验批的验收

1. 检验批的质量验收

(1)主控项目和一般项目

①主控项目包括重要原材料、成品、半成品、设备及附件的材质证明或检(试)验报告;结构强度、刚度等检验数据,工程质量性能的检测;一些重要的允许偏差项目,必须控制在允许偏差限值之内。

②一般项目是指允许有一定的偏差或缺陷,以及一些无法定量(如油漆的光亮、光滑项目等),但又不能超过一定数量的项目。

(2)检验批质量验收记录表(表2-44)

表2-44　检验批质量验收记录表

<table>
<tr><td colspan="2">工程名称</td><td></td><td>分项工程名称</td><td></td><td>验收部位</td><td></td></tr>
<tr><td colspan="2">施工单位</td><td></td><td>专业工长</td><td></td><td>项目经理</td><td></td></tr>
<tr><td colspan="2">施工执行标准
名称及编号</td><td colspan="5"></td></tr>
<tr><td colspan="2">分包单位</td><td></td><td>分包项目经理</td><td></td><td>施工班组长</td><td></td></tr>
<tr><td rowspan="9">主控项目</td><td colspan="2">质量验收规范的规定</td><td colspan="2">施工单位检查评定记录</td><td colspan="2">监理(建设)单位验收记录</td></tr>
<tr><td>1</td><td></td><td colspan="2"></td><td colspan="2"></td></tr>
<tr><td>2</td><td></td><td colspan="2"></td><td colspan="2"></td></tr>
<tr><td>3</td><td></td><td colspan="2"></td><td colspan="2"></td></tr>
<tr><td>4</td><td></td><td colspan="2"></td><td colspan="2"></td></tr>
<tr><td>5</td><td></td><td colspan="2"></td><td colspan="2"></td></tr>
<tr><td>6</td><td></td><td colspan="2"></td><td colspan="2"></td></tr>
<tr><td>7</td><td></td><td colspan="2"></td><td colspan="2"></td></tr>
<tr><td>8</td><td></td><td colspan="2"></td><td colspan="2"></td></tr>
<tr><td rowspan="4">一般项目</td><td>1</td><td></td><td colspan="2"></td><td colspan="2"></td></tr>
<tr><td>2</td><td></td><td colspan="2"></td><td colspan="2"></td></tr>
<tr><td>3</td><td></td><td colspan="2"></td><td colspan="2"></td></tr>
<tr><td>4</td><td></td><td colspan="2"></td><td colspan="2"></td></tr>
<tr><td colspan="2">施工单位检查
评定结果</td><td colspan="5">项目专业质量检查员:
年　月　日</td></tr>
<tr><td colspan="2">监理(建设)
单位验收结论</td><td colspan="5">专业监理工程师:
(建设单位项目专业技术负责人)
年　月　日</td></tr>
</table>

注:地基基础、主体结构工程的检验质量验收不填写"分包单位"和"分包项目经理"。

(3)资料要求

①主控项目和一般项目的质量经抽样检验合格。

②具有完整的施工操作依据、质量检查记录。

③施工执行标准名称及编号填写企业标准或行业推荐性标准。

④施工单位检查评定结果，施工单位自行检验合格后，注明“合格”。

⑤监理单位在验收时，应对主控项目、一般项目逐项进行验收，对符合验收规范的项目，填写“合格”或“符合要求”，在验收结论里统一填写“同意验收”，并由专业监理工程师（建设单位项目技术负责人）签字，填写验收日期。

2. 分项工程质量验收

（1）分项工程质量验收记录表（表2－45）

表2－45　分项工程质量验收记录表

<table>
<tr><td colspan="2">工程名称</td><td></td><td>结构类型</td><td></td><td>检验批数</td><td></td></tr>
<tr><td colspan="2">施工单位</td><td></td><td>项目经理</td><td></td><td>项目技术负责人</td><td></td></tr>
<tr><td colspan="2">分包单位</td><td></td><td>分包单位负责人</td><td></td><td>分包项目经理</td><td></td></tr>
<tr><td>序号</td><td colspan="2">检验批名称及部位、区段</td><td colspan="2">施工单位检查评定记录</td><td colspan="2">监理（建设）单位验收记录</td></tr>
<tr><td>1</td><td colspan="2"></td><td colspan="2"></td><td colspan="2"></td></tr>
<tr><td>2</td><td colspan="2"></td><td colspan="2"></td><td colspan="2"></td></tr>
<tr><td>3</td><td colspan="2"></td><td colspan="2"></td><td colspan="2"></td></tr>
<tr><td>4</td><td colspan="2"></td><td colspan="2"></td><td colspan="2"></td></tr>
<tr><td>5</td><td colspan="2"></td><td colspan="2"></td><td colspan="2"></td></tr>
<tr><td>6</td><td colspan="2"></td><td colspan="2"></td><td colspan="2"></td></tr>
<tr><td>检查结论</td><td colspan="2">项目专业技术负责人：
年　月　日</td><td>验收结论</td><td colspan="3">监理工程师：
（建设单位项目专业技术负责人）
年　月　日</td></tr>
</table>

（2）资料要求

①分项工程所含的检验批均应符合质量要求的规定。

②分项工程所含的检验批的质量验收记录应完整。

③分项工程的验收由施工单位项目专业技术负责人进行检查评定，由监理单位专业监理工程师进行验收。

④验收批部位、区段，施工单位检查评定结果，由施工单位项目专业质量检查员填写。检查结论由施工单位的项目专业技术负责人填写并签字。验收结论由专业监理工程师审查后填写，同意项填写“合格”或“符合要求”，并签字确认；不同意项不填写，并提出存在问题和处理意见。

（3）分项工程质量验收注意事项

分项工程质量的验收是在检验批验收的基础上进行的，只是一个统计过程，但也有一些在检验批验收中没有的内容，在分项验收时应注意：

①核对检验批的部位、区段是否全部覆盖分项工程的范围，是否有缺漏的部位没有验收到。

②一些在检验批中无法检验的项目，在分项工程中直接验收，如砖砌体工程中的全高垂直度、砂浆强度的评定等。

③检验批验收记录的内容及签字人是否正确、齐全。

3. 分部（子分部）工程质量验收

分部（子分部）工程质量验收是对分项工程的质量进行检查验收后，对有关工程质量控制资料、安全及功能的检验和抽样检测结果的资料核查，以及观感质量进行评价。

（1）验收主要内容

①分项工程：检查每个分项工程验收是否正确；查对所含分项工程，有没有漏、缺或是没有进行验收的分项工程；检查分项工程的资料是否完整，每部分验收资料的内容是否有缺项、漏项，以及分项验收人员的签字是否齐全及符合规定。

②质量控制资料核查：核查和归纳各检验批、分项的验收记录资料，查对其是否完整；核对各种资料的内容、数据及验收人员的签字是否规范。

③安全和功能检验（检测）资料核查：检查各规范中规定的检测项目是否都进行了验收，不能进行检测的项目应说明原因；检查各项检测记录（报告）是否符合要求，包括检测项目的内容，所遵循的检测方法标准，检测结果的数据是否达到规定的标准；检查资料的检测程序，有关取样人、检测人、审核人、试验负责人，以及公章、签字是否齐全等。

④观感质量验收：观感质量验收是一个辅助项目，没有具体标准，由检查人员宏观掌握。可以评为好、一般、差。有影响安全或使用功能的项目，不能评价，应修理后再评价。

（2）分部（子分部）工程质量验收记录表（表2－46）

表2－46　分部（子分部）工程质量验收记录表

<table>
<tr><td colspan="2">工程名称</td><td colspan="2"></td><td>结构类型</td><td></td><td colspan="2">层数</td><td></td></tr>
<tr><td colspan="2">施工单位</td><td colspan="2"></td><td>技术部门负责人</td><td></td><td colspan="2">质量部门负责人</td><td></td></tr>
<tr><td colspan="2">分包单位</td><td colspan="2"></td><td>分包单位负责人</td><td></td><td colspan="2">分包技术负责人</td><td></td></tr>
<tr><td>序号</td><td colspan="2">分项工程名称</td><td colspan="2">检验批数</td><td colspan="2">施工单位检查评定</td><td colspan="2">验收意见</td></tr>
<tr><td>1</td><td colspan="2"></td><td colspan="2"></td><td colspan="2"></td><td colspan="2" rowspan="7"></td></tr>
<tr><td>2</td><td colspan="2"></td><td colspan="2"></td><td colspan="2"></td></tr>
<tr><td>3</td><td colspan="2"></td><td colspan="2"></td><td colspan="2"></td></tr>
<tr><td>4</td><td colspan="2"></td><td colspan="2"></td><td colspan="2"></td></tr>
<tr><td>5</td><td colspan="2"></td><td colspan="2"></td><td colspan="2"></td></tr>
<tr><td>6</td><td colspan="2"></td><td colspan="2"></td><td colspan="2"></td></tr>
<tr><td>7</td><td colspan="2"></td><td colspan="2"></td><td colspan="2"></td></tr>
<tr><td colspan="3">质量控制资料</td><td colspan="2"></td><td colspan="2"></td><td colspan="2"></td></tr>
<tr><td colspan="3">安全和功能检验（检测）报告</td><td colspan="2"></td><td colspan="2"></td><td colspan="2"></td></tr>
<tr><td colspan="3">观感质量验收</td><td colspan="2"></td><td colspan="2"></td><td colspan="2"></td></tr>
<tr><td rowspan="5">验收单位</td><td colspan="2">分包单位</td><td colspan="5">项目经理：</td><td>年　月　日</td></tr>
<tr><td colspan="2">施工单位</td><td colspan="5">项目经理：</td><td>年　月　日</td></tr>
<tr><td colspan="2">勘察单位</td><td colspan="5">项目负责人：</td><td>年　月　日</td></tr>
<tr><td colspan="2">设计单位</td><td colspan="5">项目负责人：</td><td>年　月　日</td></tr>
<tr><td colspan="2">监理（建设）单位</td><td colspan="5">总监理工程师：
（建设单位项目专业负责人）</td><td>年　月　日</td></tr>
</table>

注：地基基础、主体结构分部工程质量验收不填写“分包单位”“分包单位负责人”和“分包技术负责人”。地基基础、主体结构分部工程验收勘察单位应签认，其他分部工程经验收勘察单位可不签认。

（3）资料要求

①分部（子分部）工程所含分项工程的质量均应验收合格。

②质量控制资料应完整。

③地基与基础、主体结构和设备安装等分部工程，有关安全及功能的检验和抽样检测结果应符合有关规定。

④观感质量验收应符合要求。

4. 单位（子单位）工程质量竣工验收

单位（子单位）工程质量竣工验收由五部分内容组成，即分部工程、质量控制资料核查、安全和主要使用功能核查及抽查结果、观感质量验收、综合验收结论，每一项内容都有专门的验收记录表。单位（子单位）工程质量竣工验收记录是一个综合性的表，是各项验收合格后填写的。

（1）单位（子单位）工程质量竣工验收记录表（表2－47）

表2－47　单位（子单位）工程质量竣工验收记录表

<table>
<tr><td>工程名称</td><td></td><td>结构类型</td><td></td><td>层数/建筑面积</td><td></td></tr>
<tr><td>施工单位</td><td></td><td>技术负责人</td><td></td><td>开工日期</td><td></td></tr>
<tr><td>项目经理</td><td></td><td>项目技术负责人</td><td></td><td>竣工日期</td><td></td></tr>
<tr><td>序号</td><td>项目</td><td colspan="3">验收记录</td><td>验收结论</td></tr>
<tr><td>1</td><td>分部工程</td><td colspan="3">共　分部，经查　分部符合标准及设计要求　分部</td><td></td></tr>
<tr><td>2</td><td>质量控制资料核查</td><td colspan="3">共　分部，经查符合要求　项，经核定符合规范要求　项</td><td></td></tr>
<tr><td>3</td><td>安全和主要使用功能核查及抽查结果</td><td colspan="3">共核查　项，符合要求　项，共核查　项，符合要求　项，经返工处理符合要求　项</td><td></td></tr>
<tr><td>4</td><td>观感质量验收</td><td colspan="3">共抽查　项，符合要求　项，不符合要求　项，经返工处理符合要求　项</td><td></td></tr>
<tr><td>5</td><td>综合验收结论</td><td colspan="3"></td><td></td></tr>
<tr><td rowspan="2">参加验收单位</td><td>建设单位（公章）</td><td>监理单位（公章）</td><td>施工单位（公章）</td><td colspan="2">设计单位（公章）</td></tr>
<tr><td>单位（项目）负责人：
年　月　日</td><td>总监理工程师：
年　月　日</td><td>单位负责人：
年　月　日</td><td colspan="2">单位（项目）负责人：
年　月　日</td></tr>
</table>

（2）资料要求

①单位（子单位）工程由建设单位（项目）负责人组织施工单位（含分包单位）、设计单位、监理单位等（项目）负责人进行验收。参加验收单位应加盖公章，并由单位责任人签字。控制资料核查、安全检验资料及观感评定表，由施工单位项目经理和总监理工程师（建设单位项目负责人）签字。

②验收内容符合要求，验收结论填写“同意验收”；不符合要求的项目，应执行相关程序进行处理。

③综合验收结论由建设单位填写，工程满足合格要求时可填写“通过验收”。

④建设单位、监理单位、施工单位、设计单位在工程验收合格后，各单位的项目负责人要亲自签字，并加盖单位公章（注明签字验收的日期）。

5. 单位(子单位)工程质量控制资料核查记录

(1)单位(子单位)工程质量控制资料核查记录表(表2-48)

表2-48　单位(子单位)工程质量控制资料核查记录表

工程名称			施工单位		
序号	项目	资料名称	份数	核查意见	核查人
1	建筑与结构	图纸会审、设计变更、洽商记录			
2		工程定位测量、放线记录			
3		原材料出厂合格证书及进场检(试)验报告			
4		施工试验报告及见证检测报告			
5		隐蔽工程验收记录			
6		施工记录			
7		预制构件、预拌混凝土合格证			
8		地基基础、主体结构检验及抽样检测资料			
9		分项、分部工程质量验收记录			
10		工程质量事故及事故调查处理资料			
11		新材料、新工艺施工记录			
1	给排水与采暖	图纸会审、设计变更、洽商记录			
2		材料、配件出厂合格证书及进场检(试)验报告			
3		管道及设备强度试验、严密性试验记录			
4		隐蔽工程验收记录			
5		系统清洗、灌水、通水、通球试验记录			
6		施工记录			
7		分项、分部工程质量验收记录			
1	建筑电气	图纸会审、设计变更、洽商记录			
2		材料、配件出厂合格证书及进场检(试)验报告			
3		设备测试记录			
4		接地、绝缘电阻测试记录			
5		隐蔽工程验收记录			
6		施工记录			
7		分项、分部工程质量验收记录			

表 2－48(续)

工程名称			施工单位		
序号	项目	资料名称	份数	核查意见	核查人
1	通风与空调	图纸会审、设计变更、洽商记录			
2		材料、配件出厂合格证书及进场检(试)验报告			
3		制冷、空调、水管道强度试验、严密性试验记录			
4		隐蔽工程验收记录			
5		系统清洗、灌水、通水、通球试验记录			
6		制冷设备运行调试记录			
7		通风、空调系统调试记录			
8		分项、分部工程质量验收记录			
1	电梯	图纸会审、设计变更、洽商记录			
2		设备出厂合格证书及开箱检验记录			
3		隐蔽工程验收记录			
4		施工记录			
5		接地、绝缘电阻测试记录			
6		负荷试验,安全装置检查记录			
7		分项、分部工程质量验收记录			
1	智能建筑	图纸会审、设计变更、洽商记录			
2		材料、配件出厂合格证和技术文件及进场检(试)验报告			
3		隐蔽工程验收记录			
4		系统功能测定及设备调试记录			
5		系统技术、操作和维护手册			
6		系统管理、操作人员培训记录			
7		分项、分部工程质量验收记录			
8		系统检测报告			

结论:

施工单位项目经理:

总监理工程师:
(建设单位项目负责人)

年　　月　　日　　　　年　　月　　日

(2)资料要求

①单位(子单位)工程质量控制资料核查记录表内容较多,应按《建筑工程施工质量验收统一标准》(GB 50300—2001)附录表G.0.1—2逐项进行检查。

②由总监理工程师组织各专业监理工程师及施工单位项目经理进行核查、汇总,填写资料份数(不能按页数,按项目名称进行汇总)。

③核查意见为检查各项资料内容的结果,填写"符合要求";核查人为各专业监理工程师;有合理缺项时用"/"注明。

④结论是对整个工程质量控制资料核查的结论性意见,应为"完整";不完整时应进行处理。由施工单位的项目经理签字,监理工程师核查后签字生效。

6. 单位(子单位)工程安全和功能检验资料核查及主要功能抽查记录

(1)单位(子单位)工程安全和功能检验资料核查及主要功能抽查记录表(表2-49)

表2-49 单位(子单位)工程安全和功能检验资料核查及主要功能抽查记录表

工程名称			施工单位			
序号	项目	安全和功能检查项目	份数	核查意见	抽查结果	核查(抽查)人
1	建筑与结构	屋面淋水试验记录				
2		地下室防水效果检查记录				
3		有防水要求的地面蓄水试验记录				
4		建筑物垂直度、标高、全高测量记录				
5		抽气(风)道检查记录				
6		幕墙及外窗气密性、水密性、耐风压检测报告				
7		建筑物沉降观察记录				
8		节能、保湿测试记录				
9		室内环境检测报告				
10						
1	给排水与采暖	给水管道通水试验记录				
2		暖气管道、散热器压力试验记录				
3		卫生器具滴水试验记录				
4		消防管道、燃气管道压力试验记录				
5		排水干管通球试验记录				
6						
1	电气	照明全页试验记录				
2		大型灯具牢固性试验记录				
3		避雷接地电阻测试记录				
4		线路、插座、开关接地检验记录				
5						

表 2－49(续)

工程名称				施工单位			
序号	项目	安全和功能检查项目	份数	核查意见	抽查结果	核查(抽查)人
1	通风与空调	通风、空调系统试运行记录				
2		风量、强度测试记录				
3		洁净室洁净度测试记录				
4		制冷机组试运行测试记录				
5						
1	电梯	电梯运行记录				
2		电梯安全装置检测报告				
1	智能建筑	系统试运行记录				
2		系统电源及接地检测报告				
3						

结论：

施工单位项目经理：

总监理工程师：
（建设单位项目负责人）

年　　月　　日　　　　　　　　　　　　　　　　　　年　　月　　日

(2)资料要求

①单位(子单位)工程安全和功能检验资料核查及主要功能抽查记录表,应按《建筑工程施工质量验收统一标准》(GB 503—2001)附录表 G. 0. 1—3 逐项进行检查。

②由总监理工程师组织各专业监理工程师及施工单位项目经理,对工程安全和功能检验资料进行核查,验收时对主要功能进行抽查。

③份数栏填写工程安全和功能检验资料的核查份数,写明意见。是否“符合要求”应填入核查意见栏,当不符合要求时应进行处理。

④抽查结果是指对工程进行的主要功能抽查的结论性意见,符合要求时将“符合要求”填入抽查结果栏内。

⑤核查(抽查)人为各专业监理工程师,有合理缺项时用“/”注明。

⑥结论是对整个工程安全和功能检验资料核查及主要功能抽查的结论性意见,应为“完整”,不完整时应进行处理。

7. 单位(子单位)工程观感质量检查记录

(1)单位(子单位)工程观感质量检查记录表(表 2－50)

表 2－50　单子（子单位）工程观感质量检查记录表

工程名称			施工单位			
序号	项目		抽查质量状况	质量评价		
				好	一般	差
1	建筑与结构	室外墙面				
2		变形缝				
3		雨水管、屋面				
4		室内墙面				
5		室内顶棚				
6		室内地面				
7		楼梯、踏步、护栏				
8		门窗				
1	给排水与采暖	管道接口、坡度、支架				
2		卫生器具、支架、阀门				
3		检查口、扫除口、地漏				
4		散热器、支架				
1	建筑电气	配音箱、盘、板、接线盒				
2		设备器具、开关、插座				
3		防雷、接地				
1	通风与空调	风管、接地				
2		风口、风阀				
3		风机、空调设备				
4		阀门、支架				
5		水泵、冷却塔				
6		绝热				
1	电梯	运行、平层、开关门				
2		层门、信号系统				
3		机房				
1	智能建筑	机房设备安装及布局				
2		现场设备安装				
3						
感官质量综合评价						
检查结论	施工单位项目经理： 年　月　日		总监理工程师： （建设单位项目负责人） 年　月　日			

(2)资料要求

①工程感观质量检查是一个综合验收,包含项目较多,进行检查前应首先确定检查部位和数量。

②由总监理工程师负责组织各专业监理工程师、项目经理以及相关的主要技术、质量负责人进行检查。

③“抽查质量状况”栏中,一般每个子项目抽查10个点,可以设定代号表示,如“好”“一般”“差”分别用“✓”“○”“△”表示。

④“质量评价”按抽查质量状况的数理统计结果权衡给出“好”“一般”“差”的评价。

⑤“观感质量综合评价”可由参加观感质量检查的人员根据子项目质量情况进行评价,权衡得出结果。

学习项目五　工程安全和功能检验资料的整理

为确保工程的安全和使用功能,在建设过程中以及竣工时需要对工程进行安全和功能质量项目的抽验检查。工程安全功能检查措施是落实规范中“完善手段”的具体要求。

一、淋(防)水试验记录

淋(防)水试验记录是在施工过程中对有防水要求的屋面或地面蓄水防水功能检(试)验过程的记录。

1.资料表式

淋(防)水试验记录(通用)见表2-51。

表2-51　淋(防)水试验记录表(通用)

<table>
<tr><td colspan="2">工程名称</td><td colspan="2"></td><td>施工单位</td><td></td></tr>
<tr><td colspan="2">建筑面积</td><td colspan="2"></td><td>结构形式</td><td></td></tr>
<tr><td colspan="2">试水日期</td><td colspan="2">年　月　日　时起
年　月　日　时止</td><td>试水部位</td><td></td></tr>
<tr><td colspan="6">试水简况:</td></tr>
<tr><td colspan="6">检查结果:</td></tr>
<tr><td colspan="6">复查结果:</td></tr>
<tr><td colspan="6">评定意见:
年　月　日</td></tr>
<tr><td rowspan="3">会签栏</td><td>监理(建设)单位</td><td colspan="4">施工单位</td></tr>
<tr><td rowspan="2">年　月　日</td><td colspan="2">专业技术负责人</td><td>质检员</td><td>试验员</td></tr>
<tr><td colspan="2"></td><td></td><td></td></tr>
</table>

2. 资料要求

(1)屋面防水工程均应进行淋(防)水试验,对凸出屋面部分(管根部位、烟道根部等)应重点进行检查并做好记录。

(2)防水工程验收记录应有检查结果,写明有无渗漏。

(3)设计对混凝土有抗渗要求时,应提供混凝土抗渗试验报告单。

(4)按要求检查,内容、签字齐全为正确,无记录或后补记录为不正确。

有防水要求的地面蓄水试验记录按淋(防)水试验记录表(通用)执行。

二、地下工程(室)防水效果检查试验记录

地下工程(室)防水效果检查试验记录是在施工过程中对地下工程(室)外墙有防水要求的部位所做的防水试验记录。

1. 资料表式

地下工程(室)防水效果检查试验记录(通用)见表2－52。

表2－52　地下工程(室)防水效果检查试验记录表(通用)

<table>
<tr><td colspan="2">工程名称</td><td colspan="2"></td><td>结构类型</td><td></td></tr>
<tr><td colspan="2">防水等级</td><td colspan="2"></td><td>检查部位</td><td></td></tr>
<tr><td colspan="2">背水内表面的结构工程展开图</td><td colspan="4">内墙、地板、拱顶(渗漏水现象描述用的标识符号):</td></tr>
<tr><td colspan="2" rowspan="3">自查结果</td><td colspan="4">(1)裂缝:</td></tr>
<tr><td colspan="4">(2)渗漏水现象:</td></tr>
<tr><td colspan="4">(3)防水等级标准容许的渗漏水现象位置:</td></tr>
<tr><td colspan="2">处理</td><td colspan="4">经修补,堵漏的渗漏水部位</td></tr>
<tr><td colspan="2">结论</td><td colspan="4"></td></tr>
<tr><td rowspan="3">会签栏</td><td>监理(建设)单位</td><td colspan="4">施工单位</td></tr>
<tr><td rowspan="2">年　月　日</td><td>专业技术负责人</td><td colspan="2">质检员</td><td>试验员</td></tr>
<tr><td></td><td colspan="2"></td><td></td></tr>
</table>

2. 资料要求

(1)地下工程(室)的防水工程验收时,有条件的应在施工后做花管淋水2 h试验,或者在回填后以及雨后进行检查,检查后注明有无渗漏现象以及检查结果。

(2)按要求检查,内容、签字齐全为正确。

(3)设计对混凝土有抗渗要求时,应提供混凝土抗渗试验报告单。

(4)无记录或后补记录为不正确。

三、建筑物垂直度、标高、全高测量记录

建筑物垂直度、标高、全高测量记录是对建筑物垂直度、标高、全高在施工过程中和竣工后进行的测量记录。

1. 资料表式

建筑物垂直度、标高、全高测量记录见表2－53。

表2－53　建筑物垂直度、标高、全高测量记录表

施工单位：　　　　　　　　　　　　　　　　　　　　编号：

工程名称				施工部位				检测日期		
项目＼测量部位与编号										
垂直度测量	允许偏差/mm									
	实测值/mm									
标高测量	允许偏差/mm									
	实测值/mm									
全高测量	允许偏差/mm									
	实测值/mm									

检测说明（附检测部位及编号示意图）：

结论：

年　　月　　日

会签栏	监理（建设）单位	施工单位		
		专业技术负责人	质检员	试验员
	年　　月　　日			

2. 资料要求

（1）现场测量项目必须在测量现场进行，由施工单位的专业技术负责人牵头，专职质量检查员详细记录，建设单位或监理单位的专业监理工程师参加。

（2）现场原始记录须经施工单位的技术负责人和专职质量检查员签字，建设（监理）单位的参加人员签字后生效并存档作为整理资料的依据以备查。

（3）测量记录的主要项目应齐全，不齐全时应重新进行复测。

四、抽气（风）道检查记录

1. 资料表式

抽气（风）道检查记录见表2－54。

表 2－54　抽气(风)道检查记录表

施工单位：　　　　　　　　　　　　　　　　　　　　　　编号：

工程名称					检测日期		
检查部门和检查结果						检查人	复查人
检查部位	主抽气(风)道		副抽气(风)道		垃圾道		
	抽气道	风道	抽气道	风道			
工程名称					检查日期		

结论：

会签栏	监理(建设)单位	施工单位		
		专业技术负责人	质检员	试验员
	年　月　日			

2. 资料要求

(1)抽气道、风道必须100%检查，检查数量不足为不符合要求。

(2)按要求检查，内容完整、签章齐全为符合要求，无记录或后补记录为不符合要求。

(3)检查应做好自检记录。

(4)抽气道、风道除需进行检查外，还要进行外观检查，两项检验均合格后才可验收。

(5)检查项目应齐全，签字有效。

五、幕墙及外窗气密性、水密性、耐风压检测报告

工程竣工前，具有相应资质的检测单位应对幕墙和外窗进行检测，出具幕墙及外窗气密性、水密性、耐风压检测报告。

1. 资料表式

幕墙及外窗气密性、水密性、耐风压检测报告见表 2－55。

表 2－55　幕墙及外窗气密性、水密性、耐风压检测报告

施工单位：　　　　　　　　　　　　　　　　　　　　　　编号：

工程名称		试验日期	
幕墙类别		试验编号	
风压变形性能		雨水渗透性能	
空气渗透性能		平面内变形性能	
性能结果评定	依据标准：		

会签栏	监理(建设)单位	施工单位		
		专业技术负责人	质检员	试验员
	年　月　日			

2. 资料要求

(1)必须实行见证送样的,试验室应在送样单上加盖公章,经手人、送样人签字,不执行见证送样为不符合要求。

(2)应检项目内容应全部检查,不得漏检。

(3)表内四项性能检测应由有相应资质的检测机构进行,检测报告附后。

(4)性能评定结果按依据标准填写,评定结果为“合格”或“不合格”。

(5)所有责任人均应签字,不得代签或漏签。

单元三　铁路工程资料

【知识目标】

了解铁路工程质量验收标准的基本组成、工程施工质量验收的原则、工程施工质量验收过程中应注意的问题。

理解铁路工程施工管理资料、工程质量控制资料、工程质量验收资料的整理要求。

掌握铁路工程施工管理资料、工程质量控制资料、工程质量验收资料的整理方法。

【能力目标】

通过本单元的教学，使学生初步具有铁路工程施工管理资料、工程质量控制资料、工程质量验收资料整理的技能，逐步培养学生的施工资料整理的能力。

学习项目一　质量验收标准的基本组成

一、系列标准的组成

铁道部铁建设【2005】160 号文发布了下列 5 项暂行标准：

《客运专线铁路路基工程施工质量验收暂行标准》；

《客运专线铁路桥涵工程施工质量验收暂行标准》；

《客运专线铁路隧道工程施工质量验收暂行标准》；

《客运专线铁路轨道工程施工质量验收暂行标准》；

《铁路混凝土工程施工质量验收补充标准》。

上述 5 项暂行标准，自 2005 年 9 月 1 日起施行。其他相关专业标准以后陆续发布施行。

《铁路混凝土工程施工质量验收补充标准》是针对有耐久性设计要求的混凝土编制的，适用于客运专线铁路主体结构混凝土工程的验收，各专业验标应与之配套使用。

二、总则

1. 验标的编制目的

验标的编制目的是加强和统一工程施工质量的验收，保证工程质量。明确验标是对工程施工阶段的质量进行验收的标准，并不涉及工程决策阶段的质量、勘察设计阶段的质量以及运营养护维修阶段的质量。验标是政府部门、专门质量机构、建设单位、监理单位、勘察设计单位和施工单位对工程施工阶段的质量进行监督、管理和控制的主要依据。

施工阶段的质量控制是工程整体质量控制的关键环节，工程整体质量的优劣在很大程度上取决于施工阶段的质量控制。

2. 验标的总体适用范围

验标的总体适用范围是客运专线铁路，根据各专业特点和速度条件不同，分别提出了不同的质量指标。

3. 编制原则

《建设工程质量管理条例》是我国关于建设工程质量的第一部条例，分别规定了建设单位、勘察设计单位、监理单位和施工单位的质量职责和义务，各行业的建设工程都必须贯彻执行。本系列验标对建设各方在施工阶段的质量职责具体细化，做出明确规定，改变了几十年来一直沿用的工程施工质量仅由施工单位一方负责的传统模式，促使各方共同保证工程质量的合格。强调施工单位作为工程施工质量控制的责任主体，应对工程施工质量进行全过程控制；建设单位、监理单位和勘察设计单位等各方应按验标、有关法律法规和合同的规定及要求对施工阶段的工程质量进行控制。

4. 重要的共性问题

客运专线铁路建设规模大、工点多、工期较长，取弃土（碴）、污水（物）排放、噪声等对生态环境的影响较大。施工单位应在施工前制订有效的环保方案，施工期内最大限度地减少对环境的影响，施工结束后给予必要的恢复，切实做好环境保护和水土保持工作，保证国民经济的可持续发展。设计文件中有要求的更应该全面按设计文件办理。

工程施工质量的检验检测工作，是工程质量管理的重要组成部分，也是工程质量控制的重要手段。客观、准确地检验检测数据，是评价工程质量的科学依据。判定工程施工质量合格与否，要体现质量数据说话的原则。其基础是保证质量数据必须真实可靠，并且能够代表工程施工质量情况。这就要求检验、检测所用的仪器、方法和抽样方案必须符合相关标准或技术条件的规定。只有方法统一，数据才有可比性。另外，随着工程检测技术的发展，一些成熟可靠的新方法、新仪器不断出现，尤其是对工程实体质量的检测，使用新技术后，能减少检测工作量，提高检测精度，应该积极采用。但采用这些新技术应经过规定程序的鉴定。

5. 与相关标准规范的关系

铁路工程施工过程中的环节多、专业多，所以采用的标准规范就会很多，既有技术标准又有管理标准，既有国家标准又有行业标准，甚至还有国际标准和国外标准，本系列验标难以一一详列。一般情况下，可根据工程实际情况，确定各种标准规范的采用与否。但是对于施工过程涉及的现行国家和铁道行业标准中有强制性执行要求的标准或标准条文，则必须贯彻执行。

三、术语

客运专线铁路工程施工质量验收系列标准的第二章是术语。每项验标中的术语包括通用术语和专业术语两部分。通用术语是各专业在工程施工质量验收工作中共用的、列在前面的那一部分；专业术语是具有专业特点的、列在后面的那一部分。术语的解释不一定是其理论含义，可能与其他标准中的解释不尽一致。列出术语及其解释的主要目的是为了在工程施工质量验收工作中统一其内容和界定其范围，避免产生理解上的不同甚至歧义。需要重点说明的是下列几个术语：

1. 验收

“验收”含义为工程施工质量在施工单位自行检查评定的基础上，参与建设活动的有关单位（建设单位、施工单位、监理单位、勘察设计单位）共同对检验批、分项、分部、单位工程的质量按有关规定进行检验，根据相关标准以书面形式对工程质量达到合格与否做出确认。它与铁路建设项目竣工交接验收不是一码事。铁路建设项目竣工交接验收是按有关文件规定的办法进行的。可以说，验标规定的施工质量验收是建设项目竣工交接验收的一个组成部分。

2. 检验批

“检验批”是这次验标修订引入的一个新概念，是施工质量验收的基本单元，很好地解决了一次验收的规模和范围的大小问题。原验标规定分项工程是验收的基本单元，但往往由于一个分项工程的规模过大、分部零散、施工期较长而不可能一次验收，但对多大规模和范围的分项工程进行一次验收，并没有给出具体的规定，造成分项工程验收时，规模大小相差悬殊，质量数据可比性差，实际操作出现了一定的混乱。

3. 见证、见证取样检测

“见证”和“见证取样检测”，从理论上讲，“见证”的范畴较大，包括“见证取样检测”在内。国家标准《建设工程监理规范》（GB50319—2000）、铁道行业标准《铁路建设工程监理规范》（TBl0402—2003）中，列有“见证”术语，没有列“见证取样检测”术语；国家标准《建筑工程施工质量验收统一标准》（GB 50300—2001）中列有“见证取样检测”术语，没有列“见证”术语。考虑到两个术语的使用特点，新验标予以全部列出，但应区别使用。“见证取样检测”术语的定义在国家标准和其他有关标准中已经定型，并规定了许多特定的使用条件，且已广泛使用。“见证取样检测”多适用于能够取样的重要原材料、重要结构的试件检测。对于不取样或不能取样的现场检测项目，以及施工单位进行检验、检测、试验，监理单位见证就可以的项目，用“见证”（检验、检测、试验）较为合适，如路基压实质量检验、桥涵桩基无损检测、隧道衬砌厚度检测、电力及通信信号设备和系统的性能、功能试验等，用“见证取样检测”就不太合适。并列给出“见证”“见证取样检测”两个术语，便于使用，与相关标准规范并不矛盾。

四、基本规定

客运专线铁路工程施工质量验收系列标准的第三章是基本规定。其内容是对工程施工质量的全过程控制提出了总的要求。包括施工现场质量管理的检查、原材料和设备的进场验收、工序质量的控制、工序之间的交接检验、配套的标准、施工的依据、验收的依据、有关单位的资质、各方人员的资格、验收单元的划分、验收的组织和程序、不合格质量的处理等。

五、一般规定

客运专线铁路工程施工质量验收系列标准中的第四章及以后各章中的一般规定，其内容主要是规定了对工程施工质量有重要影响的和涉及施工安全、人体健康、环境保护和公众利益的施工工艺方法，还包括必要的施工准备、工装设备等，明确是必须执行还是禁止使用。

六、主控项目和一般项目

主控项目和一般项目是按其对工程质量的影响程度划分的，实际上是一个相对的概念。对于大多数检验项目来讲，在验收工作中没有区别，质量要求都是合格。主要区别是对于有允许偏差的项目。如果有允许偏差的项目是主控项目，则其检测点的实测值必须在给定的允许偏差范围内，不允许超差；如果有允许偏差的项目是一般项目，除有特别要求不允许超差者外，则允许有20%检测点的实测值超出给定的允许偏差范围，但是最大偏差不得大于给定的允许偏差值的1.5倍。

学习项目二　工程施工质量的控制

工程施工质量控制贯穿于工程施工全过程、各环节，是过程控制。工程施工质量控制根据工程实体形成的时间阶段可划分为事前控制、事中控制、事后控制；根据工程实体形成过程中物质形态的转化划分为对投入品的质量控制、施工过程的质量控制、工程产出品的质量控制及验收。综合工程施工质量控制的特性，对于施工单位和监理单位，验标提出了三个方面的共性要求，即施工现场质量管理的检查、材料（包括成品、半成品、构配件和设备）质量的控制、工序质量的控制。

一、施工现场质量管理的检查

工程施工质量控制要体现过程控制的原则。施工现场应配齐相应的施工技术标准，包括国家标准、行业标准和企业标准及其他相关标准；施工单位要有健全的质量管理体系，要建立必要的施工质量检验制度；施工准备工作要全面、到位。

施工前，监理单位要对施工单位所做的施工准备工作进行全面检查。这是对施工单位和监理单位两方提出的要求，是保证开工后顺利施工和保证工程质量的基础。一般情况下，每个单位工程应检查一次。施工现场质量管理检查记录由施工单位的现场负责人填写，由监理单位的总监理工程师进行检查验收，做出合格或不合格及限期整改的结论。

现场质量管理制度应包括现场施工技术资料的管理制度。

二、材料（包括成品、半成品、构配件和设备）质量的控制

材料是工程施工的物质条件，材料质量是工程质量的基础。材料质量不合格，工程质量就不可能合格。所以，加强对材料质量的控制，是合格工程质量的重要保证。施工单位和监理单位两方要共同做好对材料质量的控制，即做好对材料的进场验收。对材料的进场验收应分两个层次进行。

外观检查和书面检查：对材料、构配件和设备的外观、规格、型号和质量证明文件等进行验收。检验方法为观察检查并配以必要的尺量，检查合格证、厂家（产地）试验报告；检验数量多为全部检查。施工单位和监理单位的检验方法和数量多数情况下相同。未经检验或检验不合格的，不得运进施工现场，不得用于工程施工和安装。

试验检验：凡是涉及结构安全和使用功能的，要进行试验检查。试验检验项目的确定

掌握了两个原则:一是对工程的结构安全和使用功能确有重要影响;二是大多数单位具备相应的试验条件。施工单位试验检验批的批量、抽样数量、质量指标是根据相关产品标准、设计要求或工程特点确定的,检验方法是根据相关标准或技术条件规定的。监理单位的检验数量,一般情况下是按施工单位检验数量的10%或20%以上的比例进行平行检验或见证取样检测,各项专业验标中具体检验项目的数量都是按此原则确定的。较为特殊的检验项目规定了一定比例的见证检验、检测、试验。不合格的不得用于工程施工和安装。

三、工序质量的控制

对工序质量的控制包括自检和交接检验。

1. 自检

施工过程中各工序应按施工技术标准进行操作,该工序完成后,按照谁生产谁负责质量的原则,施工单位要对反映该工序质量的控制点进行自我检查。自检的结果要留有记录。这些结果可以作为施工记录的内容,有的也正好是检验批验收需要的检验数据,要填入检验批质量验收记录表中。

2. 交接检验

一般情况下,一个工序完成后就形成了一个检验批,可以对这个检验批进行验收,而不需要另外进行交接检验。对于不能形成检验批的工序,在其完成后应由其完成方与承接方进行交接检验。特别是不同专业工序之间的交接检验,应经监理工程师检查认可,未经检查或经检查不合格的不得进行下道工序施工。其目的有三:一是促进前道工序的质量控制;二是促进后道工序对前道工序质量的保护;三是分清质量职责,避免发生纠纷。

学习项目三　工程施工质量验收的原则

做好工程施工质量验收工作,保证工程施工质量验收工作的质量,一些通用的、具有普遍指导意义的原则必须执行。

(1)铁路工程施工质量验收的依据是各专业验标,各项验标均具有强制性。除此之外,均不得作为验收依据。

(2)按图施工是施工单位的重要原则,勘察设计文件是施工的依据,施工中不得随意改变勘察设计文件。如必须改变时,应按程序进行设计变更,施工质量也应符合变更后的勘察设计文件要求。

(3)参加施工质量验收的各方人员,是指参加检验批、分项工程、分部工程、单位工程施工质量验收的人员,这些人员应具有相应的资格。所谓资格并没有严格的资质要求,验标给出了原则性的规定,还应结合工程情况、管理模式等,在保证工程质量、分清责任的前提下具体确定。

(4)施工单位是施工质量控制的主体,应对工程施工质量负责,其工程施工质量必须达到验标的规定。另外,其他各方的验收工作必须在施工单位自行检查合格基础上进行,否则,也是违反标准的行为。

(5)对于重要构筑物的地基基础、特殊结构和系统,在相应阶段,还应通知勘察设计单位参加验收,实际上是要求勘察设计单位对现场情况进行确认,并留有记录。这一点对于保证工程质量及日后可能出现的质量事故的责任判定很重要，不能忽视。

(6)为了保证对涉及结构安全的试块、试件的代表性和真实性负责，监理单位必须按验标对各检查项目的规定，进行平行检验、见证取样检测。平行检验、见证取样检测的比例是按分别不应小于施工单位抽样数量的10%、20%的原则制订的，且各检验项目均有具体数量规定。涉及结构安全和使用功能的现场检测项目，监理单位应按规定进行平行检验或见证检验(检测、试验)。对于平行检验或见证检验的数量，各验标中也有具体规定。见证检验(检测、试验)是一个新概念，是根据铁路工程施工质量验收标准的需要确定的，是一个很有效的手段。因为铁路工程施工质量验收标准规定：监理单位必须对主控项目进行全部检查，取得质量数据。监理单位对原材料可以进行平行检验或见证取样检测，而对现场检测项目除进行平行检验外，还可以用现场见证施工单位检测的方法取得质量数据。

(7)检验批质量验收主要是对主控项目和一般项目的检查验收。只要这些项目的质量达到了本标准的规定，就可以判定该检验批合格。标准中的其他要求不在检验批质量验收中涉及。

(8)对涉及结构安全和使用功能的重要分部工程的抽样检测，是这次标准修订增加的重要内容，以前的标准中没有这方面的要求。

(9)为了保证见证取样检测及结构安全检测结果的可靠性、可比性和公正性，检测单位应具备有关管理部门核定的资质。对于特殊项目的检测，可由建设单位确定检测单位。

(10)单位工程的观感质量相对涉及结构安全和使用功能的主体工程质量而言，应该是比较次要的。但是，对完工后的工程进行一次全面检查，对工程整体质量进行一次现场核实，是很有必要的。观感质量验收绝不是单纯的外观检查，也不是在单位工程完成后对涉及外观质量的项目进行重新检查，更不是引导施工单位在工程外观上做片面的投入。观感质量验收的目的在于直观地从宏观上对工程的安全可靠性能和使用功能进行验收。如局部变形、缺损、污染等，特别是在检验批、分项工程、分部工程的检查验收时反映不出来的，而后来又发生变化的情况，通过观感质量验收及时发现问题，提出整改，是一个不可缺少的质量控制环节。

学习项目四　单位、分部、分项工程和检验批的划分

客运专线铁路工程建设过程中，一个构筑物的施工，一个系统的安装和调试，从施工准备到完工验收，要经过若干工序、工种的配合施工，包括若干个施工安装阶段，这就需要对各工序、工种及各施工安装阶段的质量进行控制和检验。工程施工质量的好坏，取决于各工序、工种的操作质量及各施工安装阶段的质量控制。为了便于控制、检查每个工序、工种、施工阶段的质量，就需要把整个工程施工过程按不同工序、工种、部位、区段、阶段、系统等划分成不同的单元，即划分成单位工程、分部工程和分项工程，一般情况下分项工程还要划分为若干个检验批。

一、单位工程

首先应该明确的是，一个单位工程必须是由一个承包单位施工完成的，不管其规模大小、工程数量多少、所含分部工程和分项工程是否齐全。不同承包单位施工完成的工程，不

论规模大小、关联情况如何,都不能划归为一个单位工程进行验收,这是划分单位工程的首要原则。

单位工程是按一个完整工程或一个相当规模的施工范围来划分的。这是共性的划分原则,各项验标都遵循了这一原则,并给出了推荐的单位工程划分原则。

所谓按一个完整工程划分的单位工程,是指一个完整构筑物、一个独立系统,如一座大桥、一座隧道、一个给水站、一个变电所、一个监控系统等。

所谓按一个相当规模的施工范围划分的单位工程,包括两方面的情况:一个单位工程是一个完整工程中的一部分,如一个承包单位施工的一座特大桥中的一个标段;另外,一个单位工程可以由几个完整工程组成,如由几个涵洞组成的一个涵洞单位工程,由地道、天桥、站台、雨棚等组成的站场构筑物单位工程。

二、分部工程

分部工程是按一个单位工程中的完整部位、主要结构、施工阶段或功能相对独立的组成部分来划分的。一个分部工程应尽量类型相同、材料相同或施工方法相同。类型不同、材料不同或施工方法不同时,可以划分为不同的分部工程。

如一个桥梁单位工程,可以划分为地基与基础、墩台、梁部、附属设施等几个分部工程。若该桥的基础既有明挖基础又有钻孔桩基础,则明挖基础和钻孔桩基础就可以划分为两个分部工程。

三、分项工程

分项工程应按工种、工序、材料、设备和施工工艺等划分。

站前工程的分项工程主要按工种、工序划分,也可按材料和施工工艺等划分,如模板、钢筋、混凝土、开挖、填筑、铺轨、整道、顶推架设、涂装等分项工程。

站后工程的分项工程主要按设备、系统、工序划分,如信号机、转辙机、光缆通道、变压器、杆塔组立、导线架设、系统功能测试等分项工程。

同一个分项工程其施工条件应基本相同,所用原材料及其质量要求应基本相同。

四、检验批

检验批是分项工程的组成部分。根据施工质量控制和验收需要,把一个分项工程划分成若干个检验批。特殊情况下一个分项工程仅含一个检验批。检验批是施工质量验收的基本单元。一个检验批的施工条件应基本相同,所用原材料及其质量要求应相同,形成的质量应均匀一致。

各项验标都给出了检验批的最大数量,对施工质量验收工作以指导,使质量数据具有可比性,有利于施工质量控制。如模板分项工程的检验批是一个安装段、钢筋分项工程的检验批是一个安装段、混凝土分项工程的检验批是一个浇筑段、道岔铺设分项工程的检验批是一组、路堤填筑分项工程的检验批是同一压实工作班的单个压实区段的每一检测层等。

需要特别说明的是,检验批是针对工程实体划分的。验标中有关材料、构配件和设备进场验收的批量,是根据相关产品标准的抽样方案和工程施工特点制订的,与检验批没有联系。也就是说,一次进场验收的材料可能用于多个检验批,也可能一个检验批所用的材料经过了多次进场验收。

学习项目五　检验批和分项、分部、单位工程的验收

工程施工质量验收时按从检验批到分项工程、分部工程、单位工程的顺序进行。检验批验收是工程施工质量验收的基本单元,是分项工程、分部工程和单位工程施工质量验收的基础。分项工程、分部工程和单位工程施工质量的验收,是在检验批质量验收合格的基础上进行的。

一、检验批的验收

检验批合格质量的规定:主控项目的质量经抽样检验合格,要特别注意的是主控项目中有允许偏差的抽检点,其实测值必须在允许偏差范围内,不允许超差;一般项目的质量经抽样检验合格,当采用计数检验时,除有专门要求外,对于一般项目中有允许偏差的抽检点,合格点率应达到80%及以上,且其中不合格点的最大偏差不得大于规定允许偏差的1.5倍。

对检验批的质量验收内容分为实物检查和资料检查两个方面。

实物检查:(1)对原材料、构配件和设备等的进场验收,是把好施工质量的第一关,各专业验标均已制订了明确的检验项目和抽样方案;(2)对施工过程中较为重要的如混凝土强度等的检验,应按现行国家和行业标准及各专业验标规定的方案进行检查;(3)对工程实体中以计数检验的项点是按各专业验收标准规定的方案进行检查,并按抽查总点数的合格率进行判定。

资料检查:实际也就是所谓的书面检查。检查内容既包括原材料、构配件和设备的合格证和其他质量证明文件,又包括施工过程中的自检、交接检验记录、隐蔽工程验收记录以及各种检验、检测报告。

检验批的合格质量主要取决于主控项目和一般项目的检验结果。

主控项目:是对安全、卫生、环境保护和公众利益起决定性作用的检验项目。主控项目所规定的质量要求必须全部达到合格。主控项目主要包括以下三个方面的内容:

(1)主要材料、构配件和设备的材质、规格、数量等,如钢筋、水泥、电缆的质量,路基填料的质量,水泵、电源屏、变压器等设备的质量,检查出厂合格证及有关质量证明文件,并对重要的性能指标进行检验或试验,安装数量要符合设计要求。

(2)结构的强度、刚度、稳定性及工程性能等,如混凝土的强度、路基压实度、电气绝缘性能、防雷接地性能、系统运转试验等。

(3)工程实体的关键几何尺寸,如涉及限界的结构外形、设备安装位置以及有允许偏差但必须控制在允许偏差限值之内的项目,如无缝线路轨道整理作业后的轨距、轨向、水平、高低等静态几何尺寸。

一般项目:是除主控项目以外的检验项目。这些项目虽然不像主控项目那样对工程质量起决定性作用,指标可以放宽一些,但对结构安全、使用功能和工程外观等有较大影响,同样要求全部达到合格标准。但对于有允许偏差的一般项目,当采用计数检验时,除有专

门要求外,合格点率应达到 80% 及以上,且不合格点的最大偏差不得超过规定允许偏差的 1.5 倍。如下列两种情况:

(1)给定允许偏差值的项目:如结构或构件的截面几何尺寸允许偏差 ±15 mm、与设计中心线允许偏差 10 mm、表面平整度 5 mm 等,要求合格点率应在 80% 及以上,且不合格点的偏差值不能大于允许偏差值的 1.5 倍。如果规定所有点的偏差值均不得超出允许偏差值,那么该项目就不是一般项目,而是主控项目。

(2)要求大于或小于某一数值的项目:即给定了一个最低或最高值,而在一个方向不控制,要求 80% 及以上测点的数据大于或小于给定的数据值。如碎石桩桩径允许偏差为 -50 mm,就是要求 80% 及以上测点的桩径不允许比设计值小 50 mm,允许有 20% 的桩比设计值小 50 mm,但最大不允许小 75 mm。实际桩径比设计值大的则不控制。

二、分项工程的验收

分项工程质量验收合格的规定:分项工程所含的检验批均应符合合格质量的规定;分项工程所含的检验批的质量验收记录应完整。

分项工程质量验收是对其所含检验批质量的统计汇总,主要是检查核对检验批是否覆盖了分项工程范围、检验批验收记录的内容及签字是否齐全正确。特别要注意的是,一些项目不一定出现在每个检验批中,可能几个检验批才出现一次,如实体的高程、垂直度等,应注意检查,不能缺漏。当然,如果检验批质量不合格,也就不能进行分项工程的质量验收。

三、分部工程的验收

分部工程质量验收合格的规定:分部工程所含分项工程的质量均应验收合格;质量控制资料应完整;有关结构安全及使用功能的检验和抽样检测结果应符合有关规定。

分部工程质量验收包括以下三个方面的内容:

(1)分部工程所含分项工程的质量均应验收合格。这也是一项统计汇总工作,应注意核对有没有缺漏的分项工程,各分项工程验收是否正确等。

(2)质量控制资料应完整。这也是一项统计汇总工作,主要是检查检验批的验收资料、施工操作依据、质量记录是否完整配套,是否全面反映了质量状况。

(3)有关结构的实体质量和主要功能的检验和抽样检测项目是否有缺漏,检测记录是否符合要求,检测结果是否符合验标的规定和设计要求。

四、单位工程的验收

单位工程质量验收合格的规定:单位工程所含分部工程的质量均应验收合格;质量控制资料应完整;实体质量和主要功能核查结果应符合有关标准规范的规定;观感质量验收应符合要求。

单位工程质量的验收是建设各方对施工质量控制的最后一关。分部工程质量、质量控制资料、实体质量和主要功能、观感质量均应符合验标的规定,单位工程质量才能通过合格验收。

(1)单位工程所含分部工程的质量均应验收合格。主要是检查分部工程验收是否正确,有无缺漏。

(2)质量控制资料应完整。质量控制资料的完整,实际上是一个相对的概念,应视工程特点和已有的资料情况而定,重点是看其是否反映了结构安全和使用功能,是否达到了设计要求。质量控制资料的项目应严格按“单位工程质量控制资料核查表”进行核查,做到项目全、资料全、数据全。

(3)实体质量和主要功能核查结果应符合有关标准规范的规定。实体质量和主要功能核查的目的是为了保证工程的使用功能。有的项目的检测是在分部工程完成后即进行,单位工程验收时不再重复检测,如复合地基承载力试验、基桩无损检测等;有的是在单位工程全部完成后进行,如轨道动态质量检查、接触网试运行等。抽查项目由验收组确定,抽查结果应符合有关标准规范的规定。

(4)观感质量验收应符合要求。观感质量是这次验标修订增加的内容。观感质量验收是一项重要的评价工作,是实地对工程质量进行的一次全面检查。特别是在检验批验收时不能检查的或者是当时检查不出来的内容,以及后来又发生质量变化的项目,很有必要。首先明确观感质量验收绝不是单纯的外观检查,也不是在单位工程完成后对涉及外观质量的项目进行重新检查,更不是引导施工单位在工程外观上做片面的过大投入,重点是不要出现影响结构安全和使用功能的项目。观感质量验收的目的就是直观地从宏观上核实工程的安全可靠性能和使用功能,促进施工过程质量控制。内容要关键,方法要简便,不可复杂化和片面化。观感质量检查项目的标准是合格,达不到合格的就是差,对于差的项目要进行返修。另外,并非所有工程都要进行观感质量检查,这方面各专业验标均有相应规定。

学习项目六　工程施工质量验收过程中应注意的问题

一、施工质量验收资料的归档

验标规定的 8 种验评表格,是反映工程质量状况,体现各方质量责任的基础文件,应当认真及时填写,按规定完整归档。

客运专线铁路验标规定:施工质量验收资料的归档整理应符合有关规定的要求。其中,检验批、分项工程质量验收记录,建设单位、施工单位、监理单位均应长期保存;分部工程、单位工程质量验收记录,建设单位应永久保存,施工单位应长期保存;其他资料应按相关规定保存。

这是根据国家标准《建设工程文件归档整理规范》(GB/T 50328—2001)的要求规定的,与其他行业的建设工程文件归档一致。其中,保管期限分为永久、长期、短期三种。

永久是指工程档案需永久保存。

长期是指工程档案保存期限等于该工程的使用寿命。

短期是指工程档案保存 20 年以下。

二、验标与施工规范(技术指南)对质量要求不一致的情况

在 2003 年以前, 铁道行业的施工规范和验标同属强制性标准,对于保证工程施工质量

而言,施工规范面向过程控制,验标着重于最终检验。两者共同发挥作用,具有同样的重要性。

从2004年开始,新的铁路工程建设标准体系已经明确验标是建设活动各方都必须遵守的强制性标准,工程质量合格与否的判定标准是验标,验标中也强化了过程控制的要求,验标变成了一个既有过程控制,又有最终检验的综合标准。从标准管理角度,施工规范(技术指南)应逐步弱化,逐步演化为行业推荐性标准及企业标准。但是,根据我国铁路工程施工企业的现状,绝大多数企业还没有自己的企业标准,要在较短的时间内完成配套的施工技术和施工工艺操作标准难度很大,特别是要完成客运专线铁路配套的施工技术和施工工艺操作标准难度更大。如果立即废止施工规范,必然对铁路建设造成不利影响。另外,实践证明,通过标准的形式进行新技术、新工艺的推广,是最为直接和有效的途径。铁路实施跨越式发展,建设一流的客运专线,如果没有统一的工艺技术保证,工程质量则很难想象。所以,在以往部分施工规范尚未及时修订调整的情况下,考虑到实际需要,又组织编制了客运专线各专业的施工技术指南。

当验标与施工规范(技术指南)对质量要求不一致时,应以验标为准进行验收。当施工规范对质量的要求高于验标时,应按施工规范进行施工操作。

三、验标与设计规范对质量要求不一致的情况

当前,铁路建设的形势发展很快,尤其是客运专线建设过程中,一些新技术、新结构、新设备、新材料、新方法会不断采用,在实际验收工作中,现行验标的内容可能会出现一些不足,当涉及结构安全和系统功能的部分,设计规范条文和设计文件对质量的要求与验标不一致时,应以标准高者为准。

单元四　路基工程资料

【知识目标】

掌握路基工程施工管理资料、工程质量控制资料、工程质量验收资料的整理方法。

【能力目标】

通过本单元的教学，使学生初步具有路基工程施工管理资料、工程质量控制资料、工程质量验收资料的整理的技能，逐步培养学生的路基工程资料整理的能力。

学习项目一　检验批验收记录表格的应用

表4-1　检验批验收记录表

分部工程	分项工程	检验批规模	检验批表格名称
01 地基处理	01 原地面处理	沿线路纵向连续路基长度每200 m或≤200 m的单个工点	原地面处理地基检验批质量验收记录表
	02 换填		换填检验批质量验收记录表
	03 砂、碎石垫层（含反滤层）		砂、碎石垫层（含反滤层）检验批质量验收记录表
	04 袋装砂井		袋装砂井检验批质量验收记录表
	05 塑料排水板		塑料排水板检验批质量验收记录表
	06 堆载预压		堆载预压检验批质量验收记录表
	07 真空预压	沿线路纵向连续路基长度每100 m或≤100 m的单个工点	真空预压检验批质量验收记录表
	08 砂桩		砂桩检验批质量验收记录表
	09 碎石桩		碎石桩检验批质量验收记录表
	10 粉体喷射搅拌桩		粉体喷射搅拌桩检验批质量验收记录表
	11 浆体喷射搅拌桩		浆体喷射搅拌桩检验批质量验收记录表
	12 高压旋喷桩		高压旋喷桩检验批质量验收记录表
	13 灰土挤密桩		灰土挤密桩检验批质量验收记录表
	14 水泥粉煤灰碎石桩（CFG桩）		水泥粉煤灰碎石桩（CFG桩）检验批质量验收记录表
	15 打入桩		打入桩检验批质量验收记录表

表 4－1(续)

分部工程	分项工程	检验批规模	检验批表格名称
01 地基处理	16 混凝土灌注桩	沿线路纵向连续路基长度每 100 m 或≤100 m 的单个工点	钻(挖)孔检验批质量验收记录表(Ⅰ)
			钢筋(原材料及加工)检验批质量验收记录表(Ⅱ)
			钢筋(连接及安装)检验批质量验收记录表(Ⅲ)
			混凝土(原材料)检验批质量验收记录表(Ⅳ)
			混凝土(配合比)检验批质量验收记录表(Ⅴ)
			混凝土(施工及养护)检验批质量验收记录表(Ⅵ)
	17 桩板帽		模板及支架检验批质量验收记录表(Ⅰ)
			钢筋(原材料及加工)检验批质量验收记录表(Ⅱ)
			钢筋(连接及安装)检验批质量验收记录表(Ⅲ)
			混凝土(原材料)检验批质量验收记录表(Ⅳ)
			混凝土(配合比)检验批质量验收记录表(Ⅴ)
			混凝土(施工及养护)检验批质量验收记录表(Ⅵ)
			混凝土(结构外观和尺寸偏差)检验批质量验收记录表(Ⅶ)
	18 强夯		强夯地基检验批质量验收记录表
	19 土工合成材料加筋垫层	沿线路纵向连续路基长度每 200 m 或≤200 m 的单个工点	土工合成材料加筋垫层检验批质量验收记录表
	20 洞穴处理	沿线路纵向连续路基长度每 50 m 或≤50 m 的单个工点	洞穴处理检验批质量验收记录表
02 基床以下路堤	01 普通填料填筑	同一压实工作班的单个压实区段的每一检测层	普通填料填筑基床以下路堤检验批质量验收记录表(Ⅰ)
			普通填料填筑基床以下路堤检验批质量验收记录表(Ⅱ)
			普通填料填筑基床以下路堤检验批质量验收记录表(Ⅲ)
			普通填料填筑基床以下路堤检验批质量验收记录表(Ⅳ)
			普通填料填筑基床以下路堤检验批质量验收记录表(Ⅴ)

表4-1(续)

<table>
<tr><th>分部工程</th><th>分项工程</th><th>检验批规模</th><th>检验批表格名称</th></tr>
<tr><td rowspan="11">02 基床以下路堤</td><td rowspan="5">02 改良土填筑</td><td rowspan="10">同一压实工作班的单个压实区段的每一检测层</td><td>改良土填筑基床以下路堤检验批质量验收记录表(Ⅰ)</td></tr>
<tr><td>改良土填筑基床以下路堤检验批质量验收记录表(Ⅱ)</td></tr>
<tr><td>改良土填筑基床以下路堤检验批质量验收记录表(Ⅲ)</td></tr>
<tr><td>改良土填筑基床以下路堤检验批质量验收记录表(Ⅳ)</td></tr>
<tr><td>改良土填筑基床以下路堤检验批质量验收记录表(Ⅴ)</td></tr>
<tr><td rowspan="5">03 加筋土填筑</td><td>加筋土填筑基床以下路堤检验批质量验收记录表(Ⅰ)</td></tr>
<tr><td>加筋土填筑基床以下路堤检验批质量验收记录表(Ⅱ)</td></tr>
<tr><td>加筋土填筑基床以下路堤检验批质量验收记录表(Ⅲ)</td></tr>
<tr><td>加筋土填筑基床以下路堤检验批质量验收记录表(Ⅳ)</td></tr>
<tr><td>加筋土填筑基床以下路堤检验批质量验收记录表(Ⅴ)</td></tr>
<tr><td>04 路堤边坡</td><td>连续路堤长度每 200 m 或≤200 m 的单个工点</td><td>路堤边坡检验批质量验收记录表</td></tr>
<tr><td rowspan="5">03 过渡段</td><td>01 过渡段基底处理</td><td rowspan="2">每个过渡段</td><td>过渡段基底处理检验批质量验收记录表</td></tr>
<tr><td>02 基坑回填</td><td>过渡段基坑回填检验批质量验收记录表</td></tr>
<tr><td rowspan="3">03 基床表层以下过渡段级配碎石填层</td><td rowspan="3">每个过渡段的每一检测层</td><td>基床表层以下过渡段级配碎石填层检验批质量验收记录表(Ⅰ)</td></tr>
<tr><td>基床表层以下过渡段级配碎石填层检验批质量验收记录表(Ⅱ)</td></tr>
<tr><td>基床表层以下过渡段级配碎石填层检验批质量验收记录表(Ⅲ)</td></tr>
</table>

表 4－1(续)

<table>
<tr><th>分部工程</th><th>分项工程</th><th>检验批规模</th><th>检验批表格名称</th></tr>
<tr><td rowspan="8">03 过渡段</td><td rowspan="2">04 基床表层以下过渡段两侧及锥体填土</td><td rowspan="2">每个过渡段</td><td>基床表层以下过渡段两侧及锥体填土检验批质量验收记录表(Ⅰ)</td></tr>
<tr><td>基床表层以下过渡段两侧及锥体填土检验批质量验收记录表(Ⅱ)</td></tr>
<tr><td rowspan="2">05 基床表层以下过渡段填料填层</td><td rowspan="6">每个过渡段的每一检测层</td><td>基床表层以下填料过渡段填层检验批质量验收记录表(Ⅰ)</td></tr>
<tr><td>基床表层以下填料过渡段填层检验批质量验收记录表(Ⅱ)</td></tr>
<tr><td rowspan="4">06 路堤与路堑过渡段基床表层以下填土层</td><td>路堤与路堑过渡段基床表层以下填土层检验批质量验收记录表(Ⅰ)</td></tr>
<tr><td>路堤与路堑过渡段基床表层以下填土层检验批质量验收记录表(Ⅱ)</td></tr>
<tr><td>路堤与路堑过渡段基床表层以下填土层检验批质量验收记录表(Ⅲ)</td></tr>
<tr><td>路堤与路堑过渡段基床表层以下填土层检验批质量验收记录表(Ⅳ)</td></tr>
<tr><td>04 路堑</td><td>01 路堑</td><td>沿线路纵向连续路基长度每 200 m 或≤200 m 的单个工点</td><td>路堑开挖及边坡质量验收记录表</td></tr>
<tr><td rowspan="8">05 基床</td><td rowspan="3">01 基床底层</td><td rowspan="7">同一压实工作班的单个压实区段的每一检测层</td><td>基床底层检验批质量验收记录表(Ⅰ)</td></tr>
<tr><td>基床底层检验批质量验收记录表(Ⅱ)</td></tr>
<tr><td>基床底层检验批质量验收记录表(Ⅲ)</td></tr>
<tr><td rowspan="3">02 基床表层级配碎石(级配砂砾石)</td><td>基床表层级配碎石(级配砂砾石)检验批质量验收记录表(Ⅰ)</td></tr>
<tr><td>基床表层级配碎石(级配砂砾石)检验批质量验收记录表(Ⅱ)</td></tr>
<tr><td>基床表层级配碎石(级配砂砾石)检验批质量验收记录表(Ⅲ)</td></tr>
<tr><td>03 基床表层沥青混凝土</td><td>基床表层沥青混凝土检验批质量验收记录</td></tr>
<tr><td>04 路基面</td><td>沿线路纵向连续路基长度每 200 m 或≤200 m 的单个工点</td><td>路基面检验批质量验收记录表</td></tr>
</table>

表 4－1(续)

分部工程	分项工程	检验批规模	检验批表格名称
06 路基排水	01 地表排水	地表排水设施连续长度每 100 m 或≤100 m	地表排水检验批质量验收记录表(Ⅰ)
			地表排水检验批质量验收记录表(Ⅱ)
	02 路堤横向排水沟	沿线路连续路基长度每 100 m 或≤100 m 范围内的横向排水沟	路堤横向排水沟检验批质量验收记录表(Ⅰ)
			路堤横向排水沟检验批质量验收记录表(Ⅱ)
	03 地下排水	地下排水设施连续长度每 100 m 或≤100 m	地下排水检验批质量验收记录表
	04 过渡段排水	每个过渡段	过渡段排水检验批质量验收记录表
07 路基边坡防护	01 浆砌片石防护	单侧连续护坡长度每 100 m 或≤100 m 的单个工点	浆砌片石防护检验批质量验收记录表
	02 干砌片石防护		干砌片石防护水检验批质量验收记录表
	03 骨架护坡防护		骨架护坡防护检验批质量验收记录表
	04 混凝土预制块防护		混凝土预制块防护检验批质量验收记录表
	05 边坡固土网垫防护		边坡固土网植草防护检验批质量验收记录表
	06 喷射混凝土防护	单侧连续护坡长度每 50 m 或≤50 m 的单个工点	喷射混凝土防护水检验批质量验收记录表
	07 植物防护	单侧连续护坡长度每 200 m 或≤200 m 的单个工点	植物防护水检验批质量验收记录表
路基支挡 08 重力式挡土墙	01 明挖基坑	两伸缩缝间长度或每跳槽分段长度	明挖基坑检验批质量验收记录表
	02 基础		基础检验批质量验收记录表
	03 桩基础	每根桩	桩基础检验批质量验收记录表
	04 桩基础承台	两伸缩缝(沉降缝)间长度	桩基础承台检验批质量验收记录表
	05 沉井基础	每个沉井基础	沉井基础承检验批质量验收记录表
	06 换填基础	沿挡土墙长度方向≤50 m	换填基础检验批量验收记录表
	07 挡土墙墙身及墙背填筑	两伸缩缝间长度	挡土墙墙身及墙背填筑检验批质量验收记录表

表 4-1(续)

分部工程		分项工程	检验批规模	检验批表格名称
路基支挡	09 短卸荷板式挡土墙	01 明挖基坑	两伸缩缝间长度或每跳槽分段长度	明挖基坑检验批质量验收记录表
		02 基础		基础检验批质量验收记录表
		03 挡土墙墙身及墙背填筑	两伸缩缝间长度	挡土墙墙身及墙背填筑检验批质量验收记录表
		04 短卸荷板	两沉降(伸缩)缝间长度	短卸荷板检验批质量验收记录表
	10 悬臂式和扶壁式挡土墙	01 明挖基坑	两伸缩缝间长度或每跳槽分段长度	明挖基坑检验批质量验收记录表
		02 墙趾板、墙踵板	两沉降(伸缩)缝间长度	墙趾板、墙踵板检验批质量验收记录表
		03 墙面板、扶壁	两沉降(伸缩)缝间长度	墙面板、扶壁检验批质量验收记录表
	11 锚杆挡土墙	01 明挖基坑	肋柱式每个基坑(础)、无肋柱式两伸缩缝间基坑(础)	明挖基坑检验批质量验收记录表
		02 基础		基础检验批质量验收记录表
		03 锚杆制作、安装	两伸缩缝间长度	锚杆制作、安装检验批质量验收记录表
		04 肋柱、墙面板	每根肋柱;两伸缩缝间面板	肋柱、墙面板检验批质量验收记录表
		05 分级平台	两伸缩缝间长度	分级平台检验批质量验收记录表
	12 锚定板挡土墙	01 明挖基坑	肋柱式每个基坑;无肋柱式两伸缩缝间基坑	明挖基础检验批质量验收记录表
		02 基础		基础检验批质量验收记录表
		03 肋柱、墙面板	每根肋柱;两伸缩缝间面板	肋柱、墙面板检验批质量验收记录表
		04 拉杆、锚定板	两伸缩缝间长度	拉杆、锚定板检验批质量验收记录表
		05 墙后填筑		墙后填筑检验批质量验收记录表
		06 分级平台		分级平台检验批质量验收记录表
	13 混凝土挡土墙	01 明挖基坑	两沉降缝间长度	明挖基坑检验批质量验收记录表
		02 基础	两沉降缝间长度	基础检验批质量验收记录表
		03 墙面板	两沉降缝间长度	墙面板检验批质量验收记录表
		04 拉筋	路基连续长度≤100 m	拉筋检验批质量验收记录表
		05 填料填筑	路基连续长度≤100 m,双线连续长度≤50 m每检测层	填料填筑检验批质量验收记录表
		06 钢筋混凝土帽石	两伸缩缝间长度	钢筋混凝土帽石检验批质量验收记录表

表 4－1(续)

分部工程		分项工程	检验批规模	检验批表格名称
路基支挡	14 土钉墙	01 土钉	两伸缩缝间长度	土钉检验批质量验收记录表
		02 钢筋网(土工网)		钢筋网(土工网)检验批质量验收记录表
		03 喷射混凝土面层		喷射混凝土面层检验批质量验收记录表
		04 明挖基坑		明挖基坑检验批质量验收记录表
		05 混凝土(砌体)坡脚墙		混凝土(砌体)坡脚墙检验批质量验收记录表
	15 抗滑桩	01 桩孔	每根桩	桩孔检验批质量验收记录表
		02 钢筋骨架	每孔钢筋骨架	钢筋骨架检验批质量验收记录表
		03 桩身混凝土	每根桩	桩身混凝土检验批质量验收记录表
		04 地面排水及桩顶封闭	每个工点	地面排水及桩顶封闭检验批质量验收记录表
	16 桩板式挡墙	01 桩孔	每根桩	桩孔检验批质量验收记录表
		02 钢筋骨架	每孔钢筋骨架	钢筋骨架检验批质量验收记录表
		03 桩身混凝土	每根桩	桩身混凝土检验批质量验收记录表
		04 挡土板	连续安装长度≤50 m	挡土板检验批质量验收记录表
		05 墙后填筑	单线连续长度≤100 m,双线连续长度≤50 m每填层	墙后填筑检验批质量验收记录表
	17 预应力锚索	01 锚索孔	每孔	锚索孔检验批质量验收记录表
		02 锚索编制	每孔锚索	锚索编制检验批质量验收记录表
		03 注浆锚固	≤30 孔	注浆锚固检验批质量验收记录表
		04 锚索张拉	每孔锚索	锚索张拉检验批质量验收记录表
		05 锁定及注浆	≤30 孔	锁定及注浆检验批质量验收记录表
		06 垫块及混凝土封闭	≤100 m^3 混凝土	垫块及混凝土封闭检验批质量验收记录表
18 路基相关工程		01 电缆槽	沿线路连续长度每 1 000 m 或≤1 000 m 范围内	电缆槽(沟)检验批质量验收记录表
		02 接触网支柱基础		接触网支柱基础检验批质量验收记录表
		03 声屏障基础		声屏障基础检验批质量验收记录表
		04 预埋管线、综合接地		预埋管线、综合接地检验批质量验收记录表
19 路基附属设施		01 检查设备	沿线路连续长度每 1 000 m 或≤1 000 m 范围内	检查设备检验批质量验收记录表
		02 防护栅栏		防护栅栏检验批质量验收记录表
		03 取、弃土场	每个取、弃土场	取、弃土场检验批质量验收记录表
20 沉降观测		01 沉降观测	连续同一类型的沉降观测	沉降观测检验批质量验收记录表

表 4－2　原地面处理地基检验批质量验收记录表

02010101 0001

<table>
<tr><td colspan="4">单位工程名称</td><td colspan="8">DK1＋000～DK2＋000 段路基</td></tr>
<tr><td colspan="4">分部工程名称</td><td colspan="8">地基处理</td></tr>
<tr><td colspan="4">分项工程名称</td><td colspan="4">原地面处理</td><td colspan="2">验收部位</td><td colspan="2">DK1＋000～DK1＋200</td></tr>
<tr><td colspan="4">施工单位</td><td colspan="4">中铁××局集团有限公司××客运专线××标项目经理部</td><td colspan="2">项目负责人</td><td colspan="2">赵今礼</td></tr>
<tr><td colspan="4">施工质量验收标准名称及编号</td><td colspan="8">《客运专线铁路路基工程施工质量验收暂行标准》(铁建设[2005]160 号)</td></tr>
<tr><td colspan="5">施工质量验收标准的规定</td><td colspan="6">施工单位检查评定记录</td><td>监理单位验收记录</td></tr>
<tr><td rowspan="2">主控项目</td><td>1</td><td colspan="2">地基地质条件</td><td>设计要求</td><td colspan="6">静力触探检测 4 点,检测报告 4 份,编号:××××××～×××××××,符合设计要求。</td><td>合格</td></tr>
<tr><td>2</td><td colspan="2">处理后的外观质量</td><td>第 4.1.5 条</td><td colspan="6">基底无草皮、树根等杂物,无积水,基底密实、平整,无地穴,横坡符合设计要求。</td><td>符合要求</td></tr>
<tr><td rowspan="4">一般项目</td><td>1</td><td rowspan="4">原地面坡度陡于 1:5 时,开挖的台阶</td><td>横向台阶 宽度</td><td>设计要求</td><td colspan="6">台阶宽度不小于×m,符合设计要求。</td><td rowspan="4">合格</td></tr>
<tr><td>2</td><td>横向台阶 高度</td><td>设计要求</td><td colspan="6">台阶高度不大于×m,符合设计要求。</td></tr>
<tr><td rowspan="2">3</td><td rowspan="2">纵向台阶宽度</td><td rowspan="2">不应小于 2 m</td><td>2.2</td><td>2.1</td><td>2.1</td><td>2.3</td><td>2.5</td><td>2.5</td></tr>
<tr><td>/</td><td>/</td><td>/</td><td>/</td><td>/</td><td>/</td></tr>
<tr><td colspan="4">勘察设计单位现场确认地基地质条件情况</td><td colspan="8">现场地质条件与设计相符。
现场负责人
王社济　2008 年 01 月 09 日</td></tr>
<tr><td colspan="4">施工单位检查评定结果</td><td colspan="8">检查评定合格。
专职质量检查员　钱志检　2008 年 01 月 09 日
分项工程技术负责人　孙总功　2008 年 01 月 09 日
分项工程负责人　李队章　2008 年 01 月 09 日</td></tr>
<tr><td colspan="4">监理单位验收结论</td><td colspan="8">同意验收。
监理工程师
周监里　2008 年 01 月 09 日</td></tr>
</table>

表 4－3　换填地基检验批质量验收记录表

02010102 0 0 0 1

单位工程名称	DK1＋000～DK2＋000 段路基		
分部工程名称	地基处理		
分项工程名称	换　填	验收部位	DK1＋000～DK1＋200
施工单位	中铁××局集团有限公司××客运专线××标项目经理部	项目负责人	赵今礼
施工质量验收标准名称及编号	《客运专线铁路路基工程施工质量验收暂行标准》(铁建设[2005]160 号)		

施工质量验收标准的规定					施工单位检查评定记录					监理单位验收记录
主控项目	1	换填所用填料		设计要求	碎石换填，填料试验报告 1 份，编号：×××××。质量合格。					合格
	2	换填深度		设计要求	换填深度为 1.5～2.0 m，符合设计要求。					符合要求
	3	换填范围内的开挖与整平		第 4.2.5 条	土层已挖除干净，坑底平整，符合设计要求。					符合要求
	4	换填地基的压实质量	地基系数 K30 /(MPa/m)	第 4.3.7 条 第 5.2.2 条 第 8.1.6 条	176	168	156	160	167	合格
					158	/	/	/	/	
			孔隙率 n/%	第 4.3.7 条 第 5.2.2 条 第 8.1.6 条	21	18	23	18	20	
					21	/	/	/	/	
			压实系数 K	第 4.3.7 条 第 5.2.2 条 第 8.1.6 条	0.96	0.95	0.96	0.97	0.97	
					0.96	/	/	/	/	
			相对密度	设计要求	0.75	0.77	0.85	0.80	0.80	
					0.85	/	/	/	/	
			动态变形模量 E_{vd}/MPa	第 8.1.6 条	55	50	55	60	55	
					55	/	/	/	/	
			变形模量 E_{v2}/MPa	设计要求	85	90	85	95	85	
					90	/	/	/	/	
			无侧限抗压强度/MPa	设计要求	4.0	4.5	4.0	3.5	4.0	
					/	/	/	/	/	
一般项目	1	允许偏差	坡角线位置	－50 mm	－23	－27	－19	－31	－20	合格
					－30	－32	－22	/	/	
	2		顶面高程	±50 mm	＋12	＋18	＋21	－15	－11	
					＋20	＋23	＋15	＋14	＋17	
	3		横坡	±0.5%	＋0.1%	－0.2%	－0.1%	＋0.3%	－0.2%	
					＋0.1%	＋0.2%	＋0.1%	－0.1%	－0.1%	

施工单位检查评定结果	检查评定合格。 专职质量检查员　钱志检　2008 年 01 月 09 日 分项工程技术负责人　孙总功　2008 年 01 月 09 日 分项工程负责人　李队章　2008 年 01 月 09 日
监理单位验收结论	同意验收。 监理工程师 周监里　2008 年 01 月 09 日

表 4-4　砂、碎石垫层(含反滤层)检验批质量验收记录表

02010103 0001

单位工程名称	DK1 +000 ~ DK2 +000 段路基		
分部工程名称	地基处理		
分项工程名称	砂、碎石垫层(含反滤层)	验收部位	DK1 +000 ~ DK1 +200
施工单位	中铁××局集团有限公司××客运专线××标项目经理部	项目负责人	赵今礼
施工质量验收标准名称及编号	《客运专线铁路路基工程施工质量验收暂行标准》(铁建设[2005]160 号)		

施工质量验收标准的规定				施工单位检查评定记录					监理单位验收记录	
主控项目	1	砂的品种、规格、质量	第 4.3.3 条	中砂,试验报告 1 份,编号:××××××,质量合格。					合格	
主控项目	2	碎石的品种、规格、质量	第 4.3.4 条	试验报告 1 份,编号:××××××,质量合格。					合格	
主控项目	3	反滤层材料的质量	设计要求	中砂,试验报告 1 份,编号:××××××,质量合格。					合格	
主控项目	4	垫层、反滤层的铺设位置	设计要求	测量 6 点,位置正确,符合设计要求。					符合要求	
主控项目	5	压实质量	设计要求	92%	91%	92%	90%	92%	91%	90%
				90%	92%	91%	92%	90%	91%	92%
一般项目 允许偏差	1	铺设范围/cm	不小于设计值	16	21	24	15	20	合格	
				14	19	24	21	19		
				16	18	21	22	20		
	2	厚度/cm	不小于设计值	+8	+8	+13	+10	+18		
				+10	+11	+10	+6	+9		
				+12	+10	+14	+10	+12		
	3	顶面高程	+50mm −20mm	+23	+20	−8	−5	+9		
				+36	−11	+20	+10	+12		
				+25	−12	+32	+21	−10		
	4	横坡	±0.5%	+0.2%	+0.1%	−0.2%	+0.3%	−0.2%		
				+0.2%	−0.2%	+0.2%	+0.1%	+0.3%		
				+0.2%	−0.1%	+0.1%	−0.1%	+0.2%		

施工单位检查评定结果	检查评定合格。 专职质量检查员　钱志检　2008 年 01 月 09 日 分项工程技术负责人　孙总功　2008 年 01 月 09 日 分项工程负责人　李队章　2008 年 01 月 09 日
监理单位验收结论	同意验收。 监理工程师 周监里　2008 年 01 月 09 日

表4－5　袋装砂井检验批质量验收记录表

02010104 0001

单位工程名称				DK1+000～DK2+000段路基						
分部工程名称				地基处理						
分项工程名称				袋装砂井			验收部位	DK1+000～DK1+200		
施工单位				中铁××局集团有限公司××客运专线××标项目经理部			项目负责人	赵今礼		
施工质量验收标准名称及编号				《客运专线铁路路基工程施工质量验收暂行标准》(铁建设[2005]160号)						
施工质量验收标准的规定				施工单位检查评定记录						监理单位验收记录
主控项目	1	砂袋质量		第4.4.4条	合格证1份,编号:××××××,试验报告1份,编号:××××××,质量合格。					合格
主控项目	2	砂料品种、规格、质量		第4.4.5条	中粗砂,试验报告1份,编号××××××,质量合格。					合格
主控项目	3	袋装砂井数量、布设形式		设计要求	正三角形布置,边长为×m,共×××根,符合设计要求。					合格
主控项目	4	袋装砂井打入深度		设计要求	砂井深度大于×m,符合设计要求。					合格
主控项目	5	砂袋灌砂质量		第4.4.8条	砂袋装填饱满、密实,符合要求。					符合要求
一般项目	1	允许偏差/mm	井位	50	23	31	27	21	25	合格
					10	32	25	12	23	
一般项目	2	允许偏差/mm	井径	+10 −0	+3	+7	+2	+1	+5	
					+2	+4	+5	+3	+2	
一般项目	3	允许偏差/mm	砂袋直径	±5	+3	+1	−2	+1	+2	
					−1	+1	+1	+2	+1	
一般项目	4	允许偏差/mm	砂袋埋入砂垫层长度	+100 0	+41	+38	+26	+37	+40	
					+50	+60	+50	+50	+60	
施工单位检查评定结果				检查评定合格。 专职质量检查员　钱志检　2008年01月09日 分项工程技术负责人　孙总功　2008年01月09日 分项工程负责人　李队章　2008年01月09日						
监理单位验收结论				同意验收。 监理工程师 周监里　2008年01月09日						

表4－6 塑料排水板检验批质量验收记录表

02010105 0 0 0 1

<table>
<tr><td colspan="4">单位工程名称</td><td colspan="6">DK1＋000～DK2＋000段路基</td></tr>
<tr><td colspan="4">分部工程名称</td><td colspan="6">地基处理</td></tr>
<tr><td colspan="4">分项工程名称</td><td colspan="3">塑料排水板</td><td>验收部位</td><td colspan="2">DK1＋000～DK1＋200</td></tr>
<tr><td colspan="4">施工单位</td><td colspan="3">中铁××局集团有限公司××客运专线××标项目经理部</td><td>项目负责人</td><td colspan="2">赵今礼</td></tr>
<tr><td colspan="4">施工质量验收标准名称及编号</td><td colspan="6">《客运专线铁路路基工程施工质量验收暂行标准》(铁建设[2005]160号)</td></tr>
<tr><td colspan="5">施工质量验收标准的规定</td><td colspan="5">施工单位检查评定记录</td><td>监理单位验收记录</td></tr>
<tr><td rowspan="3">主控项目</td><td>1</td><td colspan="2">排水板品种、规格、质量</td><td>第4.5.5条</td><td colspan="5">合格证1份,编号:××××××,试验报告1份,编号:××××××,质量合格。</td><td>合格</td></tr>
<tr><td>2</td><td colspan="2">排水板布设数量、形式</td><td>第4.5.6条</td><td colspan="5">正三角形布置,边长为×m,共×××根,符合设计要求。</td><td>合格</td></tr>
<tr><td>3</td><td colspan="2">排水板的插设深度</td><td>第4.5.7条</td><td colspan="5">插设深度不小于×m,符合设计要求。</td><td>合格</td></tr>
<tr><td rowspan="8">一般项目</td><td rowspan="4">1</td><td rowspan="8">允许偏差/mm</td><td rowspan="4">板位</td><td rowspan="4">50</td><td>26</td><td>19</td><td>21</td><td>24</td><td>31</td><td rowspan="8">合格</td></tr>
<tr><td>29</td><td>34</td><td>26</td><td>31</td><td>27</td></tr>
<tr><td>20</td><td>23</td><td>34</td><td>32</td><td>20</td></tr>
<tr><td>20</td><td>20</td><td>33</td><td>23</td><td>19</td></tr>
<tr><td rowspan="4">2</td><td rowspan="4">伸入砂垫层长度</td><td rowspan="4">＋100
0</td><td>＋56</td><td>＋47</td><td>＋51</td><td>＋37</td><td>＋42</td></tr>
<tr><td>＋39</td><td>＋52</td><td>＋49</td><td>＋47</td><td>＋38</td></tr>
<tr><td>＋10</td><td>＋30</td><td>＋30</td><td>＋28</td><td>＋20</td></tr>
<tr><td>＋50</td><td>＋60</td><td>＋50</td><td>＋50</td><td>＋50</td></tr>
<tr><td colspan="4">施工单位检查评定结果</td><td colspan="7">检查评定合格。
专职质量检查员 钱志检 2008年01月09日
分项工程技术负责人 孙总功 2008年01月09日
分项工程负责人 李队章 2008年01月09日</td></tr>
<tr><td colspan="4">监理单位验收结论</td><td colspan="7">同意验收。
监理工程师
周监里 2008年01月09日</td></tr>
</table>

表4-7　堆载预压检验批质量验收记录表

02010106 0 0 0 1

<table>
<tr><td>单位工程名称</td><td colspan="5">DK1 +000 ~ DK2 +000 段路基</td></tr>
<tr><td>分部工程名称</td><td colspan="5">地基处理</td></tr>
<tr><td>分项工程名称</td><td colspan="3">堆载预压</td><td>验收部位</td><td>DK1 +000 ~ DK1 +200</td></tr>
<tr><td>施工单位</td><td colspan="3">中铁××局集团有限公司××客运专线××标项目经理部</td><td>项目负责人</td><td>赵今礼</td></tr>
<tr><td>施工质量验收标准名称及编号</td><td colspan="5">《客运专线铁路路基工程施工质量验收暂行标准》(铁建设[2005]160号)</td></tr>
<tr><td colspan="4">施工质量验收标准的规定</td><td>施工单位检查评定记录</td><td>监理单位验收记录</td></tr>
<tr><td rowspan="5">主控项目</td><td rowspan="3">1</td><td>堆载预压土填筑速率</td><td>设计要求</td><td>按设计要求的填筑速率施工,符合设计要求。</td><td>符合要求</td></tr>
<tr><td>地基沉降观测</td><td>第4.6.5条</td><td>堆载预压填筑过程中同步进行了地基沉降观测,符合要求。</td><td>符合要求</td></tr>
<tr><td>土的侧向位移观测</td><td>第4.6.5条</td><td>堆载预压填筑过程中同步进行了土的侧向位移观测,符合要求。</td><td>符合要求</td></tr>
<tr><td rowspan="2">2</td><td>加压量</td><td>设计要求</td><td>填筑高度不小于×m,符合设计要求。</td><td>合格</td></tr>
<tr><td>加压时间</td><td>设计要求</td><td>加压时间为×个月,符合设计要求。</td><td>符合要求</td></tr>
<tr><td colspan="2">施工单位检查评定结果</td><td colspan="4">检查评定合格。
专职质量检查员　钱志检　2008年01月09日
分项工程技术负责人　孙总功　2008年01月09日
分项工程负责人　李队章　2008年01月09日</td></tr>
<tr><td colspan="2">监理单位验收结论</td><td colspan="4">同意验收。
监理工程师
周监里　2008年01月09日</td></tr>
</table>

表 4－8 真空预压检验批质量验收记录表

02010107 0 0 0 1

单位工程名称	DK1＋000～DK2＋000 段路基				
分部工程名称	地基处理				
分项工程名称	真空预压		验收部位	DK1＋000～DK1＋200	
施工单位	中铁××局集团有限公司××客运专线××标项目经理部		项目负责人	赵今礼	
施工质量验收标准名称及编号	《客运专线铁路路基工程施工质量验收暂行标准》(铁建设[2005]160 号)				

施工质量验收标准的规定				施工单位检查评定记录	监理单位验收记录
主控项目	1	密封膜、排水滤管的种类、规格、质量	设计要求	密封膜合格证 1 份,编号:××××××,试验报告 1 份,编号:××××××。 排水滤管合格证 1 份,编号:××××××,试验报告 1 份,编号:××××××。 质量合格。	合格
	2	排水滤管的布设位置、形式、数量,管上滤水孔、滤水材料包裹形式,滤水管之间的连接	第 4.7.6 条	排水滤管的布设按设计施工,共××根,符合设计要求。	合格
	3	密封膜的加工和铺设	第 4.7.7 条	黏结牢固,表面无损坏,符合要求。	符合要求
	4	密封膜的铺设范围	设计要求	按设计施工,符合设计要求。	符合要求
	5	密封膜的铺设层数	设计要求	铺设 2 层,符合设计要求。	合格
	6	抽气阶段膜下真空度	设计要求	80～90 kPa,符合设计要求。	合格
	7	地基沉降观测和土的侧向位移观测	第 4.7.11 条	同步观测,符合要求。	符合要求

施工单位检查评定结果	检查评定合格。 专职质量检查员 钱志检 2008 年 01 月 09 日 分项工程技术负责人 孙总功 2008 年 01 月 09 日 分项工程负责人 李队章 2008 年 01 月 09 日
监理单位验收结论	同意验收。 监理工程师 周监里 2008 年 01 月 09 日

表 4－9　砂桩检验批质量验收记录表

02010108 0001

<table>
<tr><td colspan="4">单位工程名称</td><td colspan="8">DK1＋000～DK2＋000 段路基</td></tr>
<tr><td colspan="4">分部工程名称</td><td colspan="8">地基处理</td></tr>
<tr><td colspan="4">分项工程名称</td><td colspan="4">砂桩</td><td colspan="2">验收部位</td><td colspan="2">DK1＋000～DK1＋200</td></tr>
<tr><td colspan="4">施工单位</td><td colspan="4">中铁××局集团有限公司××客运专线××标项目经理部</td><td colspan="2">项目负责人</td><td colspan="2">赵今礼</td></tr>
<tr><td colspan="4">施工质量验收标准名称及编号</td><td colspan="8">《客运专线铁路路基工程施工质量验收暂行标准》(铁建设[2005]160 号)</td></tr>
<tr><td colspan="5">施工质量验收标准的规定</td><td colspan="6">施工单位检查评定记录</td><td>监理单位验收记录</td></tr>
<tr><td rowspan="7">主控项目</td><td>1</td><td colspan="2">砂的级配、质量</td><td>第 4.8.6 条</td><td colspan="6">试验报告 1 份，编号：××××××，质量合格。</td><td>合格</td></tr>
<tr><td>2</td><td colspan="2">砂桩的数量、布桩形式</td><td>设计要求</td><td colspan="6">正三角形布置，边长×m，共×××根，符合设计要求。</td><td>合格</td></tr>
<tr><td>3</td><td colspan="2">砂桩的长度</td><td>设计要求</td><td colspan="6">桩长大于×m，符合设计要求。</td><td>符合要求</td></tr>
<tr><td>4</td><td colspan="2">单桩灌砂量</td><td>设计要求</td><td colspan="6">每根桩灌砂量不小于×m^3，符合设计要求。</td><td>合格</td></tr>
<tr><td>5</td><td colspan="2">桩身密实度</td><td>第 4.8.10 条</td><td colspan="6">经标准贯入试验检测，符合设计要求。</td><td>符合要求</td></tr>
<tr><td>6</td><td colspan="2">桩间土的加固效果</td><td>设计要求</td><td colspan="6">标准贯入试验检测 5 处，试验报告编号：××××××～×××××××，符合设计要求。</td><td>合格</td></tr>
<tr><td>7</td><td colspan="2">复合地基承载力</td><td>设计要求</td><td colspan="6">复合地基承载力试验报告 1 份，编号：××××××，符合设计要求。</td><td>合格</td></tr>
<tr><td rowspan="12">一般项目</td><td rowspan="4">1</td><td rowspan="12">允许偏差</td><td rowspan="4">桩位/mm</td><td rowspan="4">50</td><td>23</td><td>31</td><td>28</td><td>24</td><td colspan="2">36</td><td rowspan="12">合格</td></tr>
<tr><td>29</td><td>32</td><td>27</td><td>30</td><td colspan="2">28</td></tr>
<tr><td>20</td><td>30</td><td>10</td><td>10</td><td colspan="2">20</td></tr>
<tr><td>25</td><td>20</td><td>30</td><td>15</td><td colspan="2">20</td></tr>
<tr><td rowspan="4">2</td><td rowspan="4">桩径/mm</td><td rowspan="4">振动法：－20
锤击法：＋100，－50</td><td>－8</td><td>－11</td><td>－13</td><td>－10</td><td colspan="2">－9</td></tr>
<tr><td>－12</td><td>－10</td><td>－9</td><td>－14</td><td colspan="2">－10</td></tr>
<tr><td>－10</td><td>－15</td><td>－5</td><td>－5</td><td colspan="2">－10</td></tr>
<tr><td>－15</td><td>－5</td><td>－10</td><td>－10</td><td colspan="2">－5</td></tr>
<tr><td rowspan="4">3</td><td rowspan="4">桩身垂直度</td><td rowspan="4">1.5%</td><td>1.0%</td><td>1.1%</td><td>1.0%</td><td>1.2%</td><td colspan="2">1.2%</td></tr>
<tr><td>1.3%</td><td>1.1%</td><td>1.1%</td><td>1.0%</td><td colspan="2">1.1%</td></tr>
<tr><td>1.0%</td><td>1.1%</td><td>1.0%</td><td>1.2%</td><td colspan="2">1.2%</td></tr>
<tr><td>1.3%</td><td>1.1%</td><td>1.1%</td><td>1.0%</td><td colspan="2">1.1%</td></tr>
<tr><td colspan="4">施工单位检查评定结果</td><td colspan="8">检查评定合格。
专职质量检查员　钱志检　2008 年 01 月 09 日
分项工程技术负责人　孙总功　2008 年 01 月 09 日
分项工程负责人　李队章　2008 年 01 月 09 日</td></tr>
<tr><td colspan="4">监理单位验收结论</td><td colspan="8">同意验收。
监理工程师
周监里　2008 年 01 月 09 日</td></tr>
</table>

表 4－10　粉体喷射搅拌桩检验批质量验收记录表

02010110 0 0 0 1

单位工程名称	DK1＋000～DK2＋000 段路基		
分部工程名称	地基处理		
分项工程名称	粉体喷射搅拌桩	验收部位	DK1＋000～DK1＋200
施工单位	中铁××局集团有限公司××客运专线××标项目经理部	项目负责人	赵今礼
施工质量验收标准名称及编号	《客运专线铁路路基工程施工质量验收暂行标准》(铁建设[2005]160 号)		

施工质量验收标准的规定				施工单位检查评定记录					监理单位验收记录
主控项目	1	水泥品种、规格、质量	设计要求	合格证 1 份,编号:××××××,试验报告 1 份,编号:××××××,质量合格。					合格
主控项目	2	桩的数量、布桩形式	设计要求	成正三角形布置,边长×m,共×××根,符合设计要求。					合格
主控项目	3	单桩喷粉量	设计要求	单桩喷粉量不小于×××kg,符合设计要求。					合格
主控项目	4	成桩长度及复搅长度	第 4.10.7 条	单桩长度不小于×m,复搅长度不小于×m,符合设计要求。					合格
主控项目	5	桩身完整性、均匀性、无侧限抗压强度	第 4.10.8 条	桩身完整均匀,施工 28 d 无侧限抗压强度报告 6 份,编号:××××××～××××××,符合设计要求。					合格
主控项目	6	复合地基承载力	设计要求	复合地基承载力试验报告 1 份,编号:××××××,符合设计要求。					合格
一般项目	1	允许偏差 桩位/mm	50	20	30	30	10	10	合格
				10	10	20	20	10	
				20	30	30	10	10	
				10	10	20	20	10	
一般项目	2	允许偏差 桩身垂直度	1%	0.4%	0.2%	0.3%	0.4%	0.2%	
				0.5%	0.5%	0.7%	0.4%	0.3%	
				0.4%	0.2%	0.3%	0.4%	0.2%	
				0.5%	0.5%	0.7%	0.4%	0.3%	
一般项目	3	允许偏差 桩体有效直径	不小于设计值	0.61	0.65	0.7	0.65	0.7	
				0.65	0.67	0.64	0.65	0.66	
				0.61	0.65	0.7	0.65	0.7	
				0.65	0.67	0.64	0.65	0.66	

施工单位检查评定结果	检查评定合格。 专职质量检查员　钱志检　2008 年 01 月 09 日 分项工程技术负责人　孙总功　2008 年 01 月 09 日 分项工程负责人　李队章　2008 年 01 月 09 日
监理单位验收结论	同意验收。 监理工程师 周监里　2008 年 01 月 09 日

表 4－11　浆体喷射搅拌桩检验批质量验收记录表

02010111 0 0 0 1

单位工程名称	DK1＋000～DK2＋000 段路基		
分部工程名称	地基处理		
分项工程名称	浆体喷射搅拌桩	验收部位	DK1＋000～DK1＋200
施工单位	中铁××局集团有限公司××客运专线××标项目经理部	项目负责人	赵今礼
施工质量验收标准名称及编号	《客运专线铁路路基工程施工质量验收暂行标准》（铁建设［2005］160 号）		

施工质量验收标准的规定				施工单位检查评定记录	监理单位验收记录
主控项目	1	所用固化料和外加剂的品种、规格、质量	设计要求	水泥合格证 1 份，编号：××××××，试验报告 1 份，编号：××××××，质量合格。外加剂合格证 1 份，编号：××××××，试验报告 1 份，编号：××××××，质量合格。	合格
	2	浆液质量	第 4.11.5 条	浆液按 1∶1.5 配制，浆液均匀，无离析现象，符合设计要求。	合格
	3	桩的数量、布桩形式	设计要求	成正三角形布置，边长×m，共×××根，符合设计要求。	合格
	4	单桩喷浆量	设计要求	单桩喷浆量不小于×××kg，符合设计要求。	合格
	5	成桩长度及复搅长度	第 4.11.8 条	单桩长度不小于×m，复搅长度不小于×m，符合设计要求。	合格
	6	桩身完整性、均匀性、无侧限抗压强度	第 4.11.9 条	桩身完整均匀，施工 28 d 无侧限抗压强度报告 6 份，编号：××××××～××××××，强度为××MPa，××MPa，××MPa，××MPa，××MPa，××MPa，符合设计要求。	合格
	7	复合地基承载力	设计要求	复合地基承载力试验报告 1 份，编号：××××××，符合设计要求。	合格

一般项目										
1	允许偏差	桩位/mm	50	20	30	30	10	10	合格
				10	10	20	20	10	
				20	30	30	10	10	
				10	10	20	20	10	
2		桩身垂直度	1%	0.4%	0.2%	0.3%	0.4%	0.2%	
				0.5%	0.5%	0.7%	0.4%	0.3%	
				0.4%	0.2%	0.3%	0.4%	0.2%	
				0.5%	0.5%	0.7%	0.4%	0.3%	
3		桩体有效直径	不小于设计值	0.61	0.65	0.7	0.65	0.7	
				0.65	0.67	0.64	0.65	0.66	
				0.61	0.65	0.7	0.65	0.7	
				0.65	0.67	0.64	0.65	0.66	

施工单位检查评定结果	检查评定合格。 专职质量检查员　钱志检　2008 年 01 月 09 日 分项工程技术负责人　孙总功　2008 年 01 月 09 日 分项工程负责人　李队章　2008 年 01 月 09 日
监理单位验收结论	同意验收。 监理工程师 周监里　2008 年 01 月 09 日

表 4－12　水泥粉煤灰碎石桩（CFG 桩）检验批质量验收记录表

02010114 0 0 0 1

单位工程名称	DK1 +000 ~ DK2 +000 段路基		
分部工程名称	地基处理		
分项工程名称	水泥粉煤灰碎石桩（CFG 桩）	验收部位	DK1 +000 ~ DK1 +200
施工单位	中铁××局集团有限公司××客运专线××标项目经理部	项目负责人	赵今礼
施工质量验收标准名称及编号	《客运专线铁路路基工程施工质量验收暂行标准》（铁建设[2005]160 号）		

		施工质量验收标准的规定		施工单位检查评定记录	监理单位验收记录
主控项目	1	水泥、粗细骨料的品种、规格、质量	设计要求	水泥合格证 1 份，编号：××××××，试验报告 1 份，编号：××××××，质量合格。粗骨料试验报告 1 份，编号：××××××，质量合格。细骨料试验报告 1 份，编号：××××××，质量合格。	合格
	2	混合料的坍落度	第 4.14.6 条	每台班检测 3 次，坍落度为 6 ~ 8 cm，符合要求。	合格
	3	混合料的强度	设计要求	强度试验报告××份，编号：××××××~××××××，符合设计要求。	合格
	4	桩的数量、布桩形式	设计要求	成正三角形布置，边长×m，共×××根，符合设计要求。	合格
	5	单桩投料量	设计要求	单桩投料量不少于×m^3，符合设计要求。	合格
	6	桩的有效长度	设计要求	桩长不小于×m，符合设计要求。	合格
	7	桩身质量	设计要求	低应变检测报告 1 份，编号：××××××，符合设计要求。	合格
	8	地基承载力、变形模量	设计要求	复合地基承载力试验报告 1 份，编号：××××××，符合设计要求。	合格

一般项目	1	允许偏差	桩位/mm	50	20	30	30	10	10	合格
					10	10	20	20	10	
					20	30	30	10	10	
					10	10	20	20	10	
	2		桩身垂直度	1%	0.4%	0.2%	0.3%	0.4%	0.2%	
					0.5%	0.5%	0.7%	0.4%	0.3%	
					0.4%	0.2%	0.3%	0.4%	0.2%	
					0.5%	0.5%	0.7%	0.4%	0.3%	
	3		桩体有效直径	不小于设计值	0.61	0.65	0.7	0.65	0.7	
					0.65	0.67	0.64	0.65	0.66	
					0.61	0.65	0.7	0.65	0.7	
					0.65	0.67	0.64	0.65	0.66	

施工单位检查评定结果	检查评定合格。 专职质量检查员　钱志检　2008 年 01 月 09 日 分项工程技术负责人　孙总功　2008 年 01 月 09 日 分项工程负责人　李队章　2008 年 01 月 09 日
监理单位验收结论	同意验收。 监理工程师 周监里　2008 年 01 月 09 日

单元五　桥梁工程资料

【知识目标】

掌握桥梁工程施工原始资料、工程质量控制资料、工程质量验收资料的整理方法。

【能力目标】

通过本单元的教学，使学生初步具有桥梁工程施工管理资料、工程质量控制资料、工程质量验收资料的整理的技能，逐步培养学生的桥梁工程资料整理的能力。

学习项目一　施工原始资料

桥梁由基础及下部构造、上部构造预制和安装、总体桥面和附属工程、防护工程和引道等分部工程构成。

桥梁工程施工检验记录通常以分部工程为单元进行组卷。当项目较大、分部工程资料较多时，基础及下部构造以墩台为单元进行组卷；上部构造预制和安装记录一起装订，以每孔为单元进行组卷；总体、桥面铺装以分项工程为单元进行组卷。

1. 基坑开挖、处理施工记录、检查资料

桥梁工程基坑开挖、处理施工记录、检查资料的内容见表5－1。

表5－1　桥梁工程基坑开挖、处理施工记录、检查资料

序号	资料编号	资料名称
1	监表05	《检验申请批复单》
2	监表01	《施工放样报验单》
3	检验记录表10	《基坑检验记录表》
4	检验记录表11	《地基钎探记录表》

2. 基础施工检查资料

桥梁工程基础施工检查资料的内容见表5－2。

表 5－2　桥梁工程基础施工检查资料

项目		资料编号	资料名称
钢筋(分项)		监表 11	《中间交工证书》
		监表 05	《检验申请批复单》
		检验表 46	《钢筋安装现场质量检验报告单》
基础	模板(工序)	监表 05	《检验申请批复单》
		监表 01	《施工放样报验单》
		检验记录表 15	《模板安装检验记录表》
	混凝土(工序)	试表 01	《混凝土浇筑申请报告单》
		试表 02	《水泥混凝土施工原始记录表》
		试表 03	《水泥混凝土抗压强度试验》
基础(分项)		监表 11	《中间交工证书》
		监表 05	《检验申请批复单》
		检验表 56	《扩大基础现场质量检验报告单》

3. 钻孔灌注桩检测资料

桥梁工程钻孔灌注桩检测资料的内容见表 5－3。

表 5－3　桥梁工程钻孔灌注桩检测资料

项目	资料编号	资料名称
桩基础钢筋(分项)	监表 11	《中间交工证书》
	监表 05	《检验申请批复单》
	监表 46	《钢筋安装现场质量检验报告单》
钻孔灌注桩(分项)	监表 11	《中间交工证书》
	监表 05	《检验申请批复单》
	检验表 57	《钻孔灌注桩现场质量检验报告单》
钻孔灌注桩(工序)	试表 01	《混凝土浇筑申请报告单》
	试表 02	《水泥混凝土施工原始记录表》
	试表 03	《水泥混凝土抗压强度试验》

4. 承台施工检查资料

桥梁工程承台施工检查资料的内容见表 5－4。

表 5－4　桥梁工程承台施工检查资料

项目		资料编号	资料名称
钢筋（分项）		监表 11	《中间交工证书》
		监表 05	《检验申请批复单》
		检验表 46	《钢筋安装现场质量检验报告单》
承台	模板（工序）	监表 05	《检验申请批复单》
		监表 01	《施工放样报验单》
		检验表 15	《模板安装检验记录表》
	混凝土（工序）	试表 01	《混凝土浇筑申请报告单》
		试表 02	《水泥混凝土施工原始记录表》
		试表 03	《水泥混凝土抗压强度试验》
承台（分项）		监表 11	《中间交工证书》
		监表 05	《检验申请批复单》
		检验表 62	《承台现场质量检验报告单》

5. 墩柱施工检查资料

桥梁工程墩柱施工检查资料的内容见表 5－5。

表 5－5　桥梁工程墩柱施工检查资料

项目		资料编号	资料名称
钢筋（分项）		监表 11	《中间交工证书》
		监表 05	《检验申请批复单》
		检验表 46	《钢筋安装现场质量检验报告单》
墩柱	模板（工序）	监表 05	《检验申请批复单》
		监表 01	《施工放样报验单》
		检验记录表 15	《模板安装检验记录表》
	混凝土（工序）	试表 01	《混凝土浇筑申请报告单》
		试表 02	《水泥混凝土施工原始记录表》
		试表 03	《水泥混凝土抗压强度试验》
墩柱（分项）		监表 11	《中间交工证书》
		监表 05	《检验申请批复单》
		检验表 64	《柱或双壁墩身现场质量检验报告单》

6. 台身施工检查资料

桥梁工程台身施工检查资料的内容见表 5－6。

表 5－6　桥梁工程台身施工检查资料

<table>
<tr><th colspan="2">项目</th><th>资料编号</th><th>资料名称</th></tr>
<tr><td colspan="2" rowspan="3">钢筋(分项)</td><td>监表 11</td><td>《中间交工证书》</td></tr>
<tr><td>监表 05</td><td>《检验申请批复单》</td></tr>
<tr><td>检验表 46</td><td>《钢筋安装现场质量检验报告单》</td></tr>
<tr><td rowspan="6">台身</td><td rowspan="3">模板(工序)</td><td>监表 05</td><td>《检验申请批复单》</td></tr>
<tr><td>监表 01</td><td>《施工放样报验单》</td></tr>
<tr><td>检验记录表 15</td><td>《模板安装检验记录表》</td></tr>
<tr><td rowspan="3">混凝土(工序)</td><td>试表 01</td><td>《混凝土浇筑申请报告单》</td></tr>
<tr><td>试表 02</td><td>《水泥混凝土施工原始记录表》</td></tr>
<tr><td>试表 03</td><td>《水泥混凝土抗压强度试验》</td></tr>
<tr><td colspan="2" rowspan="3">台身(分项)</td><td>监表 11</td><td>《中间交工证书》</td></tr>
<tr><td>监表 05</td><td>《检验申请批复单》</td></tr>
<tr><td>检验表 63</td><td>《墩、台身现场质量检验报告单》</td></tr>
</table>

7. 墩、台帽或盖梁施工检查资料

桥梁工程墩、台帽或盖梁施工检查资料的内容见表 5－7。

表 5－7　桥梁工程墩、台帽或盖梁施工检查资料

<table>
<tr><th colspan="2">项目</th><th>资料编号</th><th>资料名称</th></tr>
<tr><td colspan="2" rowspan="3">钢筋(分项)</td><td>监表 11</td><td>《中间交工证书》</td></tr>
<tr><td>监表 05</td><td>《检验申请批复单》</td></tr>
<tr><td>检验表 46</td><td>《钢筋安装现场质量检验报告单》</td></tr>
<tr><td rowspan="6">墩台帽或盖梁</td><td rowspan="3">模板(工序)</td><td>监表 05</td><td>《检验申请批复单》</td></tr>
<tr><td>监表 01</td><td>《施工放样报验单》</td></tr>
<tr><td>检验记录表 15</td><td>《模板安装检验记录表》</td></tr>
<tr><td rowspan="3">混凝土(工序)</td><td>试表 01</td><td>《混凝土浇筑申请报告单》</td></tr>
<tr><td>试表 02</td><td>《水泥混凝土施工原始记录表》</td></tr>
<tr><td>试表 03</td><td>《水泥混凝土抗压强度试验》</td></tr>
<tr><td colspan="2" rowspan="3">墩台帽或盖梁(分项)</td><td>监表 11</td><td>《中间交工证书》</td></tr>
<tr><td>监表 05</td><td>《检验申请批复单》</td></tr>
<tr><td>检验表 66</td><td>《墩台帽或盖梁现场质量检验报告单》</td></tr>
</table>

8. 梁板预制施工检查资料

桥梁工程梁板预制施工检查资料的内容见表 5－8。

表5－8　桥梁工程梁板预制施工检查资料

项目		资料编号	资料名称
钢筋(分项)		监表11	《中间交工证书》
		监表05	《检验申请批复单》
		检验表46	《钢筋安装现场质量检验报告单》
		检验表51	《后张法现场质量检验报告单》
空心板预制	模板(工序)	监表05	《检验申请批复单》
		监表01	《施工放样报验单》
		检验记录表15	《模板安装检验记录表》
	混凝土(工序)	试表01	《混凝土浇筑申请报告单》
		试表02	《水泥混凝土施工原始记录表》
		试表03	《水泥混凝土抗压强度试验》
空心板预制(分项)		监表11	《中间交工证书》
		监表05	《检验申请批复单》
		检验表68	《梁(板)预制现场质量检验报告单》

9.梁板安装施工检查资料

桥梁工程梁板安装施工检查资料的内容见表5－9。

表5－9　桥梁工程梁板安装施工安装施工检查资料

项目	资料编号	资料名称
1	监表11	《中间交工证书》
2	监表05	《检验申请批复单》
3	检验表69	《梁(板)安装现场质量检验报告单》

10.桥面铺装施工检查资料

桥梁工程桥面铺装施工检查资料的内容见表5－10。

表5－10　桥梁工程桥面铺装施工检查资料

项目	资料编号	资料名称
钢筋安装(分项)	监表11	《中间交工证书》
	监表05	《检验申请批复单》
	检验表46	《钢筋安装现场质量检验报告单》
	检验表47	《钢筋网现场质量检验报告单》
桥面铺装(分项)	监表11	《中间交工证书》
	监表05	《检验申请批复单》
	检验表89	《桥面铺装现场质量检验报告单》

表 5－10(续)

项目	资料编号	资料名称
桥面铺装(工序)	试表 01	《混凝土浇筑申请报告单》
	试表 02	《水泥混凝土施工原始记录表》
	试表 03	《水泥混凝土抗压强度试验》

11. 桥梁总体检查资料

桥梁工程桥梁总体检查资料的内容见表 5－11。

表 5－11　桥梁工程桥梁总体检查资料

项目	资料编号	资料名称
1	监表 11	《中间交工证书》
2	监表 05	《检验申请批复单》
3	检验表 45	《桥梁总体现场质量检验报告单》

12. 桥梁工程《检验申请批复单》《中间交工证书》及《检验记录表》

(1)《检验申请批复单》(监表 05)填写说明

①工程项目:填写单位工程名称,如 K11 +000 大桥。

②工程地点、桩号:填写结构物中线里程桩号,如 K11 +000。

③具体部位:填写分项工程名称,以基础及下部构造为例,填写扩大基础、桩基、地下连续墙、承台、沉井、桩的制作、钢筋加工及安装、墩台身(砌体)浇筑、墩台身安装、墩台帽、组合桥台、台背填土、支座垫石和挡块等各项工程名称。

④要求到现场检验时间:填写为保证正常施工要求,最迟检验时间,如 2006 年 2 月 20 日上午 8:00。

⑤递交日期、时间、签字:承包人一般应提前 24 h,以书面形式通知监理工程师,递交人签字。

⑥监理员收到日期、时间、签字:填写监理员实际收到时间,接收人员签字。

⑦监理员评论和签字:监理员根据设计图纸和施工规范要求进行现场检查后,如实填写。

⑧监理工程师签字:监理工程师根据监理员审查情况,决定是否进行下道工序施工。

⑨质量证明文件:根据申请检验项目具体情况填写。

(2)《中间交工证书》(监表 11)填写说明

①工程内容:填写分项工程名称,以基础及下部构造为例,填写扩大基础、桩基、地下连续墙、承台、沉井、桩的制作、钢筋加工及安装、墩台身(砌体)浇筑、墩台身安装、墩台帽、组合桥台、台背填土、支座垫石和挡块等分项工程名称。工程内容的附件应汇总各道工序大检查记录。

②桩号:以 K11 +000 大桥为例,填写中心里程桩号 K11 +000。

(3)《检验记录表》填写说明

①《检验记录表》是根据《现场质量检验报告单》或《验评标准》中的各项检查内容确

定的。

②检查记录表中的规定值与允许偏差、设计值等项目应根据《验评标准》和设计文件的具体要求填写。

③检验记录表中的检测点数应严格按照《验评标准》所要求的频率进行。

④检验记录表中设有检测点数、合格点数、合格率等项内容,主要是为了工序质量判定方便,根据合格率不但可以直接判定工程是否合格,而且可以进行分项工程评分。

学习项目二　施工资料

一、施工试验报告

1. 水泥混凝土和砂浆配合比试验报告。其混合料应按《铁路工程水泥混凝土试验规程》的规定进行试验。报告应包括配合比设计计算书,试验室确定的配合比及强度试验报告,所用原材料试验报告。试验报告按单位工程组卷。要求监理审批意见在前,试验报告在后。

2. 锚具、夹具、连接器和千斤顶检验报告:

(1)锚具、夹具、连接器。预应力筋锚具、夹具、连接器验收批的划分:在同种材料和同一生产工艺条件下,锚具、夹具应以不超过1 000套组为一个验收批;连接器以不超过500套组为一个验收批。

①外观检查:应从每批中抽取10%的锚具且不少于10套,检查其外观和尺寸。如有一套表面裂纹或超过产品标准及设计图纸规定尺寸的允许偏差,则应另取双倍数量的锚具重做检查;如仍有一套不符合要求,则应逐套检查,合格者方可使用。

②硬度检验:应从每批中抽取5%的锚具且不少于5套,对其中有硬度要求的零件做硬度试验,对多孔夹片式锚具的夹片每套至少抽取5片。每个零件测试3点,其硬度应在设计要求范围内,如有一个零件不合格,则应另取双倍数量的锚具重做试验;如仍有一个零件不合格,则应逐个检查。合格者方可使用。

③静载锚固性能试验:对大桥等重要工程,经上述两项试验合格后,应从同批中抽取6套锚具(夹具或连接器)组成3个预应力筋锚具组装件,进行静载锚固性能试验,如有一个试件不符合要求,则应另取双倍数量的锚具(夹具或连接器)重做试验;如仍有一个试件不符合要求,则该批锚具(夹具或连接器)为不合格品。

(2)千斤顶检验。当千斤顶使用超过6个月或200次,或在使用过程中出现不正常现象,检修后均须重新检验。

(3)检验报告组卷要求。预应力用锚具、夹具和连接器、千斤顶等的检验报告按器具种类、检验时间顺序组卷。

3. 桥梁支座和伸缩装置检验报告。进场的桥梁支座和伸缩装置必须有生产厂家的合格证和产品质量检验报告,并应按图纸和规范要求进行检验,检验报告按生产厂家、材料种类、检验时间顺序组卷。

4. 桩基无损检测报告、钻芯取样资料、桥梁荷载试验报告和梁板试验报告以结构物为单元分别组卷。

5. 施工期间水泥混凝土抗压强度抽检试验记录，按分项工程组卷；工程全部完工后，按单位工程进行同一强度等级评定（表 5－12，表 5－13）。

6. 施工期间水泥砂浆抗压强度抽检试验记录组卷、评定如上（表 5－14，表 5－15）。

表 5－12 ××高速铁路建设项目

水泥混凝土抗压强度试验结果汇总表

施工单位： 合同号：

监理单位： 编 号：

验收批编号	混凝土设计强度 R/MPa	试件组数 n	强度平均值 R_n/MPa	强度最低值 R_{min}/MPa	标准差 S_n	强度代表值 /MPa	代表工程部位

填表： 复核： 技术负责人： 日期：

表 5－13 ××高速铁路建设项目

水泥混凝土抗压强度评定表

施工单位： 合同号：

监理单位： 编 号：

<table>
<tr><td>验收批编号</td><td colspan="7"></td></tr>
<tr><td>代表部位</td><td>抽样组编号</td><td>龄期 /d</td><td>抗压强度 /MPa</td><td>代表部位</td><td>抽样组编号</td><td>龄期 /d</td><td>抗压强度 /MPa</td></tr>
<tr><td></td><td></td><td></td><td></td><td></td><td></td><td></td><td></td></tr>
<tr><td></td><td></td><td></td><td></td><td></td><td></td><td></td><td></td></tr>
<tr><td></td><td></td><td></td><td></td><td></td><td></td><td></td><td></td></tr>
<tr><td></td><td></td><td></td><td></td><td></td><td></td><td></td><td></td></tr>
<tr><td></td><td></td><td></td><td></td><td></td><td></td><td></td><td></td></tr>
<tr><td colspan="4">配合比：</td><td colspan="4">水泥品种及强度等级：</td></tr>
<tr><td>R =</td><td>n =</td><td>S_n =</td><td>R_n =</td><td>R_{min} =</td><td colspan="2">K_1 =</td><td>K_2 =</td></tr>
<tr><td colspan="4">数理统计
$R_n - K_1 S_n \geq 0.9R$ $R_{min} \geq K_2 R$
=   =</td><td colspan="4">非数理统计
$R_n \geq 1.15R$ $R_{min} \geq 0.95R$
=   =</td></tr>
<tr><td colspan="8">评定结果：</td></tr>
</table>

试验人： 复核： 技术负责人： 日期：

表 5－14　××高速铁路建设项目

水泥砂浆抗压强度试验结果汇总表

施工单位：　　　　　　　　　　　　　　　　　　　　　　　　　　合同号：

监理单位：　　　　　　　　　　　　　　　　　　　　　　　　　　编　号：

评定批编号	砂浆设计强度/MPa	试件组数 n	强度平均值 R_n/MPa	强度最小值 R_{min}/MPa	代表工程部位

试验人：　　　　复核：　　　　　　技术负责人：　　　　　日期：

表 5－15　××高速铁路建设项目

水泥砂浆抗压强度评定表

施工单位：　　　　　　　　　　　　　　　　　　　　　　　　　　合同号：

监理单位：　　　　　　　　　　　　　　　　　　　　　　　　　　编　号：

评定批编号							
代表部位	抽样组编号	龄期/d	抗压强度/MPa	代表部位	抽样组编号	龄期/d	抗压强度/MPa
配合比：				水泥品种及强度等级：			
设计强度 $R=$ 强度平均值 $R_n=$				试件组数 $n=$ 强度最低值 $R_{min}=$			
评定结果：							

试验人：　　　　复核：　　　　　　技术负责人：　　　　　日期：

二、施工检验资料整理顺序

桥梁工程施工检验记录以分项工程为单元组卷。

若基础及下部构造资料较多时，可分为几个分部工程组卷：卷内资料以墩（台）为单元，按基础、墩（台）身、墩（台）帽或盖梁等分项工程顺序排列，并将分项工程质量评定表放在各分项工程检验记录表之前；也可按整桥部位进行分项划分。

1.基础

(1)混凝土基础包括以下表格：

①交工证书、认可书、工程报验单(表5－16)；

②混凝土基础分项工程质量检验评定表(表5－17)；

③基坑检验记录表(表5－18)；

④地基承载力试验记录表(表5－19)；

⑤混凝土基础检验记录(表5－20)；

⑥模板检验记录表(表5－21)；

⑦混凝土浇筑记录(表5－22)；

⑧水泥混凝土抗压强度报告(略)；

⑨钢筋加工及安装分项工程质量检验评定表(略)；

⑩钢筋加工及安装检验记录(略)；

⑪施工放样报验单(表5－23)。

表5－16　××高速铁路建设项目

工程报验单

施工单位：　　　　　　　　　　　　　　　　　　　　　　　　合同号：

监理单位：　　　　　　　　　　　　　　　　　　　　　　　　编　号：

致(专业监理工程师)：＿＿＿＿＿＿＿＿： 　　按合同和规范要求,已经完成＿＿＿＿＿＿＿＿ （工程或项目名称） ＿＿＿＿＿＿＿＿并经自检合格,报请查验。
工程地点及桩号:桥梁名称及桩号
具体部位:填写检测部位
检查内容:填写检测项目名称
附件:自检资料
要求到现场检验时间:如9:30
承包人递交日期、时间和签字:5.9　　9:30　　×××
专业监理工程师收件日期、时间签字:5.9　　9:30　　×××
现场监理意见： 符合设计及规范要求 现场监理：　　　　日期：
专业监理工程师意见： 符合设计及规范要求 专业监理工程师：　　　　日期：
附注:合格工程将由监理工程师另发工程检验认可书。

表 5－17　分项工程质量检验评定表

分项工程名称：填写质量划分体系中的分项工程

所属分部工程：填写质量体系划分中的分部工程

所属建设项目：××高速铁路

工程部位：　　　　　　　　　　施工单位：　　　　　　　　　　监理单位：

（桩号、墩台号、孔号）

基本要求	（1）所用的水泥、砂、石、水、外掺剂及混合材料的质量和规格必须符合有关规范的要求，按规定的配合比施工。 （2）不得出现露筋和空洞现象。 （3）基础的地基承载力必须满足设计要求。 （4）严禁超挖回填虚土。

	项次	检查项目		规定值或允许偏差	实测值或实测偏差值										质量评定			
					1	2	3	4	5	6	7	8	9	10	平均（代表）值	合格率/%	权值	得分
实测项目	1△	混凝土强度/MPa		在合格标准内													3	
	2	平面尺寸/mm		±50													2	
	3△	基础底面高程/mm	土质														2	
			石质	+50，－200														
	4	基础顶面高程/mm		±30													1	
	5	轴线偏位/mm		25													2	
	合计																	

外观鉴定	按照《验评标准》中的外观鉴定项填写	减分		监理意见	
质量保证资料	基本齐全	减分			

工程质量等级评定	得分：	质量等级：合格/不合格

检验：　　　　　　　　复核：　　　　　　　　技术负责人：　　　　　　　　日期：

表 5－18　××高速铁路建设项目

基坑检验记录表

施工单位：　　　　　　　　　　　　　　　　　　　　合同号：

监理单位：　　　　　　　　　　　　　　　　　　　　编　号：

结构物桩号	AK0＋500
墩台编号	

基底平面尺寸/mm						基底高程/mm		
长			宽					
设计	实测	误差	设计	实测	误差	设计	实测	误差
11 100	12 080	980	5 520	6 490	970	－0.674	－0.701	－27
	12 120	1 020		6 500	980	－0.474	－0.497	－23
						－0.674	－0.689	－15
						－0.474	－0.699	－25

基底平面布置(草图)单位：m

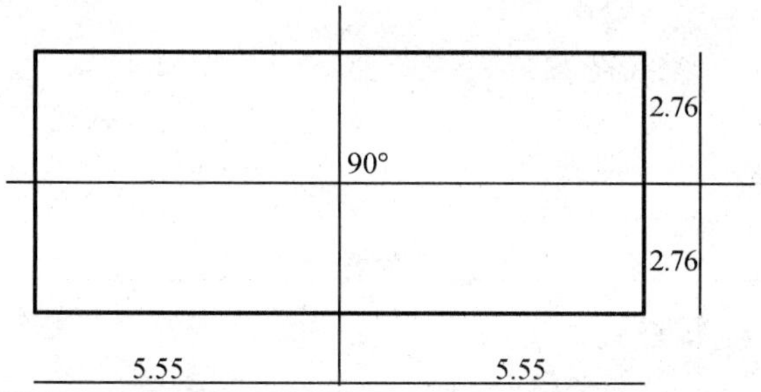

地基处理方法：

水泥搅拌桩

自检说明(监理评语)：符合设计及规范要求

检验人：　　　　　　　复核：　　　　　　　技术负责人：　　　　　　　日期：

表 5－19　××高速铁路建设项目

结构物基底承载力试验记录表

施工单位：　　　　　　　　　　　　　　　　　　　　　　　　　合同号：

监理单位：　　　　　　　　　　　　　　　　　　　　　　　　　编　号：

结构物桩号	
墩台编号	
设计地基承载力	

序号	击数	地基承载力/kPa	备注
计算公式		基坑测点草图：	

自检说明（监理评语）：

检验人：　　　　　　复核：　　　　　　技术负责人：　　　　　　日期：

表 5－20　××高速铁路建设项目

混凝土基础检验记录表

施工单位：　　　　　　　　　　　　　　　　　　　　　　　合同号：

监理单位：　　　　　　　　　　　　　　　　　　　　　　　编　号：

结构物桩号		AK0＋500											
基础编号								基底地质(土或石质)					
砼强度/MPa		设计值			实测平均值			最小值			评定批编号		
		C20			25.2			21					
轴线偏差/mm		平面尺寸/mm						顶面高程/mm			基底高程/mm		
		长			宽								
允许	实测	设计	实测	偏差	设计	实测	偏差	设计	实测	偏差	设计	实测	偏差
25	20	1 110	1 110	3	512	512	2	－74	－71	3	－174	－173	1
	18		1 110	4		512	0		－73	1		－175	－1
	15												
	12												
外观质量		混凝土表面有少许蜂窝											

自检说明(监理评语)：

符合设计及规范要求

检验人：　　　　　　　　复核：　　　　　　　　技术负责人：　　　　　　　日期：

表 5－21　××高速铁路建设项目

模板检验记录表

施工单位：　　　　　　　　　　　　　　　　　　合同号：

监理单位：　　　　　　　　　　　　　　　　　　编　号：

结构物桩号	AK0＋500	构件名称、编号	砼垫层	模板类型	钢模

轴线偏位/mm 允许偏差	轴线偏位/mm 实测偏差	相邻两板表面高差/mm 允许偏差	相邻两板表面高差/mm 实测偏差	表面平整度/mm 允许偏差	表面平整度/mm 实测偏差	预埋件中心位置/mm 允许偏差	预埋件中心位置/mm 实测偏差	预留孔中心位置/mm 允许偏差	预留孔中心位置/mm 实测偏差	预留孔截面尺寸/mm 允许偏差	预留孔截面尺寸/mm 实测偏差	模内尺寸/mm 长度 设计	长度 实测	长度 偏差	宽度 设计	宽度 实测	宽度 偏差	高度 设计	高度 实测	高度 偏差	高程/mm 设计	高程/mm 实测	高程/mm 偏差
8	2	2	1	5	2							1 110	1 110	1	5 120	5 122	2	100	101	1	－74	－73	1
	1		0		1								1 110	2		5 120	0		98	－2		－71	3
	1		1		1																	－70	0
	2		2		0																	－76	－2

自检说明(监理评语)：

符合设计及规范要求

检验：　　　　　复核：　　　　　技术负责人：　　　　　日期：

表 5－22　××高速铁路建设项目

混凝土浇筑检验记录表

施工单位：　　　　　　　　　　　　　　　　　　　　　　　　合同号：

监理单位：　　　　　　　　　　　　　　　　　　　　　　　　编　号：

结构物桩号	AK0＋500			
构件名称、编号	砼垫层			
混凝土强度等级	C20		水泥品种	盾石 P.042.5
拌和方式	场拌		运输方式	罐车
浇筑起止时间	21:20～23:10		施工气温	20 ℃
水灰比	0.6			
配合比	每立方米混凝土材料用量/kg			
	水泥	碎石	砂	外掺剂
设计	325	1 222	658	—
施工	325	1 222	671	—
实测坍落度/mm	1	2	3	平均值
	85	90	80	85
备注				

自检说明（监理评语）

符合设计及规范要求

检验人：　　　　　　复核：　　　　　　技术负责人：　　　　　　日期：

表 5－23　××高速铁路建设项目
施工放样报验单

施工单位：　　　　　　　　　　　　　　　　合同号：
监理单位：　　　　　　　　　　　　　　　　编　号：

致(测量监理工程师)＿＿＿＿＿＿＿＿：

根据合同要求，我们已完成＿＿＿＿＿＿＿＿
(起止桩号，工程或部位名称)
＿＿＿＿＿＿＿＿的施工放样，清单如下，请予查验。

承包人：　　　　日期：

附件：测量及放样资料

桩号或位置	工程或部位名称	放样内容	备注

查验结果：

测量监理工程师的结论：
□查验合格
□纠正差错后合格
□纠正差错后再报

测量监理工程师：　　　　日期：

(2)桩基础包括以下表格：
①交工证书、认可书、工程报验单(略)；
②钻孔灌注桩分项工程质量检验评定表(表 5－24)；
③钻孔原始记录表(表 5－25)；
④钻孔桩水下混凝土灌注记录表(表 5－26)；
⑤钻孔桩钻孔终孔后灌注砼前检验记录表(表 5－27)；
⑥桩头破除后检验记录表(表 5－28)；
⑦钢筋加工及安装分项工程质量检验评定表(略)；
⑧钢筋加工及安装检验记录表(略)；
⑨施工放样报验单(略)；
⑩水泥混凝土抗压强度报告(略)；
⑪泥浆密度、含砂率、稠度(略)；
⑫桩基无破损检测报告(略)；
⑬DX 挤扩桩检验记录表(表 5－29)。

表 5－24 分项工程质量检验评定表

分项工程名称：填写质量划分体系中的分项工程

所属分部工程：填写质量体系划分中的分部工程

所属建设项目：××高速铁路

工程部位：（桩号、墩台号、孔号） 施工单位： 监理单位：

基本要求	
基本要求	(1)桩身混凝土所用的水泥、砂、石、水、外掺剂及混合材料的质量和规格必须符合有关规范的要求，按规定的配合比施工。 (2)成孔后必须清孔，测量孔径、孔深、孔位和沉淀层厚度，确认满足设计或施工技术规范要求后，方可灌注水下混凝土。 (3)水下混凝土应连续灌注，严禁有夹层和断桩。 (4)嵌入承台的锚固钢筋长度不得低于设计规范规定的最小锚固长度要求。 (5)应选择有代表性的桩用无破损法进行检测，重要工程或重要部位的桩宜逐根进行检测。设计有规定或对桩的质量有怀疑时，应采取钻取芯样法对桩进行检测。 (6)凿除桩头预留混凝土后，桩顶应无残余的松散混凝土。

	项次	检查项目	规定值或允许偏差	实测值或实测偏差值										质量评定			
				1	2	3	4	5	6	7	8	9	10	平均（代表）值	合格率/%	权值	得分
实测项目	1△	混凝土强度/MPa	在合格标准内													3	
	2△	桩位/mm 基础桩	100 mm													2	
		桩位/mm 排架桩 顺桥纵轴线方向	50 mm														
		桩位/mm 排架桩 垂直桥纵轴线方向	100 mm														
	3△	孔深/mm	不小于设计													3	
	4△	孔径/mm	不小于设计													3	
	5	钻孔倾斜度/mm	1%桩长，且≯500													1	
	6△	沉淀厚度/mm 摩擦桩	符合施工技术规范													2	
		沉淀厚度/mm 支撑桩	不大于设计规定														
	7	钢筋骨架底面高程/mm	±50													1	
		合计															

外观鉴定	按照《验评标准》中的外观鉴定项填写	减分		监理意见	
质量保证资料	基本齐全	减分			
工程质量等级评定	得分：	质量等级：合格/不合格			

检验： 复核： 技术负责人： 日期：

表 5－25　××高速铁路建设项目

钻孔原始记录表

施工单位：　　　　　　　　　　　　　　　　　　　　合同号：

监理单位：　　　　　　　　　　　　　　　　　　　　编　号：

桥梁名称及桩号	K18 +050.178 杨家泊互通跨线桥				墩台名称及编号	3b	钻孔编号	$4^{\#}$
设计孔底标高	－49.700		实际孔底标高	－50.026	护筒标高	1.874	钻孔方法	反循环
钻孔设计直径	1.300		钻孔设计深度	51.574	实际钻孔深度	51.900	钻头类型	三翼型
钻孔日期		本班进尺/m	累计进尺/m	钻孔偏位情况	泥浆密度	地质情况	发生事故及处理方法	机长签字
月　日	时							
6.18	12:00～13:10	5	5	无	1.09	泥	正常	
	13:20～14:10	3	8	无	1.09	泥	正常	
	14:20～16:10	3	11	无	1.09	泥	正常	
	16:20～17:30	3	14	无	1.10	砂	正常	
	17:30～18:50	3	17	无	1.10	泥	正常	
	19:00～20:10	3	20	无	1.09	泥	正常	
	20:20～22:00	3	23	无	1.09	泥	正常	
	22:10～00:10	3	26	无	1.09	泥	正常	
6.19	00:20～1:20	3	29	无	1.09	砂	正常	
	1:30～2:50	3	32	无	1.08	泥	正常	

检验：　　　　　　　　　　　　复核：　　　　　　　　　　　　技术负责人：

表 5－26　高速铁路建设项目
钻孔桩水下混凝土灌注记录表

施工单位：　　　　　　　　　　　　　　　　　　　　合同号：

监理单位：　　　　　　　　　　　　　　　　　　　　编　号：

<table>
<tr><td colspan="2">桥梁名称及桩号</td><td colspan="2"></td><td colspan="2">墩台名称及编号</td><td colspan="2">3b</td><td colspan="2">钻孔编号</td><td colspan="2">4#</td></tr>
<tr><td>护筒顶标高</td><td>1.874</td><td>设计钻孔直径</td><td>1.300</td><td>桩顶设计标高</td><td>0.300</td><td>桩底设计标高</td><td>-49.700</td><td>灌注前孔底标高</td><td>-49.986</td><td>灌注完毕砼顶标高</td><td>1</td></tr>
<tr><td>计算砼数　量</td><td>67.4</td><td>骨架顶设计标高</td><td>1.300</td><td>测设基点标高</td><td>1.874</td><td>砼顶计算深度</td><td>0.774</td><td>桩底计算深度</td><td>51.574</td><td>砼配合比</td><td>1:1.87:2.38:0.47:0.02</td></tr>
<tr><td>水灰比</td><td>0.47</td><td>水泥用量</td><td>426</td><td>坍落度</td><td>210</td><td>水泥厂牌标号</td><td>灯塔牌P.o42.5</td><td>每盘砼方数</td><td>1.0 m³</td><td>开盘时间</td><td>00:50</td></tr>
<tr><td rowspan="2">检查时间</td><td rowspan="2">孔底深度/m</td><td rowspan="2">砼面深度/m</td><td rowspan="2">导管深度/m</td><td rowspan="2">导管埋入深度/m</td><td rowspan="2">导管拆除节数及长度</td><td colspan="3">实灌混凝土数量</td><td colspan="3" rowspan="2">钢筋位置情况，砼浇筑情况，停灌时间，事故原因和处理方法</td></tr>
<tr><td>盘数</td><td>数量/m³</td><td>累计数量/m³</td></tr>
<tr><td>1:17</td><td>56.9</td><td></td><td>56.6</td><td></td><td>2/2.5</td><td></td><td></td><td></td><td></td><td></td><td>注</td></tr>
<tr><td>1:25</td><td>54.2</td><td>2.7</td><td>56.6</td><td>2.4</td><td>1/2.65</td><td></td><td>6</td><td></td><td></td><td></td><td>计算砼数量考虑超灌80 cm</td></tr>
<tr><td>1:39</td><td>50.6</td><td>6.3</td><td>54.1</td><td>3.5</td><td>1/2.65</td><td></td><td>5</td><td>11</td><td></td><td></td><td>护筒顶标高＝测设基点标高</td></tr>
<tr><td>1:54</td><td>48.4</td><td>8.5</td><td>51.5</td><td>3.1</td><td>1/2.65</td><td></td><td>3</td><td>14</td><td></td><td></td><td>砼顶计算深度＝护筒顶标高－桩顶设计标高－80 cm</td></tr>
<tr><td>2:08</td><td>46.3</td><td>10.6</td><td>48.8</td><td>2.5</td><td>1/2.65</td><td></td><td>3</td><td>17</td><td></td><td></td><td></td></tr>
<tr><td>2:22</td><td>42.6</td><td>14.3</td><td>46.15</td><td>3.6</td><td>1/2.65</td><td></td><td>5</td><td>22</td><td></td><td></td><td></td></tr>
<tr><td>2:37</td><td>40.4</td><td>16.5</td><td>43.5</td><td>3.1</td><td>1/2.65</td><td></td><td>3</td><td>25</td><td></td><td></td><td></td></tr>
<tr><td>2:50</td><td>38.3</td><td>18.6</td><td>40.85</td><td>2.6</td><td>1/2.65</td><td></td><td>3</td><td>28</td><td></td><td></td><td></td></tr>
</table>

检验：　　　　　　　　　　　　复核：　　　　　　　　　　　　技术负责人：

表 5－27　××高速铁路建设项目

钻孔桩钻孔终孔后灌注砼前检验记录表

施工单位：　　　　　　　　　　　　　　　　　　　　　　合同号：TC－2
监理单位：　　　　　　　　　　　　　　　　　　　　　　编　号：

<table>
<tr><td>桥梁名称及桩号</td><td colspan="5"></td></tr>
<tr><td>墩(台)号</td><td colspan="2">3b</td><td colspan="2">孔号</td><td>2#</td></tr>
<tr><td>设计桩径/mm</td><td>1 300</td><td>终孔直径/mm</td><td>1306</td><td>孔位偏差/mm</td><td>20</td></tr>
<tr><td>护筒顶标高/m</td><td colspan="2">1.874</td><td colspan="2">护筒底标高/m</td><td>－0.126</td></tr>
<tr><td>设计孔底标高/m</td><td colspan="2">－49.700</td><td colspan="2">钻完毕时孔底标高/m</td><td>－50.026</td></tr>
<tr><td>灌注前孔底标高/m</td><td colspan="2">－49.986</td><td colspan="2">地 面 标 高/m</td><td>1.650</td></tr>
<tr><td rowspan="2">灌注前泥浆</td><td>密度</td><td>1.09</td><td colspan="2" rowspan="2">钻孔中出现问题和处理方法</td><td rowspan="2">正常</td></tr>
<tr><td>含砂率/%</td><td>1</td></tr>
<tr><td rowspan="3">钢 筋 骨 架</td><td>主筋根数</td><td>32</td><td colspan="2">焊接方式及长度/mm</td><td>帮条焊</td></tr>
<tr><td>主筋直径/mm</td><td>25</td><td colspan="2">骨架顶面标高/m</td><td>1.300</td></tr>
<tr><td>吊放节数</td><td>2</td><td colspan="2">骨架底面标高/m</td><td>－41.700</td></tr>
<tr><td>混凝土配合比</td><td>1:1.87:2.38:0.47:0.02</td><td>混凝土坍落度/mm</td><td>210</td><td>混凝土设计标号</td><td>C25</td></tr>
<tr><td>清孔后孔底沉淀层厚度/mm</td><td colspan="2">40</td><td>钻孔倾斜度/mm</td><td colspan="2">40</td></tr>
<tr><td>其　　他</td><td colspan="5"></td></tr>
<tr><td>自检说明(监理评语)</td><td colspan="5">符合设计及规范要求</td></tr>
</table>

检验人：　　　　　复核：　　　　　技术负责人：　　　　　日期：

表 5－28　××高速铁路建设项目

桩头破除后质量检查记录表

施工单位：　　　　　　桥梁名称：K19＋213 小桥　　　　　　合同号：
监理单位：　　　　　　检查日期：　　年　　月　　日　　　　编　号：

<table>
<tr><td colspan="2">工程名称</td><td colspan="2">小桥</td><td>孔数×孔径</td><td colspan="3">1＊13m</td></tr>
<tr><td colspan="2">桩号</td><td colspan="2">K19＋213</td><td>墩台编号</td><td colspan="3">0#台</td></tr>
<tr><td colspan="2">编号</td><td>0－1</td><td>0－2</td><td></td><td></td><td></td><td></td></tr>
<tr><td colspan="2">检验时间</td><td></td><td></td><td></td><td></td><td></td><td></td></tr>
<tr><td rowspan="4">按桩部位检验</td><td>桩基等级</td><td>－0.19</td><td>－0.19</td><td></td><td></td><td></td><td></td></tr>
<tr><td>桩顶设计高程/m</td><td>－0.01</td><td>－0.03</td><td></td><td></td><td></td><td></td></tr>
<tr><td>桩顶实测高程/m</td><td>76</td><td>77</td><td></td><td></td><td></td><td></td></tr>
<tr><td>保护层/mm</td><td></td><td>2 272</td><td></td><td></td><td></td><td></td></tr>
<tr><td rowspan="2">桩位</td><td>偏位/mm</td><td></td><td>2 272</td><td></td><td></td><td></td><td></td></tr>
<tr><td>桩位结论</td><td>符合设计</td><td></td><td></td><td></td><td></td><td></td></tr>
</table>

检验人：　　　　　　　　复核：　　　　　　　　技术负责人：

注：此表应附平面位置检测记录、高程检测记录。其他所有涉及平面位置、高程的表格须附此两表。

表 5－29 ××高速铁路建设项目

DX 挤扩桩检验记录表

施工单位： 合同号：

监理单位： 编 号：

<table>
<tr><td>桥梁名称及桩号</td><td colspan="2"></td><td colspan="2">墩(台)号</td><td></td></tr>
<tr><td>成孔时间</td><td colspan="2"></td><td colspan="2">孔号</td><td></td></tr>
<tr><td rowspan="2">挤扩时间</td><td colspan="2" rowspan="2">年 月 日 时至 日 时</td><td rowspan="2">沉淀厚度
/mm</td><td>挤扩前</td><td></td></tr>
<tr><td>挤扩后</td><td></td></tr>
<tr><td rowspan="2">挤扩次数</td><td colspan="2">深度/m</td><td rowspan="2">落差
/mm</td><td rowspan="2">扩挤盘腔
直径/mm</td><td rowspan="2">挤扩压力</td></tr>
<tr><td>设计</td><td>实测</td></tr>
<tr><td>第一挤扩盘</td><td></td><td></td><td></td><td></td><td></td></tr>
<tr><td>第二挤扩盘</td><td></td><td></td><td></td><td></td><td></td></tr>
<tr><td>第三挤扩盘</td><td></td><td></td><td></td><td></td><td></td></tr>
<tr><td>第四挤扩盘</td><td></td><td></td><td></td><td></td><td></td></tr>
</table>

自检说明
（监理评语）

检验人： 复核： 技术负责人： 日期：

2. 墩(台)身

(1)承台、系梁包括以下表格:

①交工证书、认可书、工程报验单(略);

②承台、系梁分项工程质量检验评定表(表5-30);

③承台、系梁检验记录表(表5-31);

④钢筋加工及安装分项工程质量检验评定表(略);

⑤钢筋加工及安装检验记录表(略);

⑥模板检验记录表(略);

⑦混凝土浇筑记录表(略);

⑧施工放样报验单(略);

⑨水泥混凝土抗压强度报告(略)。

表5-30 分项工程质量检验评定表

分项工程名称:填写质量划分体系中的分项工程

所属分部工程:填写质量体系划分中的分部工程

所属建设项目:××高速铁路

工程部位: 施工单位: 监理单位:

(桩号、墩台号、孔号)

<table>
<tr><td colspan="2">基本要求</td><td colspan="16">(1)所用的水泥、砂、石、水、外掺剂及混合材料的质量和规格必须符合有关规范的要求,按规定的配合比施工。
(2)必须采取措施控制水化热引起的混凝土内最高温度及内外温差在允许范围内,防止出现温度裂缝。
(3)不得出现露筋和空洞现象。</td></tr>
<tr><td rowspan="7">实测项目</td><td rowspan="2">项次</td><td rowspan="2">检查项目</td><td rowspan="2">规定值或允许偏差</td><td colspan="10">实测值或实测偏差值</td><td colspan="4">质量评定</td></tr>
<tr><td>1</td><td>2</td><td>3</td><td>4</td><td>5</td><td>6</td><td>7</td><td>8</td><td>9</td><td>10</td><td>平均(代表)值</td><td>合格率/%</td><td>权值</td><td>得分</td></tr>
<tr><td>1△</td><td>混凝土强度/MPa</td><td>在合格标准内</td><td></td><td></td><td></td><td></td><td></td><td></td><td></td><td></td><td></td><td></td><td></td><td></td><td>3</td><td></td></tr>
<tr><td>2</td><td>平面尺寸/mm</td><td>±30</td><td></td><td></td><td></td><td></td><td></td><td></td><td></td><td></td><td></td><td></td><td></td><td></td><td>1</td><td></td></tr>
<tr><td>3</td><td>顶面高程/mm</td><td>±20</td><td></td><td></td><td></td><td></td><td></td><td></td><td></td><td></td><td></td><td></td><td></td><td></td><td>2</td><td></td></tr>
<tr><td>4</td><td>轴线偏位/mm</td><td>15</td><td></td><td></td><td></td><td></td><td></td><td></td><td></td><td></td><td></td><td></td><td></td><td></td><td>2</td><td></td></tr>
<tr><td colspan="2">合计</td><td colspan="13"></td><td></td><td></td></tr>
<tr><td colspan="2">外观鉴定</td><td colspan="6">按照《验评标准》中的外观鉴定项填写</td><td colspan="2">减分</td><td colspan="2"></td><td colspan="2" rowspan="2">监理意见</td><td colspan="4" rowspan="2"></td></tr>
<tr><td colspan="2">质量保证资料</td><td colspan="6">基本齐全</td><td colspan="2">减分</td><td colspan="2"></td></tr>
<tr><td colspan="3">工程质量等级评定</td><td colspan="8">得分:</td><td colspan="7">质量等级:合格/不合格</td></tr>
</table>

检验: 复核: 技术负责人: 日期:

表 5－31　××高速铁路建设项目

承台、系梁检验记录表

施工单位：　　　　　　　　　　　　　　　　　　　　　　合同号：

监理单位：　　　　　　　　　　　　　　　　　　　　　　编　号：

<table>
<tr><td colspan="2">结构物桩号</td><td colspan="2">K19 +213</td><td colspan="2">构件名称及编号</td><td colspan="2">承台</td></tr>
<tr><td colspan="2" rowspan="2">混凝土
强度/MPa</td><td>设计</td><td>平均值</td><td colspan="2">代表值</td><td colspan="2">验收批编号</td></tr>
<tr><td>25</td><td>28.8</td><td colspan="2"></td><td colspan="2"></td></tr>
<tr><td rowspan="4">断面尺寸
/mm</td><td rowspan="2">设计</td><td colspan="2">长</td><td colspan="2">宽</td><td colspan="2">高</td></tr>
<tr><td colspan="2">22 505</td><td colspan="2">1 700</td><td colspan="2">1 200</td></tr>
<tr><td>实测</td><td>22 515</td><td>22 500</td><td>1 708</td><td>1 700</td><td>1 206</td><td>1 190</td></tr>
<tr><td>偏差</td><td>10</td><td>－5</td><td>8</td><td>0</td><td>6</td><td>－10</td></tr>
<tr><td rowspan="2">轴线偏位
/mm</td><td>允许偏差</td><td>15</td><td>15</td><td></td><td></td><td></td><td></td></tr>
<tr><td>实测</td><td>10</td><td>8</td><td></td><td></td><td></td><td></td></tr>
<tr><td rowspan="4">顶面高程</td><td>编号</td><td>1</td><td>2</td><td></td><td></td><td></td><td></td></tr>
<tr><td>设计高程
/m</td><td>1.01</td><td>1.01</td><td></td><td></td><td></td><td></td></tr>
<tr><td>实测高程
/m</td><td>1.015</td><td>1.010</td><td></td><td></td><td></td><td></td></tr>
<tr><td>偏差
/mm</td><td>5</td><td>0</td><td></td><td></td><td></td><td></td></tr>
<tr><td colspan="2">外观质量</td><td colspan="6">混凝土表面平整、棱角直顺

（按《验评标准》中外观鉴定填写）</td></tr>
</table>

自检说明（监理评语）：符合设计及规范要求

检验人：　　　　　　复核：　　　　　　技术负责人：　　　　　　日期：

(2)墩台身包括以下表格：

①交工证书、认可书、工程报验单(略)；

②墩台身分项工程质量检验评定表(表5－32)；

③墩台身检验记录表(表5－33)；

④钢筋加工及安装分项工程质量检验评定表(略)；

⑤钢筋加工及安装检验记录表(略)；

⑥模板检验记录表(略)；

⑦混凝土浇筑记录表(略)；

⑧施工放样报验单(略)；

⑨水泥混凝土抗压强度报告(略)。

表5－32　分项工程质量检验评定表

分项工程名称：填写质量划分体系中的分项工程

所属分部工程：填写质量体系划分中的分部工程

所属建设项目：××高速铁路

工程部位：　　　　施工单位：　　　　监理单位：

(桩号、墩台号、孔号)

基本要求	(1)混凝土所用的水泥、砂、石、水、外掺剂及混合材料的质量和规格，必须符合有关技术规范的要求，按规定的配合比施工。 (2)不得出现空洞和露筋现象。																
实测项目	项次	检查项目	规定值或允许偏差	实测值或实测偏差值										质量评定			
				1	2	3	4	5	6	7	8	9	10	平均(代表)值	合格率/%	权值	得分
	1△	混凝土强度/MPa	在合格标准内													3	
	2	断面尺寸/mm	±20													2	
	3	竖直度或斜度/mm	0.3%H且不大于20													2	
	4	顶面高程/mm	±10													2	
	5△	轴线偏位/mm	10													2	
	6	节段间错台/mm	5													1	
	7	大面积平整度/mm	5													1	
	8	预埋件位置/mm	10													1	
	合计																

外观鉴定	按照《验评标准》中的外观鉴定项填写	减分		监理意见	
质量保证资料	基本齐全	减分			
工程质量等级评定	得分：	质量等级：合格/不合格			

检验：　　　　复核：　　　　技术负责人：　　　　日期：

表 5－33　××高速铁路建设项目

墩、台身检查记录表

施工单位：　　　　　　　　　　　　　　　　　　　　合同号：

监理单位：　　　　　　　　　　　　　　　　　　　　编　号：

结构物桩号		K××+×××												
墩台身编号		1[#]墩												
混凝土强度/MPa		设计			平均值			代表值			评定批编号			
		30			38.0									
轴线偏位/mm		断面尺寸/mm						竖直度或斜度/mm		墩台顶面高程/mm			大面积平整度/mm	
		长			宽									
允许	实测	设计	实测	偏差	设计	实测	偏差	允许	实测	设计	实测	偏差	允许	实测
10	8	4 100	4 110	10	1 000	9 995	－5	<20	10	5.107	5.100	－7	5	2
	6		4 100	0		1 008	8				5.102	－5		1
														3
														2
节段间错台实测偏差/mm								预埋件位置实测偏差/mm						
2	1	3	2	1				5	3	2	3			
外观质量	混凝土表面平整、外露面色泽一致（按《验评标准》中外观鉴定填写）													

自检说明（监理评语）：符合设计及规范要求

检验人：　　　　　　复核：　　　　　　技术负责人：　　　　　　日期：

(3)柱式墩包括以下表格：

①交工证书、认可书、工程报验单(略)；

②柱或双壁墩分项工程质量检验评定表(表5-34)；

③柱或双壁墩检验记录表(表5-35)；

④钢筋加工及安装分项工程质量检验评定表(略)；

⑤钢筋加工及安装检验记录表(略)；

⑥模板检验记录表(略)；

⑦混凝土浇筑记录(略)；

⑧施工放样报验单(略)；

⑨水泥混凝土抗压强度报告(略)。

表5-34　分项工程质量检验评定表

分项工程名称：填写质量划分体系中的分项工程

所属分部工程：填写质量体系划分中的分部工程

所属建设项目：××高速铁路

工程部位：　　　　　　　　施工单位：　　　　　　　　监理单位：

(桩号、墩台号、孔号)

<table>
<tr><td>基本要求</td><td colspan="17">(1)混凝土所用的水泥、砂、石、水、外掺剂及混合材料的质量和规格，必须符合有关技术规范的要求，按规定的配合比施工。
(2)不得出现空洞和露筋现象。</td></tr>
<tr><td rowspan="10">实测项目</td><td rowspan="2">项次</td><td rowspan="2">检查项目</td><td rowspan="2">规定值或允许偏差</td><td colspan="10">实测值或实测偏差值</td><td colspan="4">质量评定</td></tr>
<tr><td>1</td><td>2</td><td>3</td><td>4</td><td>5</td><td>6</td><td>7</td><td>8</td><td>9</td><td>10</td><td>平均(代表)值</td><td>合格率/%</td><td>权值</td><td>得分</td></tr>
<tr><td>1△</td><td>混凝土强度/MPa</td><td>在合格标准内</td><td></td><td></td><td></td><td></td><td></td><td></td><td></td><td></td><td></td><td></td><td></td><td></td><td>3</td><td></td></tr>
<tr><td>2</td><td>相邻间距/mm</td><td>±20</td><td></td><td></td><td></td><td></td><td></td><td></td><td></td><td></td><td></td><td></td><td></td><td></td><td>1</td><td></td></tr>
<tr><td>3</td><td>竖直度/mm</td><td>0.3%H且不大于20</td><td></td><td></td><td></td><td></td><td></td><td></td><td></td><td></td><td></td><td></td><td></td><td></td><td>2</td><td></td></tr>
<tr><td>4</td><td>柱(墩)顶高程/mm</td><td>±10</td><td></td><td></td><td></td><td></td><td></td><td></td><td></td><td></td><td></td><td></td><td></td><td></td><td>2</td><td></td></tr>
<tr><td>5△</td><td>轴线偏位/mm</td><td>10</td><td></td><td></td><td></td><td></td><td></td><td></td><td></td><td></td><td></td><td></td><td></td><td></td><td>2</td><td></td></tr>
<tr><td>6</td><td>断面尺寸/mm</td><td>±15</td><td></td><td></td><td></td><td></td><td></td><td></td><td></td><td></td><td></td><td></td><td></td><td></td><td>1</td><td></td></tr>
<tr><td>7</td><td>节段间错台/mm</td><td>3</td><td></td><td></td><td></td><td></td><td></td><td></td><td></td><td></td><td></td><td></td><td></td><td></td><td>1</td><td></td></tr>
<tr><td colspan="3">合计</td><td colspan="12"></td><td></td><td></td></tr>
</table>

<table>
<tr><td>外观鉴定</td><td>按照《验评标准》中的外观鉴定项填写</td><td>减分</td><td></td><td rowspan="2">监理意见</td><td rowspan="2"></td></tr>
<tr><td>质量保证资料</td><td>基本齐全</td><td>减分</td><td></td></tr>
<tr><td>工程质量等级评定</td><td colspan="5">得分：　　　　　　质量等级：合格/不合格</td></tr>
</table>

检验：　　　　复核：　　　　技术负责人：　　　　日期：

表 5－35　××高速铁路建设项目

柱或双壁墩检查记录表

施工单位：　　　　　　　　　　　　　　　　　　　　　　　　　　合同号：

监理单位：　　　　　　　　　　　　　　　　　　　　　　　　　　编　号：

结构物桩号	K××＋×××		构件名称及编号	1－1 柱
混凝土强度/MPa	设计	平均值	代表值	评定批编号
	30	36.6		

相邻间距/mm			竖直度/mm		柱顶高程/mm			轴线偏位/mm		柱直径/mm		
设计	实测	偏差	允许偏差	实测偏差	设计	实测	偏差	允许偏差	实测偏差	设计	实测	偏差
4 300	4 308	8	＜20	11	4 574	4 570	－4	10	8	1 500	1 500	0
	4 295	－5		7		4 572	－2		5		1 503	3
节段间错台实测值/mm			3	2	1	1	2					
外观质量	混凝土表面平整、外露色泽一致 （按《验评标准》中外观鉴定填写）											

自检说明（监理评语）：符合设计及规范要求

检验人：　　　　　　复核：　　　　　　技术负责人：　　　　　　日期：

3. 墩(台)帽或盖梁

其包括以下表格:

①交工证书、认可书、工程报验单(略);

②墩、台帽或盖梁分项工程质量检验评定表(表5－36);

③墩、台帽或盖梁检验记录表(表5－37);

④钢筋加工及安装分项工程质量检验评定表(略);

⑤钢筋加工及安装检验记录表(略);

⑥模板检验记录表(略);

⑦混凝土浇筑记录表(略);

⑧施工放样报验单(略);

⑨水泥混凝土抗压强度报告(略)。

表5－36 分项工程质量检验评定表

分项工程名称:墩、台帽或盖梁

所属分部工程:基础及下部构造

所属建设项目:××高速铁路

工程部位: 施工单位: 监理单位:

(桩号、墩台号、孔号)

<table>
<tr><td colspan="2">基本要求</td><td colspan="16">(1)混凝土所用的水泥、砂、石、水、外掺剂及混合材料的质量和规格必须符合有关技术规范的要求,按规定的配合比施工。
(2)不得出现露筋和空洞现象。</td></tr>
<tr><td rowspan="8">实测项目</td><td rowspan="2">项次</td><td rowspan="2">检查项目</td><td rowspan="2">规定值或允许偏差</td><td colspan="10">实测值或实测偏差值</td><td colspan="4">质量评定</td></tr>
<tr><td>1</td><td>2</td><td>3</td><td>4</td><td>5</td><td>6</td><td>7</td><td>8</td><td>9</td><td>10</td><td>平均(代表)值</td><td>合格率/%</td><td>权值</td><td>得分</td></tr>
<tr><td>1△</td><td>混凝土强度/MPa</td><td>在合格标准内</td><td></td><td></td><td></td><td></td><td></td><td></td><td></td><td></td><td></td><td></td><td></td><td></td><td>3</td><td></td></tr>
<tr><td>2</td><td>断面尺寸/mm</td><td>±20</td><td></td><td></td><td></td><td></td><td></td><td></td><td></td><td></td><td></td><td></td><td></td><td></td><td>2</td><td></td></tr>
<tr><td>3△</td><td>轴线偏位/mm</td><td>10</td><td></td><td></td><td></td><td></td><td></td><td></td><td></td><td></td><td></td><td></td><td></td><td></td><td>2</td><td></td></tr>
<tr><td>4</td><td>顶面高程/mm</td><td>±10</td><td></td><td></td><td></td><td></td><td></td><td></td><td></td><td></td><td></td><td></td><td></td><td></td><td>2</td><td></td></tr>
<tr><td>5</td><td>支座垫石预留位置/mm</td><td>10</td><td></td><td></td><td></td><td></td><td></td><td></td><td></td><td></td><td></td><td></td><td></td><td></td><td>1</td><td></td></tr>
<tr><td colspan="2">合计</td><td colspan="13"></td><td></td><td></td></tr>
<tr><td colspan="3">外观鉴定</td><td colspan="6"></td><td colspan="3">减分</td><td colspan="2"></td><td colspan="2" rowspan="2">监理意见</td><td colspan="2" rowspan="2"></td></tr>
<tr><td colspan="3">质量保证资料</td><td colspan="6"></td><td colspan="3">减分</td><td colspan="2"></td></tr>
<tr><td colspan="3">工程质量等级评定</td><td colspan="8">得分:</td><td colspan="7">质量等级:合格/不合格</td></tr>
</table>

检验: 复核: 技术负责人: 日期:

表 5－37　××高速铁路建设项目

墩、台帽或盖梁检查记录

施工单位：　　　　　　　　　　　　　　　　　　　　合同号：

监理单位：　　　　　　　　　　　　　　　　　　　　编　号：

结构物桩号		K××+×××								
构件名称及编号		0#台盖梁			梁板类型			空心板		
混凝土强度/MPa		设计	平均值		代表值			验收批编号		
		30	35.8							
断面尺寸/mm	设计	长			宽			高		
		1 540			1 700			1 500		
	实测	1 541	1 540	1 540	1 690	1 700	1 705	1 496	1 500	1 500
	偏差	10	0	0	－10	0	5	－4	0	0
轴线偏位/mm	允许偏差	10								
	实测	7	9							
顶面高程	编号	1	2	3	4					
	设计高程	6.098								
	实测高程	6.096	6.092							
	偏差	－2	－6							
支座垫石预留位置/mm	允许偏差	10								
	实测	2	5							
外观质量		按《验评标准》中外观鉴定填写								

自检说明（监理评语）：符合设计及规范要求

检验人：　　　　　　复核：　　　　　　技术负责人：　　　　　　日期：

4. 支座垫石

其包括以下表格：

①交工证书、认可书、工程报验单(略)；

②支座垫石分项工程质量检验评定表(表5－38)；

③支座垫石检验记录表(表5－39)；

④钢筋加工及安装分项工程质量检验评定表(略)；

⑤钢筋加工及安装检验记录表(略)；

⑥混凝土浇筑记录表(略)；

⑦施工放样报验单(略)；

⑧水泥混凝土抗压强度报告(略)。

表5－38　分项工程质量检验评定表

分项工程名称：支座垫石

所属分部工程：基础及下部构造

所属建设项目：××高速铁路

工程部位：　　　　施工单位：　　　　监理单位：

(桩号、墩台号、孔号)

基本要求	(1)混凝土所用的水泥、砂、石、水、外掺剂及混合材料的质量和规格，必须符合有关技术规范的要求，按规定的配合比施工。 (2)支座垫石不得出现露筋、空洞、蜂窝、麻面现象及任何裂缝。

	项次	检查项目	规定值或允许偏差	实测值或实测偏差值										质量评定			
				1	2	3	4	5	6	7	8	9	10	平均(代表)值	合格率/%	权值	得分
实测项目	1△	混凝土强度/MPa	在合格标准内													3	
	2△	轴线偏位/mm	5													2	
	3	断面尺寸/mm	±5													2	
	4△	顶面高程/mm	±2													2	
		顶面四角高差/mm	1														
	5	预埋件位置/mm	5													1	
	合计															1	

外观鉴定		减分		监理意见	
质量保证资料		减分			
工程质量等级评定	得分：		质量等级：合格/不合格		

检验：　　　　复核：　　　　技术负责人：　　　　日期：

表 5－39　××高速铁路建设项目

支座垫石检验记录表

施工单位：　　　　　　　　　　　　　　　　　　　　　　　合同号：

监理单位：　　　　　　　　　　　　　　　　　　　　　　　编　号：

结构物桩号		K19＋213						构件名称及编号			0#台垫石支座		
混凝土强度/MPa		设计			平均值			代表值			评定批编号		
		30			35.2								
垫石编号		1#			2#								
断面尺寸/mm	设计	长	宽	高	长	宽	高	长	宽	高	长	宽	高
		500	500	60									
	实测	502	500	58									
	偏差	2	0	－2									
轴线偏位/mm	允许偏差	5											
	实测偏差	2	1	2									
顶面高程/mm	编号	1											
	设计高程	6.158											
	实测高程	6.156	6.158										
	偏差	－2	0										
顶面四角高差/mm	允许偏差	1											
	实测偏差	0	1	0	1								
预埋件位置/mm	允许偏差	5											
	实测偏差	2	3	2	1								
外观质量		按《验评标准》中外观鉴定填写											

自检说明（监理评语）：符合设计及规范要求

检验人：　　　　　　复核：　　　　　　技术负责人：　　　　　　日期：

5. 挡块

其包括以下表格：

①交工证书、认可书、工程报验单（略）；

②挡块分项工程质量检验评定表（表5－40）；

③挡块检验记录表（表5－41）；

④钢筋加工及安装分项工程质量检验评定表（略）；

⑤钢筋加工及安装检验记录（略）；

⑥混凝土浇筑记录表（略）；

⑦施工放样报验单（略）；

⑧水泥混凝土抗压强度报告（略）。

表5－40　分项工程质量检验评定表

分项工程名称：挡块

所属分部工程：基础及下部构造

所属建设项目：××高速铁路

工程部位：　　　　　　　　　　施工单位：　　　　　　　　　　监理单位：

（桩号、墩台号、孔号）

<table>
<tr><td>基本要求</td><td colspan="17">（1）混凝土所用的水泥、砂、石、水、外掺剂及混合材料的质量和规格，必须符合有关技术规范的要求，按规定的配合比施工。
（2）不得出现露筋、空洞、蜂窝、麻面现象及任何裂缝。</td></tr>
<tr><td rowspan="8">实测项目</td><td rowspan="2">项次</td><td rowspan="2">检查项目</td><td rowspan="2">规定值或允许偏差</td><td colspan="10">实测值或实测偏差值</td><td colspan="4">质量评定</td></tr>
<tr><td>1</td><td>2</td><td>3</td><td>4</td><td>5</td><td>6</td><td>7</td><td>8</td><td>9</td><td>10</td><td>平均（代表）值</td><td>合格率/%</td><td>权值</td><td>得分</td></tr>
<tr><td>1△</td><td>混凝土强度/MPa</td><td>在合格标准内</td><td></td><td></td><td></td><td></td><td></td><td></td><td></td><td></td><td></td><td></td><td></td><td></td><td>3</td><td></td></tr>
<tr><td>2</td><td>平面位置/mm</td><td>5</td><td></td><td></td><td></td><td></td><td></td><td></td><td></td><td></td><td></td><td></td><td></td><td></td><td>2</td><td></td></tr>
<tr><td>3</td><td>断面尺寸/mm</td><td>±10</td><td></td><td></td><td></td><td></td><td></td><td></td><td></td><td></td><td></td><td></td><td></td><td></td><td>2</td><td></td></tr>
<tr><td>4</td><td>顶面高程/mm</td><td>±10</td><td></td><td></td><td></td><td></td><td></td><td></td><td></td><td></td><td></td><td></td><td></td><td></td><td>1</td><td></td></tr>
<tr><td>5</td><td>与梁体间隙/mm</td><td>±5</td><td></td><td></td><td></td><td></td><td></td><td></td><td></td><td></td><td></td><td></td><td></td><td></td><td>1</td><td></td></tr>
<tr><td colspan="2">合计</td><td colspan="13"></td><td>1</td><td></td></tr>
</table>

<table>
<tr><td>外观鉴定</td><td></td><td>减分</td><td></td><td rowspan="2">监理意见</td><td rowspan="2"></td></tr>
<tr><td>质量保证资料</td><td></td><td>减分</td><td></td></tr>
<tr><td>工程质量等级评定</td><td colspan="5">得分：　　　　　　　　　　质量等级：合格/不合格</td></tr>
</table>

检验：　　　　　　复核：　　　　　　技术负责人：　　　　　　日期：

表 5－41　××高速铁路建设项目

挡块检验记录表

施工单位：　　　　　　　　　　　　　　　　　　　　　　　　合同号：

监理单位：　　　　　　　　　　　　　　　　　　　　　　　　编　号：

结构物桩号		K××+×××						构件名称及编号			0#台挡块		
混凝土强度/MPa		设计			平均值			代表值			验收批编号		
		30			30.8								
编号													
断面尺寸/mm	设计	长	宽	高	长	宽	高	长	宽	高	长	宽	高
		1 640	250	500									
	实测	1 640	246	500									
	偏差	0	－4	0									
平面位置/mm	允许偏差	5											
	实测偏差	3	1	1									
顶面高程/mm	设计高程	6.598											
	实测高程	6.600	6.596										
	偏差	2	－2										
与梁体间隙差/mm	允许偏差	±5											
	实测偏差	－2	1	－1									
外观质量		按《验评标准》中外观鉴定填写											

自检说明（监理评语）：符合设计及规范要求

检验人：　　　　　　复核：　　　　　　技术负责人：　　　　　　日期：

6. 台背填土

其包括以下表格：

①交工证书、认可书、工程报验单(略)；

②台背填土分项工程质量检验评定表(表5－42)；

③台背填土工程开工专项审批表(表5－43)；

④压实度检验记录表(略)；

⑤宽度、长度检查记录表(表5－44)；

⑥厚度检验记录表(表5－45)；

⑦台背填土工程交工专项审批表(表5－46)。

表5－42　分项工程质量检验评定表

分项工程名称：台背填土

所属分部工程：基础及下部构造

所属建设项目：××高速铁路

工程部位：　　　　施工单位：　　　　监理单位：

(桩号、墩台号、孔号)

基本要求	(1)台背填土应采用透水性材料或设计规定的填料，严禁采用腐植土、盐渍土、淤泥、白垩土、硅藻土和冻土块。填料中不应含有机物、冰块、草皮、树根等杂物及生活垃圾。 (2)必须分层填筑压实，每层表面平整，路拱合适。 (3)台身强度达到设计强度的75%以上时，方可进行填土。 (4)拱桥台背填土必须在承受拱圈水平推力以前完成。 (5)台背填土的长度，不得小于规范规定，即台身顶面处不小于桥台高度加2 m，底面不小于2 m；拱桥台背填土长度不应小于台高的3～4倍。

	项次	检查项目	规定值或允许偏差	实测值或实测偏差值										质量评定			
				1	2	3	4	5	6	7	8	9	10	平均(代表)值	合格率/%	权值	得分
实测项目	1△	压实度度/%	≥96%													1	
	2	长度/mm	不小于设计													1	
	3	宽度/mm	不小于设计													1	
	合计															1	

外观鉴定		减分		监理意见	
质量保证资料		减分			
工程质量等级评定	得分：	质量等级：合格/不合格			

检验：　　　　复核：　　　　技术负责人：　　　　日期：

表5－43　××高速铁路建设项目
台背填土工程开工专项审批表

施工单位：　　　　　　　　　　　　　　　　　　　　　　　　合同号：
监理单位：　　　　　　　　　　　　　　　　　　　　　　　　编　号：

K××+×××构造物基坑回填完毕，压实度合格，资料齐全，台背原地面压实度检测合格，符合规范。已按要求拍摄原地面照片，台背填土各项准备工作完毕，申请专项开工。

施工单位现场责任人：　　　日期：　　　负责人：　　　日期：

经检查，各项准备工作已完毕，具备开工条件

专业监理工程师：　　　日期：

具备开工条件，可以开工

驻地监理工程师：　　　日期：

总监办：

总监办台背填土专项巡视组负责人：　　　日期：

表 5－44　××高速铁路建设项目

台背填土宽度、长度检查记录表

施工单位：　　　　　　　　　　　　　　　　　　　　　合同号：

监理单位：　　　　　　　　　　　　　　　　　　　　　编　号：

层次	左侧宽度/mm			右侧宽度/mm		
	设计	实测	差值	设计	实测	差值
1	2 000	2 100	100	2 000	20 090	90
2						
3						
设计长度	13 000			13 000		
实测长度	13 012			13 010		
偏差	12			10		

自检说明(监理评语)：符合设计及规范要求

表 5－45 ××高速铁路建设项目

台背填土厚度检验记录表

施工单位： 合同号：

监理单位： 编 号：

层次		松铺厚度/mm				
		1	2	3	4	5
$0^{\#}$台、$1^{\#}$台	1	15	17	15	20	13
	2	20	15	16	16	17

监理评语：符合设计及规范要求

表 5－46　××高速铁路建设项目

台背填土工程交工专项审批表

施工单位：　　　　　　　　　　　　　　　　　　　　　　　合同号：

监理单位：　　　　　　　　　　　　　　　　　　　　　　　编　号：

K××+×××构造物台背填土工程施工完毕，施工中分层压实，操作规范，质量可靠，施工检测资料齐全，申请交工。

施工单位现场责任人：　　　日期：　　　负责人：　　　日期：

上述符合设计及规范要求，具备交工条件

专业监理工程师：　　　　　日期：

同意交工

驻地监理工程师：　　　　　日期：

总监办意见：

总监办台背填土专项巡视组负责人：　　　　日期：

学习项目三　检验批验收记录表格的应用

表 5－47　检验批验收记录表格汇编

分部工程 类别	分部工程 名称	分项工程	检验批规模	检验批表格名称
地基及基础	01 明挖基础	01 换填地基	每个基坑	换填地基检验批质量验收记录表
		02 重锤夯实		重锤夯实地基检验批质量验收记录表
		03 强夯		强夯地基检验批质量验收记录表
		04 挤密桩		挤密桩地基检验批质量验收记录表
		05 砂桩		砂桩地基检验批质量验收记录表
		06 碎石桩		碎石桩地基检验批质量验收记录表
		07 粉喷桩		粉喷桩地基检验批质量验收记录表
		08 旋喷桩		旋喷桩地基检验批质量验收记录表
		09 基坑		基坑检验批质量验收记录表
		10 模板及支架	每个安装段	模板及支架检验批质量验收记录表
		11 钢筋		钢筋（原材料及加工）检验批质量验收记录表（Ⅰ）
				钢筋（连接及安装）检验批质量验收记录表（Ⅱ）
		12 混凝土	每个浇筑段	混凝土（原材料）检验批质量验收记录表（Ⅰ）
				混凝土（配合比）检验批质量验收记录表（Ⅱ）
				混凝土（施工及养护）质量验收记录表（Ⅲ）
				混凝土（结构外观和尺寸偏差）检验批质量验收记录表（Ⅳ）
	02 沉入桩制作	01 模板及支架	不大于 20 根（节）	模板及支架检验批质量验收记录表
		02 钢筋		钢筋（原材料及加工）检验批质量验收记录表（Ⅰ）
				钢筋（连接及安装）检验批质量验收记录表（Ⅱ）
		03 混凝土		混凝土（原材料）检验批质量验收记录表（Ⅰ）
				混凝土（配合比）检验批质量验收记录表（Ⅱ）
				混凝土（施工及养护）质量验收记录表（Ⅲ）
				混凝土（结构外观和尺寸偏差）检验批质量验收记录表（Ⅳ）
		04 预应力		预应力（原材料、制作和安装）检验批质量验收记录表（Ⅰ）
				预应力（张拉、放张和封端）检验批质量验收记录表（Ⅱ）

表5-47(续)

分部工程 类别	分部工程 名称	分项工程	检验批规模	检验批表格名称
地基及基础	03 沉入桩下沉	01 钢围堰	每个基坑	钢围堰检验批质量验收记录表
		02 沉桩		沉桩检验批质量验收记录表
	04 钻孔桩和挖孔桩	01 钢围堰	每个基坑	钢围堰检验批质量验收记录表
		02 钻孔	每根桩	钻孔检验批质量验收记录表
		03 挖孔		挖孔检验批质量验收记录表
		04 钢筋		钢筋(原材料及加工)检验批质量验收记录表(Ⅰ)
				钢筋(连接及安装)检验批质量验收记录表(Ⅱ)
		05 混凝土		混凝土(原材料)检验批质量验收记录表(Ⅰ)
				混凝土(配合比)检验批质量验收记录表(Ⅱ)
				混凝土(施工及养护)检验批质量验收记录表(Ⅲ)
	05 桩基承台	01 钢围堰	每个承台	钢围堰检验批质量验收记录表
		02 模板及支架		模板及支架检验批质量验收记录表
		03 钢筋		钢筋(原材料及加工)检验批质量验收记录表(Ⅰ)
				钢筋(连接及安装)检验批质量验收记录表(Ⅱ)
		04 混凝土		混凝土(原材料)检验批质量验收记录表(Ⅰ)
				混凝土(配合比)检验批质量验收记录表(Ⅱ)
				混凝土(施工及养护)检验批质量验收记录表(Ⅲ)
				混凝土(结构外观和尺寸偏差)检验批质量验收记录表(Ⅳ)
	06 就地制作沉井	01 模板及支架	每节沉井	模板及支架检验批质量验收记录表
		02 钢筋		钢筋(原材料及加工)检验批质量验收记录表(Ⅰ)
				钢筋(连接及安装)检验批质量验收记录表(Ⅱ)
		03 混凝土		混凝土(原材料)检验批质量验收记录表(Ⅰ)
				混凝土(配合比)检验批质量验收记录表(Ⅱ)
				混凝土(施工及养护)检验批质量验收记录表(Ⅲ)
				混凝土(结构外观和尺寸偏差)检验批质量验收记录表(Ⅳ)
		04 下沉	每座沉井	下沉检验批质量验收记录表
		05 清基、填充		清基、填充检验批质量验收记录表

表 5－47(续)

分部工程		分项工程	检验批规模	检验批表格名称
类别	名称			
地基及基础	07 浮式沉井	01 模板及支架	每节沉井	模板及支架检验批质量验收记录表
		02 钢筋		钢筋(原材料及加工)检验批质量验收记录表(Ⅰ)
				钢筋(连接及安装)检验批质量验收记录表(Ⅱ)
		03 混凝土		混凝土(原材料)检验批质量验收记录表(Ⅰ)
				混凝土(配合比)检验批质量验收记录表(Ⅱ)
				混凝土(施工及养护)检验批质量验收记录表(Ⅲ)
				混凝土(结构外观和尺寸偏差)检验批质量验收记录表(Ⅳ)
		04 钢沉井制作		钢沉井制作检验批质量验收记录表
		05 浮运就位	每座沉井	浮运就位检验批质量验收记录表
		06 下沉		下沉检验批质量验收记录表
		07 清基、填充		清基、填充检验批质量验收记录表
墩台	08 墩台	01 模板及支架	每个安装段	模板及支架检验批质量验收记录表
		02 钢筋		钢筋(原材料及加工)检验批质量验收记录表(Ⅰ)
				钢筋(连接及安装)检验批质量验收记录表(Ⅱ)
		03 混凝土	每个浇筑段	混凝土(原材料)检验批质量验收记录表(Ⅰ)
				混凝土(配合比)检验批质量验收记录表(Ⅱ)
				混凝土(施工及养护)检验批质量验收记录表(Ⅲ)
				混凝土(结构外观和尺寸偏差)检验批质量验收记录表(Ⅳ)
		04 防水层	每个桥台	防水层检验批质量验收记录表
梁部	09 台后填土、锥体及其他	01 桥台填土	每个桥台	桥台填土检验批质量验收记录表
		02 混凝土	每个浇筑段	混凝土(原材料及配合比)检验批质量验收记录表(Ⅰ)
				混凝土(施工)检验批质量验收记录表(Ⅱ)
				混凝土(结构外观和尺寸偏差)检验批质量验收记录表(Ⅲ)
		03 砌体		砌体工程检验批质量验收记录表
	10 先张法预应力混凝土简支箱梁制造	01 模板及支架	每孔梁	模板及支架检验批质量验收记录表
		02 钢筋		钢筋(原材料及加工)检验批质量验收记录表(Ⅰ)
				钢筋(连接及安装)检验批质量验收记录表(Ⅱ)
		03 混凝土		混凝土(原材料)检验批质量验收记录表(Ⅰ)
				混凝土(配合比)检验批质量验收记录表(Ⅱ)

表 5 - 47（续）

分部工程 类别	分部工程 名称	分项工程	检验批规模	检验批表格名称
梁部	10 先张法预应力混凝土简支箱梁制造	03 混凝土	每孔梁	混凝土（施工及养护）检验批质量验收记录表（Ⅲ）
				混凝土（结构外观和尺寸偏差）检验批质量验收记录表（Ⅳ）
		04 预应力		预应力（原材料、制作和安装）检验批质量验收记录表（Ⅰ）
				预应力（张拉、放张和封端）检验批质量验收记录表（Ⅱ）
		05 防水层		防水层检验批质量验收记录表
	11 后张法预应力混凝土简支箱梁制造	01 模板及支架		模板及支架检验批质量验收记录表
		02 钢筋		钢筋（原材料及加工）检验批质量验收记录表（Ⅰ）
				钢筋（连接及安装）检验批质量验收记录表（Ⅱ）
		03 混凝土		混凝土（原材料）检验批质量验收记录表（Ⅰ）
				混凝土（配合比）检验批质量验收记录表（Ⅱ）
				混凝土（施工及养护）检验批质量验收记录表（Ⅲ）
				混凝土（结构外观和尺寸偏差）检验批质量验收记录表（Ⅳ）
		04 预应力		预应力（原材料、制作和安装）检验批质量验收记录表（Ⅰ）
				预应力（张拉、放张和封端）检验批质量验收记录表（Ⅱ）
		05 防水层		防水层检验批质量验收记录表
	12 膺架法制梁预应力混凝土简支箱梁	01 模板及支架		模板及支架检验批质量验收记录表
		02 钢筋		钢筋（原材料及加工）检验批质量验收记录表（Ⅰ）
				钢筋（连接及安装）检验批质量验收记录表（Ⅱ）
		03 混凝土		混凝土（原材料）检验批质量验收记录表（Ⅰ）
				混凝土（配合比）检验批质量验收记录表（Ⅱ）
				混凝土（施工及养护）检验批质量验收记录表（Ⅲ）
				混凝土（结构外观和尺寸偏差）检验批质量验收记录表（Ⅳ）
		04 预应力		预应力（原材料、制作和安装）检验批质量验收记录表（Ⅰ）
				预应力（张拉、放张和封端）检验批质量验收记录表（Ⅱ）
		05 防水层		防水层检验批质量验收记录表
		06 支座		支座检验批质量验收记录表

表 5-47(续)

分部工程 类别	分部工程 名称	分项工程	检验批规模	检验批表格名称
梁部	13 造桥机制架预应力混凝土简支箱梁	01 模板及支架	每个安装段	模板及支架检验批质量验收记录表
		02 钢筋		钢筋(原材料及加工)检验批质量验收记录表(Ⅰ)
				钢筋(连接及安装)检验批质量验收记录表(Ⅱ)
		03 混凝土	每个施工段	混凝土(原材料)检验批质量验收记录表(Ⅰ)
				混凝土(配合比)检验批质量验收记录表(Ⅱ)
				混凝土(施工及养护)检验批质量验收记录表(Ⅲ)
				混凝土(结构外观和尺寸偏差)检验批质量验收记录表(Ⅳ)
				混凝土(结构外观和尺寸偏差)检验批质量验收记录表(Ⅴ)
		04 预应力		预应力(原材料、制作和安装)检验批质量验收记录表(Ⅰ)
				预应力(张拉、放张和封端)检验批质量验收记录表(Ⅱ)
		05 预制梁段组拼	每孔梁	预制梁段组拼检验批质量验收记录表
		06 支座		支座检验批质量验收记录表
		07 防水层		防水层检验批质量验收记录表
	14 架桥机架设预应力混凝土简支箱梁	01 架梁		架梁检验批质量验收记录表
		02 支座		支座检验批质量验收记录表
	15 预应力混凝土简支T梁制造	01 模板及支架	每片梁	模板及支架检验批质量验收记录表
		02 钢筋		钢筋(原材料及加工)检验批质量验收记录表(Ⅰ)
				钢筋(连接及安装)检验批质量验收记录表(Ⅱ)
		03 混凝土		混凝土(原材料)检验批质量验收记录表(Ⅰ)
				混凝土(配合比)检验批质量验收记录表(Ⅱ)
				混凝土(施工及养护)检验批质量验收记录表(Ⅲ)
				混凝土(结构外观和尺寸偏差)检验批质量验收记录表(Ⅳ)
		04 预应力		预应力(原材料、制作和安装)检验批质量验收记录表(Ⅰ)
				预应力(张拉、放张和封端)检验批质量验收记录表(Ⅱ)
		05 防水层		防水层检验批质量验收记录表

表5－47(续)

分部工程类别	分部工程名称	分项工程	检验批规模	检验批表格名称
梁部	16 预应力混凝土简支T梁架设	01 架梁	每孔梁	架梁检验批质量验收记录表
		02 模板及支架	每个安装段	模板及支架检验批质量验收记录表
		03 钢 筋		钢筋(原材料及加工)检验批质量验收记录表(Ⅰ)
				钢筋(连接及安装)检验批质量验收记录表(Ⅱ)
		04 混凝土	每个浇筑段	混凝土(原材料)检验批质量验收记录表(Ⅰ)
				混凝土(配合比)检验批质量验收记录表(Ⅱ)
				混凝土(施工及养护)检验批质量验收记录表(Ⅲ)
				混凝土(结构外观和尺寸偏差)检验批质量验收记录表(Ⅳ)
		05 预应力	每孔梁	预应力(原材料、制作和安装)检验批质量验收记录表(Ⅰ)
				预应力(张拉、张放和封端)检验批质量验收记录表(Ⅱ)
		06 支 座		支座检验批质量验收记录表
		07 防水层		防水层检验批质量验收记录表
	17 悬臂浇筑预应力混凝土连续梁(钢构)	01 模板及支架	每个安装段	模板及支架检验批质量验收记录表
		02 钢筋		钢筋(原材料及加工)检验批质量验收记录表(Ⅰ)
				钢筋(连接及安装)检验批质量验收记录表(Ⅱ)
		03 混凝土	每个浇筑段	混凝土(原材料)检验批质量验收记录表(Ⅰ)
				混凝土(配合比)检验批质量验收记录表(Ⅱ)
				混凝土(施工及养护)检验批质量验收记录表(Ⅲ)
				混凝土(结构外观和尺寸偏差)检验批质量验收记录表(Ⅳ)
		04 预应力	每个施工段	预应力(原材料、制作和安装)检验批质量验收记录表(Ⅰ)
				预应力(张拉、放张和封端)检验批质量验收记录表(Ⅱ)
		05 支座	每孔(联)梁	支座检验批质量验收记录表
		06 防水层		防水层检验批质量验收记录表
	18 悬臂拼装预应力混凝土连续梁	01 模板及支架	每个安装段	模板及支架检验批质量验收记录表
		02 钢筋		钢筋(原材料及加工)检验批质量验收记录表(Ⅰ)
				钢筋(连接及安装)检验批质量验收记录表(Ⅱ)
		03 混凝土	每个浇筑段	混凝土(原材料)检验批质量验收记录表(Ⅰ)
				混凝土(配合比)检验批质量验收记录表(Ⅱ)
				混凝土(施工及养护)检验批质量验收记录表(Ⅲ)
				混凝土(结构外观和尺寸偏差)检验批质量验收记录表(Ⅳ)

表 5 - 47(续)

分部工程类别	分部工程名称	分项工程	检验批规模	检验批表格名称
梁部	18 悬臂拼装预应力混凝土连续梁	04 预应力	每个施工段	预应力(原材料、制作和安装)检验批质量验收记录表(Ⅰ)
				预应力(张拉、放张和封端)检验批质量验收记录表(Ⅱ)
		05 梁段拼装	每孔(联)梁	梁段拼装检验批质量验收记录表(Ⅰ)
				梁段拼装检验批质量验收记录表(Ⅱ)
		06 支座		支座检验批质量验收记录表
		07 防水层		防水层检验批质量验收记录表
	19 顶推法制架预应力混凝土连续梁	01 模板及支架	每个安装段	模板及支架检验批质量验收记录表
		02 钢筋		钢筋(原材料及加工)检验批质量验收记录表(Ⅰ)
				钢筋(连接及安装)检验批质量验收记录表(Ⅱ)
		03 混凝土	每个浇筑段	混凝土(原材料)检验批质量验收记录表(Ⅰ)
				混凝土(配合比)检验批质量验收记录表(Ⅱ)
				混凝土(施工及养护)检验批质量验收记录表(Ⅲ)
				混凝土(结构外观和尺寸偏差)检验批质量验收记录表(Ⅳ)
		04 预应力	每个施工段	预应力(原材料、制作和安装)检验批质量验收记录表(Ⅰ)
				预应力(张拉、放张和封端)检验批质量验收记录表(Ⅱ)
		05 顶推架设	每孔(联)梁	顶推架设检验批质量验收记录表(Ⅰ)
				顶推架设检验批质量验收记录表(Ⅱ)
		06 支座		支座检验批质量验收记录表
		07 防水层		防水层检验批质量验收记录表
	20 造桥机制架预应力混凝土连续梁	01 模板及支架	每个安装段	模板及支架检验批质量验收记录表
		02 钢筋		钢筋(原材料及加工)检验批质量验收记录表(Ⅰ)
				钢筋(连接及安装)检验批质量验收记录表(Ⅱ)
		03 混凝土	每个浇筑段	混凝土(原材料)检验批质量验收记录表(Ⅰ)
				混凝土(配合比)检验批质量验收记录表(Ⅱ)
				混凝土(施工及养护)检验批质量验收记录表(Ⅲ)
				混凝土(结构外观和尺寸偏差)检验批质量验收记录表(Ⅳ)
				混凝土(结构外观和尺寸偏差)检验批质量验收记录表(Ⅴ)

表 5－47(续)

分部工程 类别	分部工程 名称	分项工程	检验批规模	检验批表格名称
梁部	20 造桥机制架预应力混凝土连续梁	04 预应力	每个施工段	预应力(原材料、制作和安装)检验批质量验收记录表(Ⅰ)
				预应力(张拉、放张和封端)检验批质量验收记录表(Ⅱ)
		05 预制梁段组拼	每孔(联)梁	预制梁段组拼检验批质量验收记录表(Ⅰ)
				预制梁段组拼检验批质量验收记录表(Ⅱ)
		06 支座		支座检验批质量验收记录表
		07 防水层		防水层检验批质量验收记录表
	21 先简支后连续预应力混凝土连续梁	01 模板及支架	每个安装段	模板及支架检验批质量验收记录表
		02 钢筋		钢筋(原材料及加工)检验批质量验收记录表(Ⅰ)
				钢筋(连接及安装)检验批质量验收记录表(Ⅱ)
		03 混凝土	每个浇筑段	混凝土(原材料)检验批质量验收记录表(Ⅰ)
				混凝土(配合比)检验批质量验收记录表(Ⅱ)
				混凝土(施工及养护)检验批质量验收记录表(Ⅲ)
				混凝土(结构外观和尺寸偏差)检验批质量验收记录表(Ⅳ)
		04 预应力	每个施工段	预应力(原材料、制作和安装)检验批质量验收记录表(Ⅰ)
				预应力(张拉、放张和封端)检验批质量验收记录表(Ⅱ)
		05 简支变连续		简支变连续检验批质量验收记录表(Ⅰ)
				简支变连续检验批质量验收记录表(Ⅱ)
		06 支座		支座检验批质量验收记录表
		07 防水层		防水层检验批质量验收记录表
	22 结合梁	01 钢梁拼装及架设		钢梁拼装及架设检验批质量验收记录表(Ⅰ)
				钢梁拼装及架设检验批质量验收记录表(Ⅱ)
				钢梁拼装及架设检验批质量验收记录表(Ⅲ)
		02 支座	每孔(联)梁	支座检验批质量验收记录表
		03 钢梁涂装	每孔梁	钢梁涂装检验批质量验收记录表
		桥面板制作 04 模板及支架	每个安装段	模板及支架检验批质量验收记录表
		桥面板制作 05 钢筋		钢筋(原材料及加工)检验批质量验收记录表(Ⅰ)
				钢筋(连接及安装)检验批质量验收记录表(Ⅱ)

表 5－47(续)

分部工程 类别	分部工程 名称	分项工程		检验批规模	检验批表格名称
梁部	22 结合梁	桥面板制作	06 混凝土	每个浇筑段	混凝土(原材料)检验批质量验收记录表(Ⅰ)
					混凝土(配合比)检验批质量验收记录表(Ⅱ)
					混凝土(施工及养护)检验批质量验收记录表(Ⅲ)
					混凝土(结构外观和尺寸偏差)检验批质量验收记录表(Ⅳ)
			07 预应力	每孔(联)梁	预应力(原材料、制作和安装)检验批质量验收记录表(Ⅰ)
					预应力(张拉、放张和封端)检验批质量验收记录表(Ⅱ)
			08 桥面板安装		桥面板安装检验批质量验收记录表
			09 防水层		防水层检验批质量验收记录表
	23 钢筋混凝土钢结构连续梁	01 模板及支架		每个安装段	模板及支架检验批质量验收记录表
		02 钢筋			钢筋(原材料及加工)检验批质量验收记录表(Ⅰ)
					钢筋(连接及安装)检验批质量验收记录表(Ⅱ)
		03 混凝土		每个浇筑段	混凝土(原材料)检验批质量验收记录表(Ⅰ)
					混凝土(配合比)检验批质量验收记录表(Ⅱ)
					混凝土(施工及养护)检验批质量验收记录表(Ⅲ)
					混凝土(结构外观和尺寸偏差)检验批质量验收记录表(Ⅳ)
		04 支座		每孔(联)梁	支座检验批质量验收记录表
		05 防水层			防水层检验批质量验收记录表
桥面附属设施	24 桥面附属设施	01 挡碴墙、电缆槽及接触网支柱基座		每个施工段	挡碴墙、电缆槽及接触网支柱基座检验批质量验收记录表
		02 人行道、遮板、栏杆、声屏障基座、围栏、吊栏		每座桥	人行道、遮板、栏杆、声屏障基座、围栏、吊栏检验批质量验收记录表
地基及基础	01 明挖基础	01 换填地基		每个基坑	换填地基检验批质量验收记录表
		02 重锤夯实			重锤夯实地基检验批质量验收记录表
		03 强夯			强夯地基检验批质量验收记录表
		04 挤密桩			挤密桩地基检验批质量验收记录表
		05 砂桩			砂桩地基检验批质量验收记录表
		06 碎石桩			碎石桩地基检验批质量验收记录表
		07 粉喷桩			粉喷桩地基检验批质量验收记录表
		08 旋喷桩			旋喷桩地基检验批质量验收记录表
		09 基坑			基坑检验批质量验收记录表

表 5－47(续)

<table>
<tr><th colspan="2">分部工程</th><th rowspan="2">分项工程</th><th rowspan="2">检验批规模</th><th rowspan="2">检验批表格名称</th></tr>
<tr><th>类别</th><th>名称</th></tr>
<tr><td rowspan="7">地基及基础</td><td rowspan="7">01 明挖基础</td><td>10 模板及支架</td><td rowspan="7">每个浇筑段</td><td>模板及支架检验批质量验收记录表</td></tr>
<tr><td rowspan="2">11 钢筋</td><td>钢筋(原材料及加工)检验批质量验收记录表(Ⅰ)</td></tr>
<tr><td>钢筋(连接及安装)检验批质量验收记录表(Ⅱ)</td></tr>
<tr><td rowspan="4">12 混凝土</td><td>混凝土(原材料)检验批质量验收记录表(Ⅰ)</td></tr>
<tr><td>混凝土(配合比)检验批质量验收记录表(Ⅱ)</td></tr>
<tr><td>混凝土(施工及养护)检验批质量验收记录表(Ⅲ)</td></tr>
<tr><td>混凝土(结构外观和尺寸偏差)检验批质量验收记录表(Ⅳ)</td></tr>
<tr><td rowspan="27">涵身</td><td rowspan="13">02 装配式涵洞涵身</td><td>01 模板及支架</td><td rowspan="3">每个安装段</td><td>模板及支架检验批质量验收记录表</td></tr>
<tr><td rowspan="2">02 钢筋</td><td>钢筋(原材料及加工)检验批质量验收记录表(Ⅰ)</td></tr>
<tr><td>钢筋(连接及安装)检验批质量验收记录表(Ⅱ)</td></tr>
<tr><td rowspan="4">03 混凝土</td><td rowspan="4">每个浇筑段</td><td>混凝土(原材料)检验批质量验收记录表(Ⅰ)</td></tr>
<tr><td>混凝土(配合比)检验批质量验收记录表(Ⅱ)</td></tr>
<tr><td>混凝土(施工及养护)检验批质量验收记录表(Ⅲ)</td></tr>
<tr><td>混凝土(结构外观和尺寸偏差)检验批质量验收记录表(Ⅳ)</td></tr>
<tr><td>04 涵节装配</td><td rowspan="3">每座涵</td><td>涵节拼装检验批质量验收记录表</td></tr>
<tr><td>05 防水层</td><td>防水层检验批质量验收记录表</td></tr>
<tr><td>06 沉降缝</td><td>沉降缝检验批质量验收记录表</td></tr>
<tr><td rowspan="11">03 就地制作涵洞涵身</td><td>01 模板及支架</td><td rowspan="3">每个安装段</td><td>模板及支架检验批质量验收记录表</td></tr>
<tr><td rowspan="2">02 钢筋</td><td>钢筋(原材料及加工)检验批质量验收记录表(Ⅰ)</td></tr>
<tr><td>钢筋(连接及安装)检验批质量验收记录表(Ⅱ)</td></tr>
<tr><td rowspan="4">03 混凝土</td><td rowspan="4">每个浇筑段</td><td>混凝土(原材料)检验批质量验收记录表(Ⅰ)</td></tr>
<tr><td>混凝土(配合比)检验批质量验收记录表(Ⅱ)</td></tr>
<tr><td>混凝土(施工及养护)检验批质量验收记录表(Ⅲ)</td></tr>
<tr><td>混凝土(结构外观和尺寸偏差)检验批质量验收记录表(Ⅳ)</td></tr>
<tr><td>04 防水层</td><td rowspan="2">每座涵</td><td>防水层检验批质量验收记录表</td></tr>
<tr><td>05 沉降缝</td><td>沉降缝检验批质量验收记录表</td></tr>
<tr><td rowspan="3">04 渡槽和倒虹吸管</td><td>01 模板及支架</td><td rowspan="3">每个安装段</td><td>模板及支架检验批质量验收记录表</td></tr>
<tr><td rowspan="2">02 钢筋</td><td>钢筋(原材料及加工)检验批质量验收记录表(Ⅰ)</td></tr>
<tr><td>钢筋(连接及安装)检验批质量验收记录表(Ⅱ)</td></tr>
</table>

表 5－47(续)

<table>
<tr><th colspan="2">分部工程</th><th rowspan="2">分项工程</th><th rowspan="2">检验批规模</th><th rowspan="2">检验批表格名称</th></tr>
<tr><th>类别</th><th>名称</th></tr>
<tr><td rowspan="5">涵身</td><td rowspan="5">04 渡槽和倒虹吸管</td><td rowspan="4">03 混凝土</td><td rowspan="4">每个浇筑段</td><td>混凝土(原材料)检验批质量验收记录表(Ⅰ)</td></tr>
<tr><td>混凝土(配合比)检验批质量验收记录表(Ⅱ)</td></tr>
<tr><td>混凝土(施工及养护)检验批质量验收记录表(Ⅲ)</td></tr>
<tr><td>混凝土(结构外观和尺寸偏差)检验批质量验收记录表(Ⅳ)</td></tr>
<tr><td>04 防水层</td><td>每个渡槽(倒虹吸)</td><td>防水层检验批质量验收记录表</td></tr>
<tr><td rowspan="9">附属工程</td><td rowspan="9">05 附属工程</td><td>01 模板及支架</td><td rowspan="3">每个安装段</td><td>模板及支架检验批质量验收记录表</td></tr>
<tr><td rowspan="2">02 钢筋</td><td>钢筋(原材料及加工)检验批质量验收记录表(Ⅰ)</td></tr>
<tr><td>钢筋(连接及安装)检验批质量验收记录表(Ⅱ)</td></tr>
<tr><td rowspan="4">03 混凝土</td><td rowspan="4">每个浇筑段</td><td>混凝土(原材料)检验批质量验收记录表(Ⅰ)</td></tr>
<tr><td>混凝土(配合比)检验批质量验收记录表(Ⅱ)</td></tr>
<tr><td>混凝土(施工及养护)检验批质量验收记录表(Ⅲ)</td></tr>
<tr><td>混凝土(结构外观和尺寸偏差)检验批质量验收记录表(Ⅳ)</td></tr>
<tr><td>04 砌体</td><td>每个砌筑段</td><td>砌体工程检验批质量验收记录表</td></tr>
<tr><td>05 栏杆</td><td>每座涵</td><td>栏杆检验批质量验收记录表</td></tr>
</table>

单元六　隧道工程资料

【知识目标】

掌握隧道工程施工原始资料、工程质量控制资料、工程质量验收资料的整理方法。

【能力目标】

通过本单元的教学，使学生初步具有隧道工程施工管理资料、工程质量控制资料、工程质量验收资料的整理的技能，逐步培养学生的隧道工程资料整理的能力。

学习项目一　施工原始资料

隧道工程由总体、明洞、洞口工程、洞身开挖、洞身衬砌、防排水、隧道路面、装饰、辅助施工措施等分部工程构成。

洞身开挖可根据具体情况分成若干段，比如每 10 m 为一段，每段作为一个分项工程。洞身衬砌包括锚喷支护（初支）和衬砌施工（二衬）等分项工程。

一、洞身开挖施工、检查资料

隧道工程洞身开挖施工、检查资料的内容见表 6－1。

表 6－1　隧道工程洞身开挖施工、检查资料

序号	资料编号	资料名称
1	监表 11	《中间交工证书》
2	监表 05	《检验申请批复单》
3	检验表 96	《洞身开挖现场质量检报告单》
4	检验记录表 16	《隧道开挖地质检测记录表》
5	检验记录表 17	《隧道监控量测量记录表》

二、衬砌施工、检验资料

隧道工程衬砌施工、检验资料的内容见表 6－2。

表 6－2　隧道工程衬砌施工、检验资料

序号	资料编号	资料名称
1	监表 11	《中间交工证书》
2	监表 05	《检验申请批复单》
3	检验表 98	《锚杆支护现场质量检验报告单》
4	检验表 99	《钢筋网支护现场质量检验报告单》
5	检验表 101	《钢筋支撑现场质量检验报告单》

三、洞身施工检查记录

隧道工程洞身施工检查记录的内容见表 6－3。

表 6－3　隧道工程洞身施工检查记录表

序号	资料编号	资料名称
1	监表 11	《中间交工证书》
2	监表 05	《检验申请批复单》
3	检验表 102	《衬砌钢筋现场质量检验报告单》
4	检验表 100	《混凝土衬砌现场质量检验报单》

四、隧道总体检查记录

隧道工程隧道总体检查记录的内容见表 6－4。

表 6－4　隧道工程隧道总体检查记录表

序号	资料编号	资料名称
1	监表 11	《中间交工证书》
2	监表 05	《检验申请批复单》
3	检验表 95	《隧道总体现场质量检验报告单》
4	检验记录表 18	《隧道总体检验记录表》

五、隧道工程《检验申请批复单》《中间交工证书》及《检验记录表》

1.《检验申请批复单》(监表 05)填写说明

工程项目:填写分部工程名称,如洞身开挖。

工程地点、桩号:填分项工程名称,如 ZK7 +000 ~ ZK7 +020。

具体部位:填写具体分项工程名称,如 ZK7 +000 ~ ZK7 +020 洞身开挖。

要求到现场检验时间:填写为保证正常施工要求,最迟检验时间,如 2006 年 2 月 20 日上午8:00。

递交时间、日期、签字:承包人一般应提前24 h,以书面形式通知监理工程师,递交人签字。

监理员收到日期、时间、签字:填写监理员实际收到时间,接受人员签字。

监理员评论和签字:监理员根据设计图纸和施工规范要求进行现场检查后,如实填写。

监理工程师签字:监理工程师根据监理员审查情况,决定是否进行下道工序施工。

质量证明文件:根据申请检验项目具体情况填写。

2.《中间交工证书》(监表11)填写说明

工程内容:填写分项工程名称,如隧道总体等分项工厂名称。工程内容的附件应汇总各道工序的检查记录。

桩号:隧道工程检测资料以分项工程为单元进行组卷。比如洞身开挖可根据具体情况分成若干段,每段作为一个分项工程。可填写分段里程,ZK7+000~ZK7+020洞身开挖。

3.《检验记录表》填写说明

《检查记录表》是根据《现场质量检验报告单》或《验评标准》中的各项检查内容确定的。

检验记录表中的规定值与允许偏差、设计值等项目应根据《验评标准》和设计文件的具体要求填写。

检验记录表中的检测点数应严格按照《验评标准》所要求的频率进行。

检验记录表中设有检测点数、合格点数、合格率等项内容,主要是为了工序质量判定方便,根据合格率不但可以直接判定工程是否合格,而且可以进行分项工程评分。

学习项目二　施工资料

表6-5　隧道开挖地质检测记录表

承包单位:××集团有限公司××公路工程A2标段项目经理部　　合同号:A2

监理单位:××工程咨询有限公司××公路工程A2标段监理部　　编　号:

隧道名称、桩号		桃花源隧道左线ZK7+000~ZK7+020			
断面桩号、编号		ZK7+020	调查日期	××年×月×日	
断面尺寸		20 m^2	深埋	220 m	
监测断面围岩状况	岩层的岩性及状态	花岗岩			
	结构特征及完整状况	完整			
	开挖后的稳定状况	稳定			
	地下水量和水质	无			
	不良地质及特征地质	无			
设计围岩类别		V			
超前探测情况		超前探孔长6.0 m,未发现异常			
施工采取围岩类别		V			
工程措施		严格按施工方案施工			

表 6-5(续)

自检说明:	监理评语:
符合设计规范及《验评标准》的要求。 施工员:××× ××年×月×日	符合设计规范及《验评标准》的要求。 监理员:××× ××年×月×日

施工负责人:××× 质量检查员:××× 监理工程师:×××

表 6-6 隧道总体现场质量检验报告单

承包单位:××集团有限公司××公路工程 A2 标段项目经理部 合同号:A2

监理单位:××工程咨询有限公司××公路工程 A2 标段监理部 编 号:

隧道名称、桩号	桃花源左线隧道、ZK7+000~ZK7+020				测点桩号		ZK7+020				备注
开挖日期	××年×月×日				初读日期		××年×月×日				
日期时间	测值	计算值	测值	计算值	测值	计算值	测值	计算值	测值	计算值	
8:00 AM	12 498 mm	12 500 mm	12 498 mm	12 498 mm							
12:00 AM	12 496 mm	1 250 mm	12 498 mm	12 498 mm							
16:00 PM	12 498 mm	12 500 mm	12 496 mm	12 498 mm							
20:00 PM	12 496 mm	12 500 mm	12 496 mm	12 498 mm							

自检说明:	监理评语:
符合设计规范及《验评标准》的要求。 施工员:××× ××年×月×日	符合设计规范及《验评标准》的要求。 监理员:××× ××年×月×日

施工负责人:××× 质量检查员:××× 监理工程师:×××

表 6－7　隧道总体检验记录表

承包单位：××集团有限公司××公路工程 A2 标段项目经理部　　　合同号：A2

监理单位：××工程咨询有限公司××公路工程 A2 标段监理部　　　编　号：

隧道名称、桩号	桃花源左线隧道、ZK7＋020	检查断面桩号	ZK7＋020	围岩类型	V

内拱顶（0 点）标高检查		设计/m		实测/m		偏差/mm
净空检测	电位	设计/cm		实测/cm		
		高	低	高	低	
	1	20 020	1 050	20 018	1 049	22
	2	20 020	1 050	20 017	1 048	36
	3	19 820	1 250	19 818	1 248	28
	4	19 820	1 250	19 818	1 249	22
	5	19 620	1 450	19 617	1 448	36
	6	19 620	1 450	19 618	1 449	22
	7	19 420	1 250	19 420	1 250	0
	8	19 420	1 250	19 420	1 250	0

行车道宽度			隧道偏位/mm		路中心线与隧道中心线衔接/mm		边坡坡度			仰坡坡度		
设计/m	史册/m	偏差/m	允许偏差	实测偏差	允许偏差	实测偏差	设计	实测	偏差	设计	实测	偏差
1 250	1 251	±10	20	18	20	16	1.5	1.52	0.02	1.5	1.52	0.02
1 250	1 250	0	20	16	20	16	1.5	1.52	0.02	1.5	1.52	0.02
外观质量												

自检说明：	监理评语：
符合设计规范及《验评标准》的要求。 施工员：××× ××年×月×日	符合设计规范及《验评标准》的要求。 监理员：××× ××年×月×日

施工负责人：×××　　　质量检查员：×××　　　监理工程师：×××

表 6－8　隧道总体现场质量检验报告单

承包单位：××集团有限公司××公路工程 A2 标段项目经理部　　合同号：A2

监理单位：××工程咨询有限公司××公路工程 A2 标段监理部　　编　号：

工程名称		桃花源隧道左线	施工时间	××年×月×日
桩号及部位		ZK6＋000～ZK8＋000	检验时间	××年×月×日
项次	检查项目	规定或允许偏差	检验结果	检验频率和方法
1	车行道/mm	±10	符合《验评标准》	尺量：每 20 m（曲线）或 50 m（直线）检查一次
2	净总宽/mm	不小于设计	符合设计标准	尺量：每 20 m（曲线）或 50 m（直线）检查一次
3△	隧道净高/mm	不小于设计	符合设计标准	水准仪：每 20 m（曲线）或 50 m（直线）测一个断面，每断面测拱顶和两腰 3 点
4	轴线偏高/mm	20	符合《验评标准》	全战仪后其他测量仪器：每 20 m（曲线）或 50 m（直线）检查 1 处
5	路线中心线与隧道中心线的衔接/mm	20	符合《验评标准》	分别将引道中心线和隧道中心线延长至两测洞口，比较其平面位置
6	边坡、仰坡	不大于设计	符合设计标准	坡度板：检查 10 处

自检说明：	监理评语：
符合设计规范及《验评标准》的要求。 施工员：××× ××年×月×日	符合设计规范及《验评标准》的要求。 监理员：××× ××年×月×日

施工负责人：×××　　质量检查员：×××　　监理工程师：×××

表 6－9　洞身开挖现场质量检验报告单

承包单位：××集团有限公司××公路工程 A2 标段项目经理部　　　合同号：A2

监理单位：××工程咨询有限公司××公路工程 A2 标段监理部　　　编　号：

工程名称			桃花源隧道左线	施工时间	××年×月×日
桩号及部位			ZK7＋000～ZK7＋020 洞身开挖	检验时间	××年×月×日
项次	检查项目		规定或允许偏差	检验结果	检验频率和方法
1△	拱部超挖/mm	坡碎岩、土（Ⅰ、Ⅱ类围岩）	平均 100，最大 150	符合《验评标准》	水准仪或断面仪：每 20 m一个断面
		中硬岩、软岩（Ⅲ、Ⅳ、Ⅴ类围岩）	平均 150，最大 200	符合《验评标准》	
		硬岩（Ⅵ围岩）	平均 100，最大 200	符合《验评标准》	
2	边墙宽度/mm	每侧	±100，－0	符合《验评标准》	尺量：每 20 m 检查一处
		全宽	＋200，－0	符合《验评标准》	
3	边墙、仰拱、隧底超挖/mm		平均 100	符合《验评标准》	水准仪：每 20 m 检查 3 处

自检说明：	监理评语：
符合设计规范及《验评标准》的要求。	符合设计规范及《验评标准》的要求。
施工员：×××	监理员：×××
××年×月×日	××年×月×日

施工负责人：×××　　　质量检查员：×××　　　监理工程师：×××

表6-10　(钢纤维)喷射混凝土支护现场质量检验报告单

承包单位：××集团有限公司××公路工程A2标段项目经理部　　合同号：A2

监理单位：××工程咨询有限公司××公路工程A2标段监理部　　编　号：

工程名称		桃花源隧道左线	施工时间	××年×月×日
桩号及部位		ZK7+000~ZK7+020 (钢纤维)喷射混凝土支护	检验时间	××年×月×日
项次	检查项目	规定或允许偏差	检验结果	检验频率和方法
1△	喷射混凝土强度/MPa	在合格标准内	符合《验评标准》	
2△	喷射厚度/mm	平均厚度≥设计厚度 检查点的60%≥设计厚度 最小厚度≥0.5设计厚度，且≥50	符合《验评标准》	凿岩法或雷达检测仪：每10 m检查一个断面，每个断面从拱顶中线起每3 m检查1点
3△	空洞检测	无空洞，无杂物	符合《验评标准》	凿岩法或雷达检测仪：每10 m检查一个断面，每个断面从拱顶中线起每3 m检查1点

自检说明：	监理评语：
符合设计规范及《验评标准》的要求。 施工员：××× ××年×月×日	符合设计规范及《验评标准》的要求。 监理员：××× ××年×月×日

施工负责人：×××　　质量检查员：×××　　监理工程师：×××

表 6-11　锚杆支护现场质量检验报告单

承包单位：××集团有限公司××公路工程 A2 标段项目经理部　　合同号：A2

监理单位：××工程咨询有限公司××公路工程 A2 标段监理部　　编　号：

工程名称		桃花源隧道左线	施工时间	××年×月×日
桩号及部位		ZK7+000～ZK7+020 锚杆支护	检验时间	××年×月×日
项次	检查项目	规定或允许偏差	检验结果	检验频率和方法
1△	锚杆数量/根	不少于设计	符合《验评标准》	按分项工程统计
2	冒杆拔力/kN	28 d 拔力平均值≥设计值 最小拔力≥0.9 设计值	符合《验评标准》	按锚杆数 1% 且不小于 3 根做拔力实验
3	孔位/mm	±50	符合《验评标准》	尺量：检查锚杆数的 10%
4	钻孔深度/mm	±50	符合《验评标准》	尺量：检查锚杆数的 10%
5	孔径/mm	沙浆锚杆：大于杆体直径+15 其他锚杆：符合设计要求	符合《验评标准》	尺量：检查锚杆数的 10%
6	锚杆垫板	与岩面紧贴	符合《验评标准》	检查锚杆数的 10%

自检说明：	监理评语：
符合设计规范及《验评标准》的要求。 施工员：××× ××年×月×日	符合设计规范及《验评标准》的要求。 监理员：××× ××年×月×日

施工负责人：×××　　质量检查员：×××　　监理工程师：×××

表 6－12　钢筋网支护现场质量检验报告单

承包单位：××集团有限公司××公路工程 A2 标段项目经理部　　合同号：A2

监理单位：××工程咨询有限公司××公路工程 A2 标段监理部　　编　号：

工程名称		桃花源隧道左线	施工时间	××年×月×日
桩号及部位		ZK7+000～ZK7+020 锚杆支护	检验时间	××年×月×日
项次	检查项目	规定或允许偏差	检验结果	检验频率和方法
1△	网格尺寸/mm	±10	符合《验评标准》	尺量：每 50 检查 2 个网眼
2	钢筋保护层厚度/mm	≥10	符合《验评标准》	凿孔检查：检查 5 点
3	与受喷岩面的间隙/mm	≤30	符合《验评标准》	尺量：检查 10 点
4	网的长、宽/mm	±10	符合《验评标准》	尺量

自检说明：	监理评语：
符合设计规范及《验评标准》的要求。 施工员：××× ××年×月×日	符合设计规范及《验评标准》的要求。 监理员：××× ××年×月×日

施工负责人：×××　　质量检查员：×××　　监理工程师：×××

表 6-13　混凝土衬砌现场质量检验报告单

承包单位：××集团有限公司××公路工程 A2 标段项目经理部　　　　合同号：A2

监理单位：××工程咨询有限公司××公路工程 A2 标段监理部　　　　编　号：

工程名称		桃花源隧道左线	施工时间	××年×月×日
桩号及部位		ZK7+000~ZK7+020 混凝土衬砌	检验时间	××年×月×日
项次	检查项目	规定或允许偏差	检验结果	检验频率和方法
1△	混凝土强度 /MPa	在合格标准内	符合《验评标准》	
2△	衬砌厚度 /mm	不小于设计值	符合《验评标准》	激光断面仪或地质雷达：每 40 m 检查一个断面
3	墙面平整度 /mm	5	符合《验评标准》	2 m 直尺：每 40 m 每侧检查 5 处

自检说明：	监理评语：
符合设计规范及《验评标准》的要求。	符合设计规范及《验评标准》的要求。
施工员：×××	监理员：×××
××年×月×日	××年×月×日

施工负责人：×××　　　　质量检查员：×××　　　　监理工程师：×××

表6－14　钢支撑支护现场质量检验报告单

承包单位：××集团有限公司××公路工程A2标段项目经理部　　合同号：A2

监理单位：××工程咨询有限公司××公路工程A2标段监理部　　编　号：

工程名称			桃花源隧道左线	施工时间	××年×月×日
桩号及部位			ZK7＋000～ZK7＋020钢支撑支护	检验时间	××年×月×日
项次	检查项目		规定或允许偏差	检验结果	检验频率和方法
1△	安装间距/mm		50	符合《验评标准》	尺量：每榀检查
2	保护层厚度/mm		≥20	符合《验评标准》	凿孔检查：每榀自拱顶每3 m检查一点
3	倾斜度/%		±2	符合《验评标准》	测量仪器检查每榀倾斜度
4	安装偏差/mm	横向	±50	符合《验评标准》	尺量：每榀检查
		竖项	不低于设计标高	符合《验评标准》	
5	拼装偏差/mm		±3	符合《验评标准》	尺量：每榀检查

自检说明：	监理评语：
符合设计规范及《验评标准》的要求。 施工员：××× ××年×月×日	符合设计规范及《验评标准》的要求。 监理员：××× ××年×月×日

施工负责人：×××　　质量检查员：×××　　监理工程师：×××

表 6－15　衬砌钢筋现场质量检验报告单

承包单位：××集团有限公司××公路工程 A2 标段项目经理部　　　合同号：A2

监理单位：××工程咨询有限公司××公路工程 A2 标段监理部　　　编　号：

工程名称				桃花源隧道左线	施工时间	××年×月×日
桩号及部位				ZK7＋000～ZK7＋020 衬砌钢筋	检验时间	××年×月×日
1△	主筋间距/mm			±10	符合《验评标准》	尺量：每 20 m 检查 5 点
2	两层钢筋间距/mm			±5	符合《验评标准》	尺量：每 20 m 检查 5 点
3	箍筋间距/mm			±20	符合《验评标准》	尺量：每 20 m 检查 5 点
4	绑扎搭接长度	受拉	HPB235 级钢筋	30 d	符合《验评标准》	尺量：每 20 m 检查 3 个接头
			HPB335 级钢筋	35 d	符合《验评标准》	
		受压	HPB235 级钢筋	20 d	符合《验评标准》	
			HPB335 级钢筋	25 d	符合《验评标准》	
5	钢筋加工	钢筋长度/mm		±10	符合《验评标准》	尺量：每 20 m 检查 2 根

自检说明：	监理评语：
符合设计规范及《验评标准》的要求。	符合设计规范及《验评标准》的要求。
施工员：×××	监理员：×××
××年×月×日	××年×月×日

施工负责人：×××　　　质量检查员：×××　　　监理工程师：×××

《现场质量检验报告单》填写说明

工程名称：填写单位工程（子单位工程）名称，如桃花源隧道左线。

桩号及部位：填写分项工程名称，如 ZK7 +000 ~ ZK7 +020 洞身开挖。

检验结果：根据检验记录的计算结果如实填写。当检验记录合格率为 100% 或质量评定为合格时，在检验结果栏填写符合《验评标准》、符合设计要求或直接填写“合格”，不再填写其他数据，因为检验记录里面已经记录得很全面了。

检验频率和方法：根据《验评标准》的要求填写。

学习项目三　检验批验收记录表格的应用

隧道工程施工质量验收划分为单位工程、分部工程、分项工程和检验批。

单位工程应按一个完整工程或一个相当规模的施工范围划分，并按下列原则确定：

（1）一座隧道宜作为一个单位工程，长隧道和特长隧道可按施工标段划分为若干单位工程；

（2）独立明洞（或棚洞）可作为一个单位工程。

分部工程应按一个完整部位或主要结构及施工阶段划分。

分项工程应按工种、工序、材料、施工工艺等划分。

检验批可根据施工及质量控制和验收需要按施工段或部位等划分。

隧道工程的分部工程、分项工程和检验批的具体划分及编号应符合表 6－16 ~ 表 6－52 的规定。

表 6－16　隧道分部工程、分项工程、检验批划分及编号

（隧道单位工程编号 0401）

分部工程	分项工程	检验批规模	检验批编号
01 洞口工程	01 开挖	每个洞口	04010101□□□
	02 砌体	每个砌筑段	04010102□□□
	03 钢筋	每个安装段	04010103□□□
	04 洞门模板	每个安装段	04010104□□□
	05 混凝土	每个浇筑段	04010105□□□
02 洞身开挖	01 洞身开挖	每个开挖循环	04010201□□□
	02 粉喷桩	每个基坑	04010202□□□
03 支护	01 喷射混凝土	每个喷射段	04010301□□□
	02 锚杆	每个安装段	04010302□□□
	03 钢筋网	每个安装段	04010303□□□
	04 钢架	每榀	04010304□□□
	05 管棚	每环	04010305□□□
	06 超前小导管	每环	04010306□□□

表 6－16(续)

分部工程	分项工程	检验批规模	检验批编号
04 衬砌	01 衬砌模板	每个安装段	04010401□□□
	02 钢筋	每个安装段	04010402□□□
	03 混凝土	每个浇筑段	04010403□□□
	04 喷射混凝土	每个喷射段	04010404□□□
	05 底板	每个浇筑段	04010405□□□
	06 仰拱	每个浇筑段	04010406□□□
	07 仰拱填	每个浇筑段	04010407□□□
	08 回填注浆	每个注浆段	04010408□□□
05 防水和排水	01 洞口防排水	每个洞口	04010501□□□
	02 洞内排水沟(槽)	20 m	04010502□□□
	03 施工缝与变形缝处理	每处	04010503□□□
	04 防水板防水	每个铺设段	04010504□□□
	05 涂料防水层防水	500 m^2	04010505□□□
	06 注浆防水	每个作业循环	04010506□□□
	07 盲管(沟)	每个衬砌浇筑段	04010507□□□
06 辅助坑道及附属洞室	01 开挖	每个开挖循环	04010601□□□
	02 喷射混凝土	每个喷射段	04010602□□□
	03 锚杆	每个安装段	04010603□□□
	04 钢筋网	每个安装段	04010604□□□
	05 钢架	每榀	04010605□□□
	06 管棚	每环	04010606□□□
	07 超前小导管	每环	04010607□□□
	08 钢筋	每个安装段	04010608□□□
	09 模板	每个安装段	04010609□□□
	10 混凝土	每个浇筑段	04010610□□□
	11 坑道口及其封闭	每个口	04010611□□□
07 附属设施	01 运营通风土建工程	每处	04010701□□□
	02 消防	每处	04010702□□□
	03 电缆槽	100 m	04010703□□□
08 明洞工程	01 明洞开挖	每个开挖循环	04010801□□□
	02 模板	每个安装段	04010802□□□
	03 钢筋	每个安装段	04010803□□□
	04 混凝土	每个浇筑段	04010804□□□
	05 明洞防排水	每施工段	04010805□□□
	06 回填	每个施工段	04010806□□□

表 6-17 钢筋工程检验批质量验收记录

04010103□□□ 04010402□□□ 04010605□□□ 04010803□□□ 04010608□□□

单位工程名称			
分部工程名称			
分项工程名称		验收部位	
施工单位		项目负责人	
施工质量验收标准名称及编号	《铁路隧道工程施工质量验收标准》TB 10417—2003		

施工质量验收标准的规定						施工单位检查评定记录	监理单位验收记录
主控项目	1	钢筋材质			第 4.4.1 条		
主控项目	2	钢筋品种、级别、规格、数量			第 4.4.2 条		
主控项目	3	钢筋连接方式			第 4.4.3 条		
主控项目	4	钢筋接头质量			第 4.4.4 条		
主控项目	5	钢筋加工			第 4.4.5 条		
一般项目	3	钢筋加工允许偏差/mm	受力钢筋全长	$L\leqslant 5\ 000$	±10		
一般项目	3	钢筋加工允许偏差/mm	受力钢筋全长	$L>5\ 000$	±20		
一般项目	3	钢筋加工允许偏差/mm	弯起筋弯折位置		20		
一般项目	3	钢筋加工允许偏差/mm	箍筋内净尺寸		±5		
一般项目	4	钢筋安装允许偏差/mm	双排钢筋上下排间距		±15		
一般项目	4	钢筋安装允许偏差/mm	同排受力筋水平间距	拱部	±10		
一般项目	4	钢筋安装允许偏差/mm	同排受力筋水平间距	边墙	±20		
一般项目	4	钢筋安装允许偏差/mm	分布钢筋间距		±20		
一般项目	4	钢筋安装允许偏差/mm	箍筋间距		±20		
一般项目	4	钢筋安装允许偏差/mm	钢筋保护层厚度		+10 -5		

施工单位检查评定结果	专职质量检查员 年 月 日 分项工程技术负责人 年 月 日 分项工程负责人 年 月 日
监理单位验收结论	监理工程师 年 月 日

表 6-18　洞口开挖检验批质量验收记录表

04010101□□□

<table>
<tr><td colspan="4">单位工程名称</td><td colspan="7"></td></tr>
<tr><td colspan="4">分部工程名称</td><td colspan="7"></td></tr>
<tr><td colspan="4">分项工程名称</td><td colspan="3"></td><td colspan="2">验收部位</td><td colspan="2"></td></tr>
<tr><td colspan="4">施工单位</td><td colspan="3"></td><td colspan="2">项目负责人</td><td colspan="2"></td></tr>
<tr><td colspan="4">施工质量验收标准名称及编号</td><td colspan="7">《铁路隧道工程施工质量验收标准》TB 10417—2003</td></tr>
<tr><td colspan="5">施工质量验收标准的规定</td><td colspan="5">施工单位检查评定记录</td><td>监理单位验收记录</td></tr>
<tr><td rowspan="5">主控项目</td><td rowspan="2">1</td><td rowspan="2">开挖尺寸</td><td>边坡</td><td rowspan="2">第 4.2.1 条</td><td colspan="5"></td><td></td></tr>
<tr><td>仰坡</td><td colspan="5"></td><td></td></tr>
<tr><td rowspan="3">2</td><td rowspan="3">基底地基承载力</td><td>端墙</td><td rowspan="3">第 4.2.2 条</td><td></td><td></td><td></td><td></td><td></td><td></td></tr>
<tr><td>翼墙</td><td></td><td></td><td></td><td></td><td></td><td></td></tr>
<tr><td>挡土墙</td><td></td><td></td><td></td><td></td><td></td><td></td></tr>
<tr><td rowspan="6">一般项目</td><td rowspan="6">1</td><td rowspan="3">洞门排水沟</td><td>位置</td><td rowspan="6">第 4.2.3 条</td><td colspan="5"></td><td rowspan="6"></td></tr>
<tr><td>深度</td><td></td><td></td><td></td><td></td><td></td></tr>
<tr><td>坡度</td><td></td><td></td><td></td><td></td><td></td></tr>
<tr><td rowspan="3">洞门截水沟</td><td>位置</td><td colspan="5"></td></tr>
<tr><td>深度</td><td></td><td></td><td></td><td></td><td></td></tr>
<tr><td>坡度</td><td></td><td></td><td></td><td></td><td></td></tr>
<tr><td colspan="4">施工单位检查评定结果</td><td colspan="7">专职质量检查员　　年　月　日
分项工程技术负责人　　年　月　日
分项工程负责人　　年　月　日</td></tr>
<tr><td colspan="4">监理单位验收结论</td><td colspan="7">监理工程师
年　月　日</td></tr>
</table>

表 6－19　砌体工程检验批质量验收记录表

04010102□□□

单位工程名称			
分部工程名称			
分项工程名称		验收部位	
施工单位		项目负责人	
施工质量验收标准名称及编号	《铁路隧道工程施工质量验收标准》TB 10417—2003		

施工质量验收标准的规定							施工单位检查评定记录	监理单位验收记录
主控项目	1	水泥				第 4.3.1 条		
	2	外加剂				第 4.3.2 条		
	3	料石、砌块强度等级				第 4.3.3 条		
	4	砂浆用砂				第 4.3.4 条		
	5	砂浆用水				第 4.3.5 条		
	6	料石类别、规格、质量				第 4.3.6 条		
	7	砂浆配合比				第 4.3.7 条		
	8	砂浆强度等级				第 4.3.8 条		
	9	砌缝宽度、位置、砌筑方式				第 4.3.9 条		
	10	砌体养护				第 4.3.10 条		
一般项目	1	沉降缝、泄水孔				第 4.3.11 条		
	2	砌体表面质量				第 4.3.12 条		
	3	允许偏差/mm	底、顶面高程	片石	基础	±25		
					墙	±15		
				料石砌块	基础	±25		
					墙	±15		
			砌体厚度	片石	基础	+30 0		
					墙	+20 0		
				料石砌块	基础	+15 0		
					墙	+10 0		
			平整度	料石砌块	墙	10		

施工单位检查评定结果	专职质量检查员　　年　月　日 分项工程技术负责人　　年　月　日 分项工程负责人　　年　月　日
监理单位验收结论	监理工程师 年　月　日

表 6－20　洞口模板及支架工程检验批质量验收记录表

04010104□□□

<table>
<tr><td colspan="4">单位工程名称</td><td colspan="13"></td></tr>
<tr><td colspan="4">分部工程名称</td><td colspan="13"></td></tr>
<tr><td colspan="4">分项工程名称</td><td colspan="3"></td><td colspan="5">验收部位</td><td colspan="5"></td></tr>
<tr><td colspan="4">施工单位</td><td colspan="3"></td><td colspan="5">项目负责人</td><td colspan="5"></td></tr>
<tr><td colspan="5">施工质量验收标准名称及编号</td><td colspan="12">《铁路隧道工程施工质量验收标准》TB 10417—2003</td></tr>
<tr><td colspan="6">施工质量验收标准的规定</td><td colspan="10">施工单位检查评定记录</td><td>监理单位验收记录</td></tr>
<tr><td rowspan="3">主控项目</td><td>1</td><td colspan="3">模板及支架材料质量、结构形式</td><td>第 4.5.1 条</td><td colspan="10"></td><td></td></tr>
<tr><td>2</td><td colspan="3">模板安装要求</td><td>第 4.5.2 条</td><td colspan="10"></td><td></td></tr>
<tr><td>3</td><td colspan="3">承重模板及支架拆除</td><td>第 4.5.3 条</td><td colspan="10"></td><td></td></tr>
<tr><td rowspan="7">一般项目</td><td rowspan="4">2</td><td rowspan="7">允许偏差/mm</td><td colspan="2">模板轴线偏移</td><td>15</td><td></td><td></td><td></td><td></td><td></td><td></td><td></td><td></td><td></td><td></td><td rowspan="7"></td></tr>
<tr><td colspan="2">模板表面平整度</td><td>5</td><td></td><td></td><td></td><td></td><td></td><td></td><td></td><td></td><td></td><td></td></tr>
<tr><td colspan="2">相邻模板高低差</td><td>2</td><td></td><td></td><td></td><td></td><td></td><td></td><td></td><td></td><td></td><td></td></tr>
<tr><td colspan="2">底、顶面高程</td><td>±10</td><td></td><td></td><td></td><td></td><td></td><td></td><td></td><td></td><td></td><td></td></tr>
<tr><td rowspan="3">3</td><td rowspan="2">预留孔洞</td><td>中心线位置</td><td>10</td><td></td><td></td><td></td><td></td><td></td><td></td><td></td><td></td><td></td><td></td></tr>
<tr><td>尺寸</td><td>+10
0</td><td></td><td></td><td></td><td></td><td></td><td></td><td></td><td></td><td></td><td></td></tr>
<tr><td colspan="2">预埋件中心线位置</td><td>3</td><td></td><td></td><td></td><td></td><td></td><td></td><td></td><td></td><td></td><td></td></tr>
<tr><td colspan="4">施工单位检查评定结果</td><td colspan="13">专职质量检查员　年　月　日
分项工程技术负责人　年　月　日
分项工程负责人　年　月　日</td></tr>
<tr><td colspan="4">监理单位验收结论</td><td colspan="13">监理工程师
年　月　日</td></tr>
</table>

表6－21 混凝土(原材料及配合比)检验批质量验收记录表(Ⅰ)

04010804□□□

<table>
<tr><td colspan="3">单位工程名称</td><td colspan="5"></td></tr>
<tr><td colspan="3">分部工程名称</td><td colspan="5"></td></tr>
<tr><td colspan="3">分项工程名称</td><td colspan="3"></td><td>验收部位</td><td></td></tr>
<tr><td colspan="3">施工单位</td><td colspan="3"></td><td>项目负责人</td><td></td></tr>
<tr><td colspan="4">施工质量验收标准名称及编号</td><td colspan="4">《铁路隧道工程施工质量验收标准》TB 10417—2003</td></tr>
<tr><td colspan="6">施工质量验收标准的规定</td><td>施工单位检查评定记录</td><td>监理单位验收记录</td></tr>
<tr><td rowspan="8">主控项目</td><td>1</td><td colspan="3">水泥</td><td>第4.6.1条</td><td></td><td></td></tr>
<tr><td>2</td><td colspan="3">细骨料</td><td>第4.6.2条</td><td></td><td></td></tr>
<tr><td>3</td><td colspan="3">粗骨料</td><td>第4.6.3条</td><td></td><td></td></tr>
<tr><td>4</td><td colspan="3">外加剂</td><td>第4.6.4条</td><td></td><td></td></tr>
<tr><td>5</td><td colspan="3">掺和料</td><td>第4.6.5条</td><td></td><td></td></tr>
<tr><td>6</td><td colspan="3">碱活性骨料总碱含量</td><td>第4.6.6条</td><td></td><td></td></tr>
<tr><td>7</td><td colspan="3">拌合用水</td><td>第4.6.7条</td><td></td><td></td></tr>
<tr><td>8</td><td colspan="3">配合比设计</td><td>第4.6.8条</td><td></td><td></td></tr>
<tr><td rowspan="5">一般项目</td><td>1</td><td colspan="3">坍落度</td><td>第4.6.13条</td><td></td><td rowspan="5"></td></tr>
<tr><td rowspan="4">2</td><td rowspan="4">原材料称量允许偏差</td><td rowspan="2">水泥、掺和料、水、外加剂</td><td>工厂和搅拌站</td><td>±1%</td><td></td></tr>
<tr><td>工地</td><td>±2%</td><td></td></tr>
<tr><td rowspan="2">细骨料、粗骨料</td><td>工厂和搅拌站</td><td>±2%</td><td></td></tr>
<tr><td>工地</td><td>±3%</td><td></td></tr>
<tr><td colspan="4">施工单位检查评定结果</td><td colspan="4">专职质量检查员 年 月 日
分项工程技术负责人 年 月 日
分项工程负责人 年 月 日</td></tr>
<tr><td colspan="4">监理单位验收结论</td><td colspan="4">监理工程师
年 月 日</td></tr>
</table>

表 6－22　洞口混凝土(施工)工程检验批质量验收记录表(Ⅱ)

04010105□□□

单位工程名称						
分部工程名称						
分项工程名称				验收部位		
施工单位				项目负责人		
施工质量验收标准名称及编号		《铁路隧道工程施工质量验收标准》TB 10417—2003				
施工质量验收标准的规定					施工单位检查评定记录	监理单位验收记录
主控项目	1	混凝土强度等级		第 4.6.9 条		
	2	施工缝、变形缝的位置和处理		第 4.6.10 条		
	3	混凝土运输、浇筑、间歇时间		第 4.6.11 条		
	4	混凝土养护		第 4.6.12 条		
一般项目	1	施工配合比		第 4.6.14 条		
	2	泄水孔位置、数量		第 4.6.16 条		
	4	隧道门混凝土表面质量		第 4.6.17 条		
	5	端墙翼墙结构外形尺寸允许偏差/mm	基础轴线偏差	15		
			表面平整度	5		
			高程	±10		
			结构厚度	－10		
施工单位检查评定结果		专职质量检查员　　年　月　日 分项工程技术负责人　　年　月　日 分项工程负责人　　年　月　日				
监理单位验收结论		监理工程师 年　月　日				

表 6－23　洞身开挖检验批质量验收记录表

04010201□□□

<table>
<tr><td colspan="3">单位工程名称</td><td colspan="10"></td></tr>
<tr><td colspan="3">分部工程名称</td><td colspan="10"></td></tr>
<tr><td colspan="3">分项工程名称</td><td colspan="5"></td><td colspan="2">验收部位</td><td colspan="3"></td></tr>
<tr><td colspan="3">施工单位</td><td colspan="5"></td><td colspan="2">项目负责人</td><td colspan="3"></td></tr>
<tr><td colspan="4">施工质量验收标准名称及编号</td><td colspan="9">《铁路隧道工程施工质量验收标准》TB 10417—2003</td></tr>
<tr><td colspan="7">施工质量验收标准的规定</td><td colspan="5">施工单位检查评定记录</td><td>监理单位验收记录</td></tr>
<tr><td rowspan="3">主控项目</td><td>1</td><td colspan="4">开挖中线和高程</td><td>设计要求</td><td colspan="5"></td><td></td></tr>
<tr><td>2</td><td colspan="4">开挖方法</td><td>第 5.2.2 条</td><td colspan="5"></td><td></td></tr>
<tr><td>3</td><td colspan="4">欠挖</td><td>第 5.2.3 条</td><td colspan="5"></td><td></td></tr>
<tr><td rowspan="8">一般项目</td><td>1</td><td colspan="4">炮眼痕迹保存率</td><td>第 5.2.4 条</td><td colspan="5"></td><td rowspan="8"></td></tr>
<tr><td rowspan="7">2</td><td rowspan="7">开挖断面允许超挖值/cm</td><td rowspan="6">拱部</td><td rowspan="2">Ⅰ级围岩</td><td>平均线性超挖</td><td>10</td><td></td><td></td><td></td><td></td><td></td></tr>
<tr><td>最大超挖</td><td>20</td><td></td><td></td><td></td><td></td><td></td></tr>
<tr><td rowspan="2">Ⅱ～Ⅳ级围岩</td><td>平均线性超挖</td><td>15</td><td></td><td></td><td></td><td></td><td></td></tr>
<tr><td>最大超挖</td><td>25</td><td></td><td></td><td></td><td></td><td></td></tr>
<tr><td rowspan="2">Ⅴ～Ⅵ级围岩</td><td>平均线性超挖</td><td>10</td><td></td><td></td><td></td><td></td><td></td></tr>
<tr><td>最大超挖</td><td>15</td><td></td><td></td><td></td><td></td><td></td></tr>
<tr><td>边墙</td><td colspan="2">平均线性超挖</td><td>10</td><td></td><td></td><td></td><td></td><td></td></tr>
<tr><td colspan="4">施工单位检查评定结果</td><td colspan="9">专职质量检查员　　年　月　日
分项工程技术负责人　　年　月　日
分项工程负责人　　年　月　日</td></tr>
<tr><td colspan="4">监理单位验收结论</td><td colspan="9">监理工程师
年　月　日</td></tr>
</table>

表 6－24　隧底开挖检验批质量验收记录表

04010202□□□

<table>
<tr><td colspan="3">单位工程名称</td><td colspan="4"></td></tr>
<tr><td colspan="3">分部工程名称</td><td colspan="4"></td></tr>
<tr><td colspan="3">分项工程名称</td><td colspan="2"></td><td>验收部位</td><td></td></tr>
<tr><td colspan="3">施工单位</td><td colspan="2"></td><td>项目负责人</td><td></td></tr>
<tr><td colspan="3">施工质量验收标准名称及编号</td><td colspan="4">《铁路隧道工程施工质量验收标准》TB 10417—2003</td></tr>
<tr><td colspan="4">施工质量验收标准的规定</td><td colspan="2">施工单位检查评定记录</td><td>监理单位验收记录</td></tr>
<tr><td rowspan="3">主控项目</td><td>1</td><td>欠挖</td><td>第 5.3.1 条</td><td colspan="2"></td><td></td></tr>
<tr><td>2</td><td>边墙基础与隧底清理</td><td>第 5.3.2 条</td><td colspan="2"></td><td></td></tr>
<tr><td>3</td><td>基底加强处理</td><td>第 5.3.3 条</td><td colspan="2"></td><td></td></tr>
<tr><td rowspan="2">一般项目</td><td>1</td><td>水沟开挖</td><td>第 5.3.4 条</td><td colspan="2"></td><td></td></tr>
<tr><td>2</td><td>隧底允许最大平均超挖值</td><td>第 5.3.5 条</td><td colspan="2"></td><td></td></tr>
<tr><td colspan="3">施工单位检查评定结果</td><td colspan="4">专职质量检查员　年　月　日
分项工程技术负责人　年　月　日
分项工程负责人　年　月　日</td></tr>
</table>

表 6－25　喷射混凝土支护检验批质量验收记录表

04010301□□□　04010602□□□

<table>
<tr><td colspan="3">单位工程名称</td><td colspan="5"></td></tr>
<tr><td colspan="3">分部工程名称</td><td colspan="5"></td></tr>
<tr><td colspan="3">分项工程名称</td><td colspan="2"></td><td>验收部位</td><td colspan="2"></td></tr>
<tr><td colspan="3">施工单位</td><td colspan="2"></td><td>项目负责人</td><td colspan="2"></td></tr>
<tr><td colspan="4">施工质量验收标准名称及编号</td><td colspan="4">《铁路隧道工程施工质量验收标准》TB 10417—2003</td></tr>
<tr><td colspan="5">施工质量验收标准的规定</td><td colspan="2">施工单位检查评定记录</td><td>监理单位验收记录</td></tr>
<tr><td rowspan="10">主控项目</td><td>1</td><td colspan="2">水泥</td><td>第 6.2.1 条</td><td colspan="2"></td><td></td></tr>
<tr><td>2</td><td colspan="2">细骨料</td><td>第 6.2.2 条</td><td colspan="2"></td><td></td></tr>
<tr><td>3</td><td colspan="2">粗骨料</td><td>第 6.2.3 条</td><td colspan="2"></td><td></td></tr>
<tr><td>4</td><td colspan="2">外加剂</td><td>第 6.2.4 条</td><td colspan="2"></td><td></td></tr>
<tr><td>5</td><td colspan="2">拌合用水</td><td>第 6.2.5 条</td><td colspan="2"></td><td></td></tr>
<tr><td>6</td><td colspan="2">配合比设计</td><td>第 6.2.6 条</td><td colspan="2"></td><td></td></tr>
<tr><td>7</td><td colspan="2">喷射混凝土强度</td><td>第 6.2.7 条</td><td colspan="2"></td><td></td></tr>
<tr><td>8</td><td colspan="2">喷射混凝土厚度</td><td>第 6.2.8 条</td><td colspan="2"></td><td></td></tr>
<tr><td>9</td><td colspan="2">钢纤维质量</td><td>第 6.2.9 条</td><td colspan="2"></td><td></td></tr>
<tr><td>10</td><td colspan="2">养护</td><td>第 6.2.10 条</td><td colspan="2"></td><td></td></tr>
<tr><td rowspan="7">一般项目</td><td>1</td><td colspan="2">喷射方式、喷射工艺</td><td>第 6.2.11 条</td><td colspan="2"></td><td rowspan="7"></td></tr>
<tr><td>2</td><td colspan="2">坍落度</td><td>第 6.2.12 条</td><td colspan="2"></td></tr>
<tr><td>3</td><td colspan="2">施工配合比</td><td>第 6.2.13 条</td><td colspan="2"></td></tr>
<tr><td>4</td><td colspan="2">外观质量</td><td>第 6.2.15 条</td><td colspan="2"></td></tr>
<tr><td rowspan="3">5</td><td rowspan="3">允许偏差</td><td>水泥</td><td>±2%</td><td colspan="2"></td></tr>
<tr><td>粗、细骨料</td><td>±3%</td><td colspan="2"></td></tr>
<tr><td>水、外加剂</td><td>±2%</td><td colspan="2"></td></tr>
<tr><td colspan="3">施工单位检查评定结果</td><td colspan="5">专职质量检查员　　年　月　日
分项工程技术负责人　　年　月　日
分项工程负责人　　年　月　日</td></tr>
<tr><td colspan="3">监理单位验收结论</td><td colspan="5">监理工程师
年　月　日</td></tr>
</table>

表 6－26　锚杆检验批质量验收记录表

04010302□□□　04010603□□□

<table>
<tr><td colspan="4">单位工程名称</td><td colspan="7"></td></tr>
<tr><td colspan="4">分部工程名称</td><td colspan="7"></td></tr>
<tr><td colspan="4">分项工程名称</td><td colspan="4"></td><td colspan="2">验收部位</td><td></td></tr>
<tr><td colspan="4">施工单位</td><td colspan="4"></td><td colspan="2">项目负责人</td><td></td></tr>
<tr><td colspan="4">施工质量验收标准名称及编号</td><td colspan="7">《铁路隧道工程施工质量验收标准》TB 10417—2003</td></tr>
<tr><td colspan="5">施工质量验收标准的规定</td><td colspan="5">施工单位检查评定记录</td><td>监理单位验收记录</td></tr>
<tr><td rowspan="5">主控项目</td><td>1</td><td colspan="2">锚杆材料质量</td><td>第 6.3.1 条</td><td colspan="5"></td><td></td></tr>
<tr><td>2</td><td colspan="2">锚杆类型、规格、性能</td><td>第 6.3.2 条</td><td colspan="5"></td><td></td></tr>
<tr><td>3</td><td colspan="2">锚杆安装数量</td><td>第 6.3.3 条</td><td colspan="5"></td><td></td></tr>
<tr><td>4</td><td colspan="2">浆液配比与砂浆强度</td><td>第 6.3.4 条</td><td colspan="5"></td><td></td></tr>
<tr><td>5</td><td colspan="2">锚杆孔灌浆效果</td><td>第 6.3.5 条</td><td colspan="5"></td><td></td></tr>
<tr><td rowspan="6">一般项目</td><td>1</td><td colspan="2">锚杆孔位置、方向、垫板</td><td>第 6.3.6 条</td><td colspan="5"></td><td rowspan="6"></td></tr>
<tr><td>2</td><td colspan="2">锚杆用钢筋外观质量</td><td>第 6.3.8 条</td><td colspan="5"></td></tr>
<tr><td rowspan="4">3</td><td rowspan="4">安装允许偏差/mm</td><td rowspan="2">锚杆孔距</td><td rowspan="2">±150</td><td></td><td></td><td></td><td></td><td></td></tr>
<tr><td></td><td></td><td></td><td></td><td></td></tr>
<tr><td rowspan="2">锚杆孔深</td><td rowspan="2">±50</td><td></td><td></td><td></td><td></td><td></td></tr>
<tr><td></td><td></td><td></td><td></td><td></td></tr>
<tr><td colspan="3">施工单位检查评定结果</td><td colspan="8">专职质量检查员　　年　月　日
分项工程技术负责人　　年　月　日
分项工程负责人　　年　月　日</td></tr>
<tr><td colspan="3">监理单位验收结论</td><td colspan="8">监理工程师
年　月　日</td></tr>
</table>

表6－27　钢筋网检验批质量验收记录表

04010303□□□　04010604□□□

<table>
<tr><td colspan="4">单位工程名称</td><td colspan="5"></td></tr>
<tr><td colspan="4">分部工程名称</td><td colspan="5"></td></tr>
<tr><td colspan="4">分项工程名称</td><td colspan="2"></td><td>验收部位</td><td colspan="2"></td></tr>
<tr><td colspan="4">施工单位</td><td colspan="2"></td><td>项目负责人</td><td colspan="2"></td></tr>
<tr><td colspan="4">施工质量验收标准名称及编号</td><td colspan="5">《铁路隧道工程施工质量验收标准》TB 10417—2003</td></tr>
<tr><td colspan="5">施工质量验收标准的规定</td><td colspan="3">施工单位检查评定记录</td><td>监理单位验收记录</td></tr>
<tr><td rowspan="3">主控项目</td><td>1</td><td colspan="2">钢筋网材料质量</td><td>第6.4.1条</td><td colspan="3"></td><td></td></tr>
<tr><td>2</td><td colspan="2">钢筋类型、规格、性能</td><td>第6.4.2条</td><td colspan="3"></td><td></td></tr>
<tr><td>3</td><td colspan="2">钢筋网制作</td><td>第6.4.3条</td><td colspan="3"></td><td></td></tr>
<tr><td rowspan="5">一般项目</td><td>1</td><td colspan="2">钢筋网固定</td><td>第6.4.5条</td><td colspan="3"></td><td rowspan="5"></td></tr>
<tr><td>2</td><td colspan="2">钢筋网施工工艺</td><td>第6.4.6条</td><td colspan="3"></td></tr>
<tr><td>3</td><td colspan="2">钢筋外观质量</td><td>第6.4.8条</td><td colspan="3"></td></tr>
<tr><td>4</td><td rowspan="2">允许偏差/mm</td><td>网格尺寸</td><td>±10</td><td colspan="3"></td></tr>
<tr><td>5</td><td>搭接长度</td><td>±50</td><td colspan="3"></td></tr>
<tr><td colspan="4">施工单位检查评定结果</td><td colspan="5">专职质量检查员　年　月　日
分项工程技术负责人　年　月　日
分项工程负责人　年　月　日</td></tr>
<tr><td colspan="4">监理单位验收结论</td><td colspan="5">监理工程师
年　月　日</td></tr>
</table>

表 6－28　钢架检验批质量验收记录表

04010304□□□　04010605□□□

<table>
<tr><td colspan="4">单位工程名称</td><td colspan="7"></td></tr>
<tr><td colspan="4">分部工程名称</td><td colspan="7"></td></tr>
<tr><td colspan="4">分项工程名称</td><td colspan="2"></td><td colspan="3">验收部位</td><td colspan="2"></td></tr>
<tr><td colspan="4">施工单位</td><td colspan="2"></td><td colspan="3">项目负责人</td><td colspan="2"></td></tr>
<tr><td colspan="4">施工质量验收标准名称及编号</td><td colspan="7">《铁路隧道工程施工质量验收标准》TB 10417—2003</td></tr>
<tr><td colspan="5">施工质量验收标准的规定</td><td colspan="5">施工单位检查评定记录</td><td>监理单位验收记录</td></tr>
<tr><td rowspan="5">主控项目</td><td>1</td><td colspan="2">钢架材料质量</td><td>第 6.5.1 条</td><td colspan="5"></td><td></td></tr>
<tr><td>2</td><td colspan="2">材料品种、级别、规格、数量</td><td>第 6.5.2 条</td><td colspan="5"></td><td></td></tr>
<tr><td>3</td><td colspan="2">钢架的弯制及结构尺寸</td><td>第 6.5.3 条</td><td colspan="5"></td><td></td></tr>
<tr><td>4</td><td colspan="2">钢架安装位置、接头连接、纵向拉杆</td><td>第 6.5.4 条</td><td colspan="5"></td><td></td></tr>
<tr><td>5</td><td colspan="2">钢架缝隙回填</td><td>第 6.5.5 条</td><td colspan="5"></td><td></td></tr>
<tr><td rowspan="7">一般项目</td><td>1</td><td colspan="2">钢架材料外观质量</td><td>第 6.5.6 条</td><td colspan="5"></td><td rowspan="7"></td></tr>
<tr><td>2</td><td colspan="2">钢架落底接长和钢架间连接</td><td>第 6.5.7 条</td><td colspan="5"></td></tr>
<tr><td rowspan="5">3</td><td rowspan="5">钢架安装允许偏差/mm</td><td>间距</td><td>±100</td><td></td><td></td><td></td><td></td><td></td></tr>
<tr><td>横向偏差</td><td>±50</td><td></td><td></td><td></td><td></td><td></td></tr>
<tr><td>高程偏差</td><td>±50</td><td></td><td></td><td></td><td></td><td></td></tr>
<tr><td>垂直度偏差</td><td>±2°</td><td></td><td></td><td></td><td></td><td></td></tr>
<tr><td>保护层厚度</td><td>－5</td><td></td><td></td><td></td><td></td><td></td></tr>
<tr><td colspan="3">施工单位检查评定结果</td><td colspan="8">专职质量检查员　年　月　日
分项工程技术负责人　年　月　日
分项工程负责人　年　月　日</td></tr>
<tr><td colspan="3">监理单位验收结论</td><td colspan="8">监理工程师
年　月　日</td></tr>
</table>

表 6－29　管棚检验批质量验收记录表

04010305□□□　04010606□□□

<table>
<tr><td colspan="3">单位工程名称</td><td colspan="8"></td></tr>
<tr><td colspan="3">分部工程名称</td><td colspan="8"></td></tr>
<tr><td colspan="3">分项工程名称</td><td colspan="5"></td><td colspan="2">验收部位</td><td></td></tr>
<tr><td colspan="3">施工单位</td><td colspan="5"></td><td colspan="2">项目负责人</td><td></td></tr>
<tr><td colspan="4">施工质量验收标准名称及编号</td><td colspan="7">《铁路隧道工程施工质量验收标准》TB 10417—2003</td></tr>
<tr><td colspan="5">施工质量验收标准的规定</td><td colspan="5">施工单位检查评定记录</td><td>监理单位验收记录</td></tr>
<tr><td rowspan="3">主控项目</td><td>1</td><td colspan="2">钢管材料质量</td><td>第 6.6.1 条</td><td colspan="5"></td><td></td></tr>
<tr><td>2</td><td colspan="2">钢管品种、级别、规格、数量</td><td>第 6.6.2 条</td><td colspan="5"></td><td></td></tr>
<tr><td>3</td><td colspan="2">管棚接长</td><td>第 6.6.3 条</td><td colspan="5"></td><td></td></tr>
<tr><td rowspan="7">一般项目</td><td>1</td><td colspan="2">浆液强度、配合比及注浆效果</td><td>第 6.6.5 条</td><td colspan="5"></td><td rowspan="7"></td></tr>
<tr><td rowspan="6">2</td><td rowspan="6">管棚施工允许偏差/mm</td><td rowspan="2">钻孔外插角</td><td rowspan="2">±1°</td><td></td><td></td><td></td><td></td><td></td></tr>
<tr><td></td><td></td><td></td><td></td><td></td></tr>
<tr><td rowspan="2">孔距</td><td rowspan="2">±150</td><td></td><td></td><td></td><td></td><td></td></tr>
<tr><td></td><td></td><td></td><td></td><td></td></tr>
<tr><td rowspan="2">孔深</td><td rowspan="2">±50</td><td></td><td></td><td></td><td></td><td></td></tr>
<tr><td></td><td></td><td></td><td></td><td></td></tr>
<tr><td colspan="3">施工单位检查评定结果</td><td colspan="8">专职质量检查员　　年　月　日
分项工程技术负责人　　年　月　日
分项工程负责人　　年　月　日</td></tr>
<tr><td colspan="3">监理单位验收结论</td><td colspan="8">监理工程师
年　月　日</td></tr>
</table>

表 6－30　超前小导管检验批质量验收记录表

04010305□□□　04010607□□□

单位工程名称						
分部工程名称						
分项工程名称				验收部位		
施工单位				项目负责人		
施工质量验收标准名称及编号	《铁路隧道工程施工质量验收标准》TB 10417—2003					
施工质量验收标准的规定					施工单位检查评定记录	监理单位验收记录
主控项目	1	小导管材料质量		第 6.7.1 条		
	2	小导管品种、级别、规格和数量		第 6.7.2 条		
	3	小导管与支撑结构连接		第 6.7.3 条		
	4	小导管纵向搭接长度		第 6.7.4 条		
一般项目	1	小导管注浆浆液强度、配合比、注浆效果		第 6.7.6 条		
	2	小导管施工允许偏差/mm	钻孔外插角	±2°		
			孔距	±50		
			孔深	±50 0		
施工单位检查评定结果	专职质量检查员　　年　月　日 分项工程技术负责人　　年　月　日 分项工程负责人　　年　月　日					
监理单位验收结论	监理工程师 年　月　日					

表 6-31 衬砌模板工程检验批质量验收记录表

04010401□□□

单位工程名称			
分部工程名称			
分项工程名称		验收部位	
施工单位		项目负责人	
施工质量验收标准名称及编号	《铁路隧道工程施工质量验收标准》TB 10417—2003		

施工质量验收标准的规定						施工单位检查评定记录	监理单位验收记录
主控项目	1	模板台车、移动台架要求			第 7.2.1 条		
	2	模板安装要求			第 7.2.2 条		
	3	衬砌承重模板及支架拆除			第 7.2.3 条		
一般项目	1	非承重模板及支架拆除			第 7.2.4 条		
	2	模板安装允许偏差/mm	边墙脚		±15		
			起拱线		±10		
			拱顶		±10 0		
			模板表面平整度		5		
			相邻段表面高低差		±10		
	3	允许偏差/mm	预留孔洞	中心线位置	10		
				尺寸	+10 0		
			预埋件中心线位置		3		

施工单位检查评定结果	专职质量检查员 分项工程技术负责人 分项工程负责人	年 月 日 年 月 日 年 月 日
监理单位验收结论	监理工程师	年 月 日

表 6－32　底板混凝土（施工）工程检验批质量验收记录表（Ⅱ）

04010405□□□

<table>
<tr><td colspan="3">单位工程名称</td><td colspan="3"></td></tr>
<tr><td colspan="3">分部工程名称</td><td colspan="3"></td></tr>
<tr><td colspan="3">分项工程名称</td><td></td><td>验收部位</td><td></td></tr>
<tr><td colspan="3">施工单位</td><td></td><td>项目负责人</td><td></td></tr>
<tr><td colspan="3">施工质量验收标准名称及编号</td><td colspan="3">《铁路隧道工程施工质量验收标准》TB 10417—2003</td></tr>
<tr><td colspan="4">施工质量验收标准的规定</td><td>施工单位检查评定记录</td><td>监理单位验收记录</td></tr>
<tr><td rowspan="6">主控项目</td><td>1</td><td>底板混凝土强度等级</td><td>第 7.6.3 条</td><td></td><td></td></tr>
<tr><td>2</td><td>底板厚度</td><td>第 7.6.4 条</td><td></td><td></td></tr>
<tr><td>3</td><td>基底处理与超挖回填</td><td>第 7.6.5 条</td><td></td><td></td></tr>
<tr><td>4</td><td>施工缝、变形缝位置及处理</td><td>第 7.6.6 条</td><td></td><td></td></tr>
<tr><td>5</td><td>混凝土运输浇筑要求</td><td>第 7.6.7 条</td><td></td><td></td></tr>
<tr><td>6</td><td>混凝土养护</td><td>第 7.6.8 条</td><td></td><td></td></tr>
<tr><td rowspan="3">一般项目</td><td>1</td><td>施工配合比</td><td>第 7.6.10 条</td><td></td><td></td></tr>
<tr><td>2</td><td>预留泄水孔槽位置、数量</td><td>第 7.6.12 条</td><td></td><td></td></tr>
<tr><td>3</td><td>底板坡面</td><td>第 7.6.13 条</td><td></td><td></td></tr>
<tr><td colspan="3">施工单位检查评定结果</td><td colspan="3">专职质量检查员　年　月　日
分项工程技术负责人　年　月　日
分项工程负责人　年　月　日</td></tr>
<tr><td colspan="3">监理单位验收结论</td><td colspan="3">监理工程师
年　月　日</td></tr>
</table>

表 6-33　仰拱混凝土(施工)工程检验批质量验收记录表(Ⅱ)

04010406□□□

单位工程名称					
分部工程名称					
分项工程名称				验收部位	
施工单位				项目负责人	
施工质量验收标准名称及编号	《铁路隧道工程施工质量验收标准》TB 10417—2003				
施工质量验收标准的规定				施工单位检查评定记录	监理单位验收记录
主控项目	1	混凝土强度等级	第 7.7.3 条		
	2	仰拱厚度及各部尺寸	第 7.7.4 条		
	3	拱座与边墙及水沟的连接	第 7.7.5 条		
	4	基底处理与超挖回填	第 7.7.6 条		
	5	施工缝、变形缝位置及处理	第 7.7.7 条		
	6	混凝土运输浇筑要求	第 7.7.8 条		
	7	混凝土养护	第 7.7.9 条		
一般项目	1	施工配合比	第 7.7.11 条		
	2	预留泄水孔槽位置、数量	第 7.7.13 条		
	3	仰拱表面要求	第 7.7.14 条		
	4	仰拱施工要求	第 7.7.15 条		
	5	施工缝、变形缝	第 7.7.13 条		
	6	表面质量/mm　高程　混凝土	±15		
		表面质量/mm　高程　喷射混凝土	±20		
		表面质量/mm　平整度　混凝土	±20		
		表面质量/mm　平整度　喷射混凝土	±50		
施工单位检查评定结果	专职质量检查员　年　月　日 分项工程技术负责人　年　月　日 分项工程负责人　年　月　日				
监理单位验收结论	监理工程师 年　月　日				

表6－34　回填注浆检验批质量验收记录表

04010408□□□

<table>
<tr><td colspan="3">单位工程名称</td><td colspan="4"></td></tr>
<tr><td colspan="3">分部工程名称</td><td colspan="4"></td></tr>
<tr><td colspan="3">分项工程名称</td><td colspan="2"></td><td>验收部位</td><td></td></tr>
<tr><td colspan="3">施工单位</td><td colspan="2"></td><td>项目负责人</td><td></td></tr>
<tr><td colspan="3">施工质量验收标准名称及编号</td><td colspan="4">《铁路隧道工程施工质量验收标准》TB 10417—2003</td></tr>
<tr><td colspan="4">施工质量验收标准的规定</td><td colspan="2">施工单位检查评定记录</td><td>监理单位验收记录</td></tr>
<tr><td rowspan="3">主控项目</td><td>1</td><td>注浆材料</td><td>第7.9.1条</td><td colspan="2"></td><td></td></tr>
<tr><td>2</td><td>浆液配合比</td><td>第7.9.2条</td><td colspan="2"></td><td></td></tr>
<tr><td>3</td><td>注浆效果</td><td>第7.9.3条</td><td colspan="2"></td><td></td></tr>
<tr><td rowspan="4">一般项目</td><td>1</td><td>注浆压力和进浆量</td><td>第7.9.4条</td><td colspan="2"></td><td></td></tr>
<tr><td>2</td><td>注浆孔数量、布置、间距、孔深</td><td>第7.9.5条</td><td colspan="2"></td><td></td></tr>
<tr><td>3</td><td>回填注浆范围</td><td>第7.9.6条</td><td colspan="2"></td><td></td></tr>
<tr><td>4</td><td>注浆施工要求</td><td>第7.9.7条</td><td colspan="2"></td><td></td></tr>
<tr><td colspan="3">施工单位检查评定结果</td><td colspan="4">专职质量检查员　　年　月　日
分项工程技术负责人　　年　月　日
分项工程负责人　　年　月　日</td></tr>
<tr><td colspan="3">监理单位验收结论</td><td colspan="4">监理工程师
年　月　日</td></tr>
</table>

表 6－35　洞口防排水检验批质量验收记录表

04010501□□□

<table>
<tr><td colspan="3">单位工程名称</td><td colspan="4"></td></tr>
<tr><td colspan="3">分部工程名称</td><td colspan="4"></td></tr>
<tr><td colspan="3">分项工程名称</td><td colspan="2"></td><td>验收部位</td><td></td></tr>
<tr><td colspan="3">施工单位</td><td colspan="2"></td><td>项目负责人</td><td></td></tr>
<tr><td colspan="3">施工质量验收标准名称及编号</td><td colspan="4">《铁路隧道工程施工质量验收标准》TB 10417—2003</td></tr>
<tr><td colspan="4">施工质量验收标准的规定</td><td colspan="2">施工单位检查评定记录</td><td>监理单位验收记录</td></tr>
<tr><td rowspan="4">主控项目</td><td>1</td><td>洞内外排水系统连接</td><td>第 8.2.1 条</td><td colspan="2"></td><td></td></tr>
<tr><td>2</td><td>排水沟、截水沟的位置与结构形式</td><td>第 8.2.2 条</td><td colspan="2"></td><td></td></tr>
<tr><td>3</td><td>地表水处理</td><td>第 8.2.3 条</td><td colspan="2"></td><td></td></tr>
<tr><td>4</td><td>水沟沟底处理</td><td>第 8.2.4 条</td><td colspan="2"></td><td></td></tr>
<tr><td rowspan="3">一般项目</td><td>1</td><td>排水沟、截水沟排水效果</td><td>第 8.2.5 条</td><td colspan="2"></td><td rowspan="3"></td></tr>
<tr><td rowspan="2">2</td><td>断面尺寸　排水沟</td><td rowspan="2">第 8.2.6 条</td><td colspan="2"></td></tr>
<tr><td>断面尺寸　截水沟</td><td colspan="2"></td></tr>
<tr><td colspan="3">施工单位检查评定结果</td><td colspan="4">专职质量检查员　　年　月　日
分项工程技术负责人　　年　月　日
分项工程负责人　　年　月　日</td></tr>
<tr><td colspan="3">监理单位验收结论</td><td colspan="4">监理工程师
年　月　日</td></tr>
</table>

表6－36　洞内排水沟(槽)检验批质量验收记录表

04010502□□□

<table>
<tr><td colspan="3">单位工程名称</td><td colspan="4"></td></tr>
<tr><td colspan="3">分部工程名称</td><td colspan="4"></td></tr>
<tr><td colspan="3">分项工程名称</td><td colspan="2"></td><td>验收部位</td><td></td></tr>
<tr><td colspan="3">施工单位</td><td colspan="2"></td><td>项目负责人</td><td></td></tr>
<tr><td colspan="3">施工质量验收标准名称及编号</td><td colspan="4">《铁路隧道工程施工质量验收标准》TB 10417—2003</td></tr>
<tr><td colspan="4">施工质量验收标准的规定</td><td colspan="2">施工单位检查评定记录</td><td>监理单位验收记录</td></tr>
<tr><td rowspan="5">主控项目</td><td>1</td><td>水沟布置与结构形式、沟底高程、纵向坡度</td><td>设计要求</td><td colspan="2"></td><td></td></tr>
<tr><td>2</td><td>底板和仰拱填充表面坡度</td><td>设计要求</td><td colspan="2"></td><td></td></tr>
<tr><td>3</td><td>进水孔、泄水孔、泄水槽的位置和间距</td><td>设计要求</td><td colspan="2"></td><td></td></tr>
<tr><td>4</td><td>水沟盖板规格、尺寸、强度及外观质量</td><td>设计要求</td><td colspan="2"></td><td></td></tr>
<tr><td>5</td><td>排水系统排水效果</td><td>第8.3.5条</td><td colspan="2"></td><td></td></tr>
<tr><td rowspan="2">一般项目</td><td>1</td><td>水沟盖板铺设质量</td><td>第8.3.7条</td><td colspan="2"></td><td rowspan="2"></td></tr>
<tr><td>2</td><td>水沟断面尺寸</td><td>第8.3.8条</td><td colspan="2"></td></tr>
<tr><td colspan="2">施工单位检查评定结果</td><td colspan="5">专职质量检查员　　年　月　日
分项工程技术负责人　　年　月　日
分项工程负责人　　年　月　日</td></tr>
<tr><td colspan="2">监理单位验收结论</td><td colspan="5">监理工程师
年　月　日</td></tr>
</table>

表 6－37　施工缝与变形缝处理检验批质量验收记录表

04010503□□□　04010806□□□

单位工程名称					
分部工程名称					
分项工程名称				验收部位	
施工单位				项目负责人	
施工质量验收标准名称及编号		《铁路隧道工程施工质量验收标准》TB 10417—2003			
施工质量验收标准的规定				施工单位检查评定记录	监理单位验收记录
主控项目	1	止水条、止水带的品种、规格、性能及质量	第 8.4.1 条		
	2	施工缝位置	第 8.4.2 条		
	3	变形缝位置、宽度、构造形式	第 8.4.3 条		
	4	施工缝防水施工工艺要求	第 8.4.4 条		
	5	变形缝防水施工工艺要求	第 8.4.5 条		
	6	施工缝、变形缝防水效果	第 8.4.6 条		
一般项目	1	施工缝、变形缝施工要求	第 8.4.7 条		
	2	施工缝、变形缝表面质量	第 8.4.8 条		
施工单位检查评定结果	专职质量检查员　年　月　日 分项工程技术负责人　年　月　日 分项工程负责人　年　月　日				
监理单位验收结论	监理工程师 年　月　日				

表 6－38　防水板施工检验批质量验收记录表

04010504□□□

<table>
<tr><td>单位工程名称</td><td colspan="10"></td></tr>
<tr><td>分部工程名称</td><td colspan="10"></td></tr>
<tr><td>分项工程名称</td><td colspan="3"></td><td colspan="3">验收部位</td><td colspan="4"></td></tr>
<tr><td>施工单位</td><td colspan="3"></td><td colspan="3">项目负责人</td><td colspan="4"></td></tr>
<tr><td colspan="2">施工质量验收标准名称及编号</td><td colspan="9">《铁路隧道工程施工质量验收标准》TB 10417—2003</td></tr>
<tr><td colspan="4">施工质量验收标准的规定</td><td colspan="5">施工单位检查评定记录</td><td colspan="2">监理单位验收记录</td></tr>
<tr><td rowspan="3">主控项目</td><td>1</td><td>防水板及复合材料的材质、性能、规格</td><td>第 8.5.1 条</td><td colspan="5"></td><td colspan="2"></td></tr>
<tr><td>2</td><td>防水板焊接质量</td><td>第 8.5.2 条</td><td colspan="5"></td><td colspan="2"></td></tr>
<tr><td>3</td><td>防水板铺设范围和铺挂方式</td><td>第 8.5.3 条</td><td colspan="5"></td><td colspan="2"></td></tr>
<tr><td rowspan="6">一般项目</td><td>1</td><td>铺挂防水层对基面要求</td><td>第 8.5.4 条</td><td colspan="5"></td><td colspan="2" rowspan="6"></td></tr>
<tr><td>2</td><td>焊缝外观质量</td><td>第 8.5.5 条</td><td colspan="5"></td></tr>
<tr><td>3</td><td>防水层铺挂要求</td><td>第 8.5.6 条</td><td colspan="5"></td></tr>
<tr><td rowspan="3">4</td><td>焊缝宽度</td><td>第 8.5.7 条</td><td colspan="5"></td></tr>
<tr><td rowspan="2">搭接宽度允许偏差</td><td rowspan="2">－10 mm</td><td></td><td></td><td></td><td></td><td></td></tr>
<tr><td></td><td></td><td></td><td></td><td></td></tr>
<tr><td colspan="2">施工单位检查评定结果</td><td colspan="9">专职质量检查员　年　月　日
分项工程技术负责人　年　月　日
分项工程负责人　年　月　日</td></tr>
<tr><td colspan="2">监理单位验收结论</td><td colspan="9">监理工程师
年　月　日</td></tr>
</table>

表 6-39　涂料防水层施工检验批质量验收记录表

04010505□□□

<table>
<tr><td colspan="2">单位工程名称</td><td colspan="4"></td></tr>
<tr><td colspan="2">分部工程名称</td><td colspan="4"></td></tr>
<tr><td colspan="2">分项工程名称</td><td colspan="2"></td><td>验收部位</td><td></td></tr>
<tr><td colspan="2">施工单位</td><td colspan="2"></td><td>项目负责人</td><td></td></tr>
<tr><td colspan="3">施工质量验收标准名称及编号</td><td colspan="3">《铁路隧道工程施工质量验收标准》TB 10417—2003</td></tr>
<tr><td colspan="4">施工质量验收标准的规定</td><td>施工单位检查评定记录</td><td>监理单位验收记录</td></tr>
<tr><td rowspan="4">主控项目</td><td>1</td><td>防水层材料要求</td><td>第 8.6.1 条</td><td></td><td></td></tr>
<tr><td>2</td><td>防水层材料配合比</td><td>第 8.6.2 条</td><td></td><td></td></tr>
<tr><td>3</td><td>防水层厚度</td><td>第 8.6.3 条</td><td></td><td></td></tr>
<tr><td>4</td><td>细部处理</td><td>第 8.6.4 条</td><td></td><td></td></tr>
<tr><td rowspan="3">一般项目</td><td>1</td><td>防水层施工基底要求</td><td>第 8.6.7 条</td><td></td><td rowspan="3"></td></tr>
<tr><td>2</td><td>防水层涂刷要求</td><td>第 8.6.8 条</td><td></td></tr>
<tr><td>3</td><td>保护层要求</td><td>第 8.6.9 条</td><td></td></tr>
<tr><td colspan="3">施工单位检查评定结果</td><td colspan="3">专职质量检查员　　年　月　日
分项工程技术负责人　　年　月　日
分项工程负责人　　年　月　日</td></tr>
<tr><td colspan="3">监理单位验收结论</td><td colspan="3">监理工程师
年　月　日</td></tr>
</table>

表6－40　回填注浆检验批质量验收记录表

04010506□□□

<table>
<tr><td colspan="3">单位工程名称</td><td colspan="4"></td></tr>
<tr><td colspan="3">分部工程名称</td><td colspan="4"></td></tr>
<tr><td colspan="3">分项工程名称</td><td colspan="2"></td><td>验收部位</td><td></td></tr>
<tr><td colspan="3">施工单位</td><td colspan="2"></td><td>项目负责人</td><td></td></tr>
<tr><td colspan="3">施工质量验收标准名称及编号</td><td colspan="4">《铁路隧道工程施工质量验收标准》TB 10417—2003</td></tr>
<tr><td colspan="4">施工质量验收标准的规定</td><td colspan="2">施工单位检查评定记录</td><td>监理单位验收记录</td></tr>
<tr><td rowspan="3">主控项目</td><td>1</td><td>注浆材料质量</td><td>第8.7.1条</td><td colspan="2"></td><td></td></tr>
<tr><td>2</td><td>浆液配合比</td><td>第8.7.2条</td><td colspan="2"></td><td></td></tr>
<tr><td>3</td><td>注浆效果</td><td>第8.7.3条</td><td colspan="2"></td><td></td></tr>
<tr><td rowspan="5">一般项目</td><td>1</td><td>注浆压力和进浆量</td><td>第8.7.4条</td><td colspan="2"></td><td rowspan="5"></td></tr>
<tr><td>2</td><td>注浆孔数量、布置、间距、孔深</td><td>第8.7.5条</td><td colspan="2"></td></tr>
<tr><td>3</td><td>注浆防水范围</td><td>第8.7.6条</td><td colspan="2"></td></tr>
<tr><td>4</td><td>注浆对地表的影响</td><td>第8.7.7条</td><td colspan="2"></td></tr>
<tr><td>5</td><td>注浆施工要求</td><td>第8.7.8条</td><td colspan="2"></td></tr>
<tr><td colspan="3">施工单位检查评定结果</td><td colspan="4">专职质量检查员　　年　月　日
分项工程技术负责人　　年　月　日
分项工程负责人　　年　月　日</td></tr>
<tr><td colspan="3">监理单位验收结论</td><td colspan="4">监理工程师
年　月　日</td></tr>
</table>

表6-41　盲管(沟)检验批质量验收记录表

04010507□□□

<table>
<tr><td colspan="3">单位工程名称</td><td colspan="3"></td></tr>
<tr><td colspan="3">分部工程名称</td><td colspan="3"></td></tr>
<tr><td colspan="3">分项工程名称</td><td></td><td>验收部位</td><td></td></tr>
<tr><td colspan="3">施工单位</td><td></td><td>项目负责人</td><td></td></tr>
<tr><td colspan="3">施工质量验收标准名称及编号</td><td colspan="3">《铁路隧道工程施工质量验收标准》TB 10417—2003</td></tr>
<tr><td colspan="4">施工质量验收标准的规定</td><td>施工单位检查评定记录</td><td>监理单位验收记录</td></tr>
<tr><td rowspan="5">主控项目</td><td>1</td><td>盲管(沟)材料质量</td><td>第8.8.1条</td><td></td><td></td></tr>
<tr><td>2</td><td>反滤层砂石粒径和含泥量</td><td>第8.8.2条</td><td></td><td></td></tr>
<tr><td>3</td><td>盲管(沟)布置</td><td>第8.8.3条</td><td></td><td></td></tr>
<tr><td>4</td><td>盲管(沟)施工要求</td><td>第8.8.4条</td><td></td><td></td></tr>
<tr><td>5</td><td>盲管(沟)综合排水效果</td><td>第8.8.5条</td><td></td><td></td></tr>
<tr><td rowspan="2">一般项目</td><td>1</td><td>盲管(沟)构造</td><td>第8.8.6条</td><td></td><td rowspan="2"></td></tr>
<tr><td>2</td><td>盲管(沟)成型尺寸</td><td>第8.8.7条</td><td></td></tr>
<tr><td colspan="3">施工单位检查评定结果</td><td colspan="3">专职质量检查员　年　月　日
分项工程技术负责人　年　月　日
分项工程负责人　年　月　日</td></tr>
<tr><td colspan="3">监理单位验收结论</td><td colspan="3">监理工程师
年　月　日</td></tr>
</table>

表6－42　辅助坑道开挖检验批质量验收记录表

04010601□□□

<table>
<tr><td colspan="4">单位工程名称</td><td colspan="3"></td></tr>
<tr><td colspan="4">分部工程名称</td><td colspan="3"></td></tr>
<tr><td colspan="4">分项工程名称</td><td></td><td>验收部位</td><td></td></tr>
<tr><td colspan="4">施工单位</td><td></td><td>项目负责人</td><td></td></tr>
<tr><td colspan="4">施工质量验收标准名称及编号</td><td colspan="3">《铁路隧道工程施工质量验收标准》TB 10417—2003</td></tr>
<tr><td colspan="5">施工质量验收标准的规定</td><td>施工单位检查评定记录</td><td>监理单位验收记录</td></tr>
<tr><td rowspan="2">主控项目</td><td>1</td><td colspan="2">辅助坑道开挖断面的中线和高程</td><td>设计要求</td><td></td><td></td></tr>
<tr><td>2</td><td colspan="2">附属洞室位置</td><td>第5.2.2条</td><td></td><td></td></tr>
<tr><td rowspan="4">一般项目</td><td>1</td><td colspan="2">辅助坑道开挖断面尺寸</td><td>第5.2.3条</td><td></td><td rowspan="4"></td></tr>
<tr><td>2</td><td colspan="2">附属洞室开挖断面尺寸</td><td>第5.2.4条</td><td></td></tr>
<tr><td rowspan="2">3</td><td rowspan="2">辅助坑道开挖断面</td><td>欠挖</td><td rowspan="2">第5.2.5条</td><td></td></tr>
<tr><td>超挖</td><td></td></tr>
<tr><td colspan="4">施工单位检查评定结果</td><td colspan="3">专职质量检查员　　年　月　日
分项工程技术负责人　　年　月　日
分项工程负责人　　年　月　日</td></tr>
<tr><td colspan="4">监理单位验收结论</td><td colspan="3">监理工程师
年　月　日</td></tr>
</table>

表6－43　辅助坑道模板工程检验批质量验收记录表

04010609□□□

<table>
<tr><td colspan="4">单位工程名称</td><td colspan="12"></td></tr>
<tr><td colspan="4">分部工程名称</td><td colspan="12"></td></tr>
<tr><td colspan="4">分项工程名称</td><td colspan="8"></td><td colspan="2">验收部位</td><td colspan="2"></td></tr>
<tr><td colspan="4">施工单位</td><td colspan="8"></td><td colspan="2">项目负责人</td><td colspan="2"></td></tr>
<tr><td colspan="4">施工质量验收标准名称及编号</td><td colspan="12">《铁路隧道工程施工质量验收标准》TB 10417—2003</td></tr>
<tr><td colspan="5">施工质量验收标准的规定</td><td colspan="10">施工单位检查评定记录</td><td>监理单位验收记录</td></tr>
<tr><td rowspan="3">主控项目</td><td>1</td><td colspan="2">模板台车、移动台架要求</td><td>第9.7.1条</td><td colspan="10"></td><td></td></tr>
<tr><td>2</td><td colspan="2">模板安装要求</td><td>第9.7.2条</td><td colspan="10"></td><td></td></tr>
<tr><td>3</td><td colspan="2">衬砌承重模板、支架拆除</td><td>第9.7.3条</td><td colspan="10"></td><td></td></tr>
<tr><td rowspan="6">一般项目</td><td>1</td><td colspan="2">非承重模板及支架拆除</td><td>第9.7.4条</td><td colspan="10"></td><td rowspan="6"></td></tr>
<tr><td rowspan="5">2</td><td rowspan="5">模板安装允许偏差/mm</td><td>边墙脚</td><td>±15</td><td></td><td></td><td></td><td></td><td></td><td></td><td></td><td></td><td></td><td></td></tr>
<tr><td>起拱线</td><td>±10</td><td></td><td></td><td></td><td></td><td></td><td></td><td></td><td></td><td></td><td></td></tr>
<tr><td>拱顶</td><td>±10
0</td><td></td><td></td><td></td><td></td><td></td><td></td><td></td><td></td><td></td><td></td></tr>
<tr><td>模板表面平整度</td><td>5</td><td></td><td></td><td></td><td></td><td></td><td></td><td></td><td></td><td></td><td></td></tr>
<tr><td>相邻段表面高低差</td><td>±10</td><td></td><td></td><td></td><td></td><td></td><td></td><td></td><td></td><td></td><td></td></tr>
<tr><td colspan="3">施工单位检查评定结果</td><td colspan="13">专职质量检查员　年　月　日
分项工程技术负责人　年　月　日
分项工程负责人　年　月　日</td></tr>
<tr><td colspan="3">监理单位验收结论</td><td colspan="13">监理工程师
年　月　日</td></tr>
</table>

表6-44　辅助坑道坑道口及其封闭检验批质量验收记录表

040106011□□□

<table>
<tr><td colspan="3">单位工程名称</td><td colspan="3"></td></tr>
<tr><td colspan="3">分部工程名称</td><td colspan="3"></td></tr>
<tr><td colspan="3">分项工程名称</td><td colspan="2"></td><td>验收部位</td></tr>
<tr><td colspan="3">施工单位</td><td colspan="2"></td><td>项目负责人</td></tr>
<tr><td colspan="3">施工质量验收标准名称及编号</td><td colspan="3">《铁路隧道工程施工质量验收标准》TB 10417—2003</td></tr>
<tr><td colspan="4">施工质量验收标准的规定</td><td>施工单位检查评定记录</td><td>监理单位验收记录</td></tr>
<tr><td rowspan="3">主控项目</td><td>1</td><td>坑道口边坡、仰坡开挖</td><td>第9.9.1条</td><td></td><td></td></tr>
<tr><td>2</td><td>横洞、平行导坑洞门与洞口段衬砌</td><td>第9.9.2条</td><td></td><td></td></tr>
<tr><td>3</td><td>竖井与斜井锁口圈、井口段衬砌、马头门结构形式及断面</td><td>第9.9.3条</td><td></td><td></td></tr>
<tr><td rowspan="2">一般项目</td><td>1</td><td>辅助坑道洞、井口封闭</td><td>第9.9.4条</td><td></td><td rowspan="2"></td></tr>
<tr><td>2</td><td>辅助坑道与正洞连接处的封闭</td><td>第9.9.5条</td><td></td></tr>
<tr><td colspan="3">施工单位检查评定结果</td><td colspan="3">专职质量检查员　　年　月　日
分项工程技术负责人　　年　月　日
分项工程负责人　　年　月　日</td></tr>
<tr><td colspan="3">监理单位验收结论</td><td colspan="3">监理工程师
年　月　日</td></tr>
</table>

表 6-45 运营通风土建工程检验批质量验收记录表

04010701□□□

<table>
<tr><td colspan="3">单位工程名称</td><td colspan="3"></td></tr>
<tr><td colspan="3">分部工程名称</td><td colspan="3"></td></tr>
<tr><td colspan="3">分项工程名称</td><td colspan="2"></td><td>验收部位</td></tr>
<tr><td colspan="3">施工单位</td><td colspan="2"></td><td>项目负责人</td></tr>
<tr><td colspan="3">施工质量验收标准名称及编号</td><td colspan="3">《铁路隧道工程施工质量验收标准》TB 10417—2003</td></tr>
<tr><td colspan="4">施工质量验收标准的规定</td><td>施工单位检查评定记录</td><td>监理单位验收记录</td></tr>
<tr><td rowspan="6">主控项目</td><td>1</td><td>通风机房位置、结构构造</td><td>第 10.2.1 条</td><td></td><td></td></tr>
<tr><td>2</td><td>通风机房基座基础承载力</td><td>第 10.2.2 条</td><td></td><td></td></tr>
<tr><td>3</td><td>通风机房基座基础质量、预埋件位置</td><td>第 10.2.3 条</td><td></td><td></td></tr>
<tr><td>4</td><td>风道位置及构造尺寸</td><td>第 10.2.4 条</td><td></td><td></td></tr>
<tr><td>5</td><td>风道混凝土强度等级</td><td>第 10.2.5 条</td><td></td><td></td></tr>
<tr><td>6</td><td>风道混凝土衬砌厚度</td><td>第 10.2.6 条</td><td></td><td></td></tr>
<tr><td>一般项目</td><td>1</td><td>风道混凝土表面质量</td><td>第 10.2.7 条</td><td></td><td></td></tr>
<tr><td colspan="2">施工单位检查评定结果</td><td colspan="4">专职质量检查员 年 月 日
分项工程技术负责人 年 月 日
分项工程负责人 年 月 日</td></tr>
<tr><td colspan="2">监理单位验收结论</td><td colspan="4">监理工程师
年 月 日</td></tr>
</table>

表 6－46 隧道消防工程检验批质量验收记录表

04010702□□□

单位工程名称			
分部工程名称			
分项工程名称		验收部位	
施工单位		项目负责人	
施工质量验收标准名称及编号	《铁路隧道工程施工质量验收标准》TB 10417—2003		

施工质量验收标准的规定						施工单位检查评定记录	监理单位验收记录
主控项目	1	隧道内消防水管、消火栓、消火箱、防火门的规格、型号、质量			第 10.3.1 条		
主控项目	2	消火栓、消火箱安装位置、启闭效果			第 10.3.2 条		
主控项目	3	消防管道水压试验			第 10.3.3 条		
一般项目	1	消防管道防腐处理及穿墙要求			第 10.3.4 条		
一般项目	2	管道阀门安装规定			第 10.3.5 条		
一般项目	3	消防管道安装允许偏差/mm	管道安装	中心线	±15		
一般项目	3	消防管道安装允许偏差/mm	管道安装	高程	±10		
一般项目	3	消防管道安装允许偏差/mm	管道支座	纵向	±50		
一般项目	3	消防管道安装允许偏差/mm	管道支座	横向、高程	±10		
一般项目	3	消防管道安装允许偏差/mm	钢管切口垂直度		管径的 1% 且不大于 2 mm		

施工单位检查评定结果	专职质量检查员 年 月 日 分项工程技术负责人 年 月 日 分项工程负责人 年 月 日
监理单位验收结论	监理工程师 年 月 日

表 6－47　电缆槽工程检验批质量验收记录表

04010703□□□

<table>
<tr><td colspan="2">单位工程名称</td><td colspan="4"></td></tr>
<tr><td colspan="2">分部工程名称</td><td colspan="4"></td></tr>
<tr><td colspan="2">分项工程名称</td><td colspan="2"></td><td>验收部位</td><td></td></tr>
<tr><td colspan="2">施工单位</td><td colspan="2"></td><td>项目负责人</td><td></td></tr>
<tr><td colspan="3">施工质量验收标准名称及编号</td><td colspan="3">《铁路隧道工程施工质量验收标准》TB 10417—2003</td></tr>
<tr><td colspan="4">施工质量验收标准的规定</td><td>施工单位检查评定记录</td><td>监理单位验收记录</td></tr>
<tr><td rowspan="3">主控项目</td><td>1</td><td>电缆槽布置、结构形式、沟底高程、纵向坡度</td><td>第 10.4.1 条</td><td></td><td></td></tr>
<tr><td>2</td><td>泄水槽位置、间距</td><td>第 10.4.2 条</td><td></td><td></td></tr>
<tr><td>3</td><td>电缆槽盖板的规格、尺寸、强度、外观质量</td><td>第 10.4.3 条</td><td></td><td></td></tr>
<tr><td rowspan="3">一般项目</td><td>1</td><td>电缆槽质量要求</td><td>第 10.4.4 条</td><td></td><td rowspan="3"></td></tr>
<tr><td>2</td><td>电缆槽盖板铺设要求</td><td>第 10.4.5 条</td><td></td></tr>
<tr><td>3</td><td>电缆槽断面尺寸</td><td>第 10.4.6 条</td><td></td></tr>
<tr><td colspan="3">施工单位检查
评定结果</td><td colspan="3">专职质量检查员　年　月　日
分项工程技术负责人　年　月　日
分项工程负责人　年　月　日</td></tr>
<tr><td colspan="3">监理单位验收结论</td><td colspan="3">监理工程师
年　月　日</td></tr>
</table>

表 6－48　明洞开挖检验批质量验收记录表

04010801□□□

<table>
<tr><td colspan="3">单位工程名称</td><td colspan="4"></td></tr>
<tr><td colspan="3">分部工程名称</td><td colspan="4"></td></tr>
<tr><td colspan="3">分项工程名称</td><td colspan="2"></td><td>验收部位</td><td></td></tr>
<tr><td colspan="3">施工单位</td><td colspan="2"></td><td>项目负责人</td><td></td></tr>
<tr><td colspan="3">施工质量验收标准名称及编号</td><td colspan="4">《铁路隧道工程施工质量验收标准》TB 10417—2003</td></tr>
<tr><td colspan="4">施工质量验收标准的规定</td><td colspan="2">施工单位检查评定记录</td><td>监理单位验收记录</td></tr>
<tr><td rowspan="4">主控项目</td><td>1</td><td>开挖方法和开挖范围</td><td>第 11.3.1 条</td><td colspan="2"></td><td></td></tr>
<tr><td>2</td><td>明洞开挖中线和高程</td><td>第 11.3.2 条</td><td colspan="2"></td><td></td></tr>
<tr><td>3</td><td>明洞边墙地质情况、地基载力</td><td>第 11.3.3 条</td><td colspan="2"></td><td></td></tr>
<tr><td>4</td><td>明洞基底清理</td><td>第 11.3.4 条</td><td colspan="2"></td><td></td></tr>
<tr><td rowspan="2">一般项目</td><td>1</td><td>地基加固</td><td>第 11.3.5 条</td><td colspan="2"></td><td rowspan="2"></td></tr>
<tr><td>2</td><td>明洞边墙与基底允许超欠挖</td><td>第 11.3.6 条</td><td colspan="2"></td></tr>
<tr><td colspan="3">施工单位检查评定结果</td><td colspan="4">专职质量检查员　年　月　日
分项工程技术负责人　年　月　日
分项工程负责人　年　月　日</td></tr>
<tr><td colspan="3">监理单位验收结论</td><td colspan="4">监理工程师
年　月　日</td></tr>
</table>

表 6－49　明洞模板及支架工程检验批质量验收记录表

04010802□□□

单位工程名称			
分部工程名称			
分项工程名称		验收部位	
施工单位		项目负责人	
施工质量验收标准名称及编号	《铁路隧道工程施工质量验收标准》TB 10417—2003		

施工质量验收标准的规定						施工单位检查评定记录	监理单位验收记录
主控项目	1	明洞模板及支架质量			第 11.3.1 条		
主控项目	2	明洞模板安装要求			第 11.3.2 条		
主控项目	3	承重模板及支架拆除			第 11.3.3 条		
一般项目	1	非承重模板拆除			第 11.3.4 条		
一般项目	2	允许偏差/mm	边墙脚		±15		
一般项目	2	允许偏差/mm	起拱线		±10		
一般项目	2	允许偏差/mm	拱顶		±10 0		
一般项目	2	允许偏差/mm	模板表面平整度		5		
一般项目	2	允许偏差/mm	相邻浇筑段表面高低差		±10		
一般项目	3	允许偏差/mm	预留孔洞	中心线位置	10		
一般项目	3	允许偏差/mm	预留孔洞	尺寸	+10 0		
一般项目	3	允许偏差/mm	预埋件中心线位置		3		
施工单位检查评定结果						专职质量检查员　年　月　日 分项工程技术负责人　年　月　日 分项工程负责人　年　月　日	
监理单位验收结论						监理工程师 年　月　日	

表 6－50　明洞衬砌混凝土(施工)工程检验批质量验收记录表(Ⅱ)

04010804□□□

单位工程名称			
分部工程名称			
分项工程名称		验收部位	
施工单位		项目负责人	
施工质量验收标准名称及编号	《铁路隧道工程施工质量验收标准》TB 10417—2003		

施工质量验收标准的规定					施工单位检查评定记录	监理单位验收记录
主控项目	1	混凝土强度等级		第 7.4.9 条		
	2	明洞边墙拱圈衬砌厚度		第 11.5.4 条		
	3	超挖回填		第 11.5.5 条		
	4	施工缝、变形缝处理		第 11.5.6 条		
	5	混凝土运输浇筑要求		第 7.4.13 条		
	6	混凝土养护		第 7.4.14 条		
一般项目	1	施工配合比		第 7.4.17 条		
	2	进水孔、泄水孔、泄水槽		第 7.4.19 条		
	3	混凝土外观		第 11.5.11 条		
	4	混凝土外形尺寸允许偏差/mm	平面位置	±10		
			垂直度/‰	2		
			拱部高程	+30 0		
			平整度	±15		

施工单位检查评定结果	专职质量检查员　　年　月　日 分项工程技术负责人　　年　月　日 分项工程负责人　　年　月　日
监理单位验收结论	监理工程师 年　月　日

表 6－51　明洞防排水检验批质量验收记录表

04010805□□□

<table>
<tr><td colspan="3">单位工程名称</td><td colspan="3"></td></tr>
<tr><td colspan="3">分部工程名称</td><td colspan="3"></td></tr>
<tr><td colspan="3">分项工程名称</td><td colspan="2"></td><td>验收部位</td></tr>
<tr><td colspan="3">施工单位</td><td colspan="2"></td><td>项目负责人</td></tr>
<tr><td colspan="3">施工质量验收标准名称及编号</td><td colspan="3">《铁路隧道工程施工质量验收标准》TB 10417—2003</td></tr>
<tr><td colspan="4">施工质量验收标准的规定</td><td>施工单位检查评定记录</td><td>监理单位验收记录</td></tr>
<tr><td rowspan="5">主控项目</td><td>1</td><td>明洞顶部、内墙及洞门背防水型式</td><td>第 11.6.1 条</td><td></td><td></td></tr>
<tr><td>2</td><td>卷材防水层及配套材料质量</td><td>第 11.6.2 条</td><td></td><td></td></tr>
<tr><td>3</td><td>砂浆防水层配合比设计</td><td>第 11.6.3 条</td><td></td><td></td></tr>
<tr><td>4</td><td>卷材防水层细部做法</td><td>第 11.6.4 条</td><td></td><td></td></tr>
<tr><td>5</td><td>综合排水效果</td><td>第 11.6.5 条</td><td></td><td></td></tr>
<tr><td rowspan="7">一般项目</td><td>1</td><td>防水层基底条件</td><td>第 11.6.6 条</td><td></td><td rowspan="7"></td></tr>
<tr><td>2</td><td>卷材防水层接缝要求</td><td>第 11.6.7 条</td><td></td></tr>
<tr><td>3</td><td>卷材防水层保护层要求</td><td>第 11.6.8 条</td><td></td></tr>
<tr><td>4</td><td>砂浆防水层施工要求</td><td>第 11.6.10 条</td><td></td></tr>
<tr><td>5</td><td>砂浆防水层养护要求</td><td>第 11.6.11 条</td><td></td></tr>
<tr><td>6</td><td>拱背黏土隔水层要求</td><td>第 11.6.12 条</td><td></td></tr>
<tr><td>7</td><td>卷材防水层搭接宽度允许偏差/mm</td><td>10</td><td></td></tr>
<tr><td colspan="3">施工单位检查评定结果</td><td colspan="3">专职质量检查员　年　月　日
分项工程技术负责人　年　月　日
分项工程负责人　年　月　日</td></tr>
<tr><td colspan="3">监理单位验收结论</td><td colspan="3">监理工程师
年　月　日</td></tr>
</table>

表 6－52　明洞回填检验批质量验收记录表

04010807□□□

<table>
<tr><td colspan="4">单位工程名称</td><td colspan="4"></td></tr>
<tr><td colspan="4">分部工程名称</td><td colspan="4"></td></tr>
<tr><td colspan="4">分项工程名称</td><td colspan="2"></td><td>验收部位</td><td></td></tr>
<tr><td colspan="4">施工单位</td><td colspan="2"></td><td>项目负责人</td><td></td></tr>
<tr><td colspan="4">施工质量验收标准名称及编号</td><td colspan="4">《铁路隧道工程施工质量验收标准》TB 10417—2003</td></tr>
<tr><td colspan="5">施工质量验收标准的规定</td><td colspan="2">施工单位检查评定记录</td><td>监理单位验收记录</td></tr>
<tr><td rowspan="4">主控项目</td><td>1</td><td colspan="2">墙背回填要求</td><td>第 11.8.1 条</td><td colspan="2"></td><td rowspan="6"></td></tr>
<tr><td rowspan="3">2</td><td rowspan="3">拱顶回填</td><td>量度</td><td rowspan="3">第 11.8.2 条</td><td colspan="2"></td></tr>
<tr><td>坡度</td><td colspan="2"></td></tr>
<tr><td>回填材料</td><td colspan="2"></td></tr>
<tr><td rowspan="2">主控项目</td><td>1</td><td colspan="2">墙背排水设施施工要求</td><td>第 11.8.3 条</td><td colspan="2"></td></tr>
<tr><td>2</td><td colspan="2">回填分层厚度及施工要求</td><td>第 11.8.4 条</td><td colspan="2"></td></tr>
<tr><td colspan="4">施工单位检查评定结果</td><td colspan="4">专职质量检查员　　年　月　日
分项工程技术负责人　　年　月　日
分项工程负责人　　年　月　日</td></tr>
<tr><td colspan="4">监理单位验收结论</td><td colspan="4">监理工程师
年　月　日</td></tr>
</table>

单元七　轨道工程资料

【知识目标】

掌握轨道工程检验批验收记录表格的应用。

【能力目标】

通过本单元的教学，使学生初步具有轨道工程检验批验收记录表格整理的技能，逐步培养学生的轨道工程资料整理的能力。

学习项目一　检验批验收记录表格的应用

轨道工程施工质量验收划分为单位工程、分部工程、分项工程和检验批。单位工程应按一个完整工程或一个相当规模的施工范围划分，正线轨道按一个区间（以站中心为界、含正线道岔）划分，当区间内含有不同类型轨道时，也可按轨道类型划分。

分部工程应按一个完整部位或主要结构及施工阶段划分。分项工程应按工种、工序、材料、施工工艺划分。检验批可根据施工及质量控制和验收需要按长度、施工段、处等进行划分。轨道工程的单位工程、分部工程、分项工程和检验批的划分及编号应符合表 7－1 ~ 表 7－23 的要求。

表 7－1　轨道工程的单位工程、分部工程、分项工程和检验批的划分及编号

分部工程	分项工程	检验批规模	检验批表格名称
01 线路基桩	01 基桩测设	2 km	基桩测设检验批质量验收记录表
02 有碴道床	01 铺底层道碴	5 km	铺底层道碴检验批质量验收记录表
	02 上碴整道		上碴整道检验批质量验收记录表
	03 道岔铺碴整道	组	道岔铺碴整道检验批质量验收记录表
03 基地钢轨焊接	01 基地钢轨焊接	500 个焊头	基地钢轨焊接检验批质量验收记录表
04 有碴轨道	01 铺枕铺轨	2 km	铺枕铺轨检验批质量验收记录表
	02 工地钢轨焊接	一个区间	工地钢轨焊接检验批质量验收记录表
	03 设置位移观测桩	单元轨节	设置位移观测桩检验批质量验收记录表
	04 线路锁定		线路锁定检验批质量验收记录表
	05 轨道整理	5 km	轨道整理检验批质量验收记录表（Ⅰ）
			轨道整理检验批质量验收记录表（Ⅱ）

表 7－1(续)

分部工程	分项工程	检验批规模	检验批表格名称
05 道岔	01 铺道岔	组	铺道岔检验批质量验收记录表
	02 设置位移观测桩		设置位移观测桩检验批质量验收记录表
	03 道岔焊接及锁定		道岔焊接及锁定检验批质量验收记录表
	04 道岔整理		道岔整理检验批质量验收记录表(Ⅰ)
			道岔整理检验批质量验收记录表(Ⅱ)
06 钢轨伸缩调节器	01 铺设轨伸缩调节器	组	铺钢轨伸缩调节器检验批质量验收记录表
	02 设置位移观测桩		设置位移观测桩检验批质量验收记录表
	03 工地钢轨焊接		工地钢轨焊接检验批质量验收记录表
	04 轨道整理		轨道整理检验批质量验收记录表(Ⅰ)
			轨道整理检验批质量验收记录表(Ⅱ)
07 线路及信号标志	01 线路及信号标志	一个区间	线路及信号标志检验批质量验收记录表

表 7－2　基桩测设检验批质量验收记录表

01010101□□□

单位工程名称					
分部工程名称					
分项工程名称				验收部位	
施工单位				项目负责人	
施工质量验收标准名称及编号	《客运专线铁路轨道工程施工质量验收暂行标准》(铁建设［2005］160 号)				
施工质量验收标准的规定				施工单位检查评定记录	监理单位验收记录
主控项目	1	基桩所用材料的规格、型式、外观	第 4.0.4 条		
	2	基桩的位置及数量	第 4.0.5 条		
	3	基桩的测设精度	第 4.0.6 条		
	4	基桩标志设置牢固情况	第 4.0.7 条		
一般项目	1	基桩的标识	第 4.0.8 条		
施工单位检查评定结果	专职质量检查员　年　月　日 分项工程技术负责人　年　月　日 分项工程负责人　年　月　日				
监理单位验收结论	监理工程师 年　月　日				

表 7－3　铺底层道碴检验批质量验收记录表

01010201□□□

<table>
<tr><td colspan="4">单位工程名称</td><td colspan="6"></td></tr>
<tr><td colspan="4">分部工程名称</td><td colspan="6"></td></tr>
<tr><td colspan="4">分项工程名称</td><td colspan="3"></td><td colspan="2">验收部位</td><td></td></tr>
<tr><td colspan="4">施工单位</td><td colspan="3"></td><td colspan="2">项目负责人</td><td></td></tr>
<tr><td colspan="4">施工质量验收标准名称及编号</td><td colspan="6">《客运专线铁路轨道工程施工质量验收暂行标准》（铁建设［2005］160 号）</td></tr>
<tr><td colspan="5">施工质量验收标准的规定</td><td colspan="4">施工单位检查评定记录</td><td>监理单位验收记录</td></tr>
<tr><td rowspan="3">主控项目</td><td>1</td><td colspan="2">道碴材质</td><td>第 5.2.1 条</td><td colspan="4"></td><td></td></tr>
<tr><td>2</td><td colspan="2">道碴粒径级配、颗粒形状及清洁度</td><td>第 5.2.2 条</td><td colspan="4"></td><td></td></tr>
<tr><td>3</td><td colspan="2">道碴的碾压和压实密度</td><td>第 5.2.3 条</td><td></td><td></td><td></td><td></td><td></td></tr>
<tr><td rowspan="4">一般项目</td><td rowspan="2">1</td><td rowspan="4">道碴铺设</td><td>厚度</td><td>150 mm</td><td></td><td></td><td></td><td></td><td rowspan="4"></td></tr>
<tr><td>单线宽度</td><td>4.5 m</td><td></td><td></td><td></td><td></td></tr>
<tr><td>2</td><td>碴面平整度</td><td>20 mm/3 m</td><td></td><td></td><td></td><td></td></tr>
<tr><td>3</td><td>桥梁预铺道碴</td><td>第 5.2.6 条</td><td colspan="4"></td></tr>
<tr><td colspan="3">施工单位检查评定结果</td><td colspan="7">专职质量检查员　　年　月　日
分项工程技术负责人　　年　月　日
分项工程负责人　　年　月　日</td></tr>
<tr><td colspan="3">监理单位验收结论</td><td colspan="7">监理工程师
年　月　日</td></tr>
</table>

表 7－4　上碴整道检验批质量验收记录表

01010202□□□

单位工程名称			
分部工程名称			
分项工程名称		验收部位	
施工单位		项目负责人	
施工质量验收标准名称及编号	《客运专线铁路轨道工程施工质量验收暂行标准》(铁建设［2005］160 号)		

施工质量验收标准的规定					施工单位检查评定记录						监理单位验收记录
主控项目	1	道碴材料		第 5.3.1 条							
	2	道碴粒径级配、颗粒形状及清洁度		第 5.3.2 条							
	3	道床状态参数	道床支承刚度 /(kN/mm)	70						平均值	
			道床横向阻力 /(kN/枕)	7.5						平均值	
一般项目	1	道床断面		第 5.3.4 条							
	2	初期稳定阶段轨道静态质量几何尺寸/mm	高低	4							
			轨向	4							
			扭曲	4							
			轨距	±2							
			水平	4							

施工单位检查评定结果	专职质量检查员　年　月　日 分项工程技术负责人　年　月　日 分项工程负责人　年　月　日
监理单位验收结论	监理工程师 年　月　日

表 7－5　（有碴道床）道岔铺碴整道检验批质量验收记录表

01010203□□□

<table>
<tr><td colspan="4">单位工程名称</td><td colspan="4"></td></tr>
<tr><td colspan="4">分部工程名称</td><td colspan="4"></td></tr>
<tr><td colspan="4">分项工程名称</td><td colspan="2"></td><td>验收部位</td><td></td></tr>
<tr><td colspan="4">施工单位</td><td colspan="2"></td><td>项目负责人</td><td></td></tr>
<tr><td colspan="4">施工质量验收标准名称及编号</td><td colspan="4">《客运专线铁路轨道工程施工质量验收暂行标准》（铁建设［2005］160 号）</td></tr>
<tr><td colspan="5">施工质量验收标准的规定</td><td colspan="2">施工单位检查评定记录</td><td>监理单位验收记录</td></tr>
<tr><td rowspan="5">主控项目</td><td>1</td><td colspan="2">道碴材料</td><td>第 5.4.1 条</td><td colspan="2"></td><td></td></tr>
<tr><td>2</td><td colspan="2">道碴粒径级配、颗粒形状及清洁度</td><td>第 5.4.2 条</td><td colspan="2"></td><td></td></tr>
<tr><td>3</td><td colspan="2">道碴碾压和压实密度</td><td>第 5.4.3 条</td><td colspan="2"></td><td></td></tr>
<tr><td rowspan="2">4</td><td rowspan="2">道岔范围内的道床状态参数</td><td>道床支承刚度 /（kN/mm）</td><td>70</td><td></td><td>平均值</td><td></td></tr>
<tr><td>道床横向阻力 /（kN/枕）</td><td>7.5</td><td></td><td>平均值</td><td></td></tr>
<tr><td rowspan="3">一般项目</td><td>1</td><td colspan="2">道碴碴面平整度</td><td>10 mm/3 m</td><td colspan="2"></td><td></td></tr>
<tr><td>2</td><td colspan="2">预留起道量</td><td>≤50 mm</td><td colspan="2"></td><td></td></tr>
<tr><td>3</td><td colspan="2">道岔前后顺坡、碾压</td><td>第 5.4.7 条</td><td colspan="2"></td><td></td></tr>
<tr><td colspan="4">施工单位检查评定结果</td><td colspan="4">专职质量检查员　　年　月　日
分项工程技术负责人　　年　月　日
分项工程负责人　　年　月　日</td></tr>
<tr><td colspan="4">监理单位验收结论</td><td colspan="4">监理工程师
年　月　日</td></tr>
</table>

表 7－6 （有碴轨道）基地钢轨焊接检验批质量验收记录表

01010301□□□□

<table>
<tr><td colspan="3">单位工程名称</td><td colspan="4"></td></tr>
<tr><td colspan="3">分部工程名称</td><td colspan="4"></td></tr>
<tr><td colspan="3">分项工程名称</td><td colspan="2"></td><td>验收部位</td><td></td></tr>
<tr><td colspan="3">施工单位</td><td colspan="2"></td><td>项目负责人</td><td></td></tr>
<tr><td colspan="3">施工质量验收标准名称及编号</td><td colspan="4">《客运专线铁路轨道工程施工质量验收暂行标准》（铁建设［2005］160 号）</td></tr>
<tr><td colspan="5">施工质量验收标准的规定</td><td>施工单位检查评定记录</td><td>监理（建设）单位验收记录</td></tr>
<tr><td rowspan="10">主控项目</td><td>1</td><td colspan="2">待焊钢轨材质</td><td>第 6.0.4 条</td><td></td><td></td></tr>
<tr><td>2</td><td colspan="2">待焊钢轨外观、类型、规格</td><td>第 6.0.5 条</td><td></td><td></td></tr>
<tr><td>3</td><td colspan="2">钢轨焊接接头的型式检验</td><td>第 6.0.6 条</td><td></td><td></td></tr>
<tr><td>4</td><td colspan="2">钢轨焊接接头的生产检验</td><td>第 6.0.7 条</td><td></td><td></td></tr>
<tr><td>5</td><td colspan="2">钢轨焊接接头的探伤检查</td><td>第 6.0.8 条</td><td></td><td></td></tr>
<tr><td>6</td><td colspan="2">钢轨焊接接头的外观质量</td><td>第 6.0.9 条</td><td></td><td></td></tr>
<tr><td>7</td><td colspan="2">钢轨焊接接头的打磨质量</td><td>第 6.0.10 条</td><td></td><td></td></tr>
<tr><td rowspan="3">8</td><td rowspan="3">焊接接头平直度/mm</td><td>轨顶面</td><td>第 6.0.11 条</td><td rowspan="3"></td><td rowspan="3"></td></tr>
<tr><td>轨头内侧工作面</td><td>第 6.0.11 条</td></tr>
<tr><td>轨底（焊筋）</td><td>第 6.0.11 条</td></tr>
<tr><td>一般项目</td><td>1</td><td colspan="2">长钢轨及焊接接头编号标记和记录</td><td>第 6.0.12 条</td><td></td><td></td></tr>
<tr><td colspan="3">施工单位检查评定结果</td><td colspan="4">专职质量检查员　　年　月　日
分项工程技术负责人　　年　月　日
分项工程负责人　　年　月　日</td></tr>
<tr><td colspan="3">监理单位验收结论</td><td colspan="4">监理工程师
年　月　日</td></tr>
</table>

表 7－7　铺枕铺轨检验批质量验收记录表

01010401□□□□□

单位工程名称			
分部工程名称			
分项工程名称		验收部位	
施工单位		项目负责人	
施工质量验收标准名称及编号	《客运专线铁路轨道工程施工质量验收暂行标准》(铁建设［2005］160 号)		

					施工单位检查评定记录	监理单位验收记录
施工质量验收标准的规定						
主控项目	1	长钢轨类型、规格、质量		第 7.1.3 条		
主控项目	2	轨枕及配件类型、规格、质量		第 7.1.4 条		
主控项目	3	轨枕的外观质量和各部尺寸		第 7.1.5 条		
主控项目	4	扣件的扣压力		第 7.1.6 条		
主控项目	5	扣配件的型式尺寸		第 7.1.7 条		
主控项目	6	轨枕及扣配件的铺设数量		第 7.1.8 条		
主控项目	7	钢轨胶接绝缘接头的类型、规格、铺设位置质量		第 7.1.9 条		
一般项目	1	轨枕方正	间距允许偏差	±20 mm		
一般项目	1	轨枕方正	连续 6 根轨枕的距离允许偏差	±30 mm		
一般项目	2	轨道中心线允许偏差		30 mm		
一般项目	3	胶接绝缘接头设置	左右两股的接头应相对	第 7.1.12 条		
一般项目	3	胶接绝缘接头设置	轨缝绝缘端板距轨枕边缘	不宜小于 100 mm		
一般项目	4	联结轨枕时	绝缘轨距块的配置	第 7.1.13 条		
一般项目	4	联结轨枕时	各种零件安装	第 7.1.13 条		

施工单位检查评定结果	专职质量检查员　年　月　日 分项工程技术负责人　年　月　日 分项工程负责人　年　月　日
监理单位验收结论	监理工程师 年　月　日

表 7－8　(有碴轨道)工地钢轨焊接检验批质量验收记录表

01010402□□□□

<table>
<tr><td>单位工程名称</td><td colspan="3"></td></tr>
<tr><td>分部工程名称</td><td colspan="3"></td></tr>
<tr><td>分项工程名称</td><td></td><td>验收部位</td><td></td></tr>
<tr><td>施工单位</td><td></td><td>项目负责人</td><td></td></tr>
<tr><td colspan="4">施工质量验收标准名称及编号《客运专线铁路轨道工程施工质量验收暂行标准》(铁建设［2005］160 号)</td></tr>
</table>

<table>
<tr><td colspan="5">施工质量验收标准的规定</td><td>施工单位检查评定记录</td><td>监理单位验收记录</td></tr>
<tr><td rowspan="9">主控项目</td><td>1</td><td colspan="2">钢轨焊接接头的型式检验</td><td>第 6.0.6 条</td><td></td><td></td></tr>
<tr><td>2</td><td colspan="2">钢轨焊接接头的生产检验</td><td>第 6.0.7 条</td><td></td><td></td></tr>
<tr><td>3</td><td colspan="2">钢轨焊接接头的探伤检查</td><td>第 6.0.8 条</td><td></td><td></td></tr>
<tr><td>4</td><td colspan="2">胶接绝缘接头的电绝缘性能</td><td>第 7.2.8 条</td><td></td><td></td></tr>
<tr><td>5</td><td colspan="2">工地钢轨焊接要求</td><td>第 7.2.9 条</td><td></td><td></td></tr>
<tr><td>6</td><td colspan="2">焊接接头的外观质量</td><td>第 7.2.10 条</td><td></td><td></td></tr>
<tr><td rowspan="3">7</td><td rowspan="3">焊接接头平直度/mm</td><td>轨顶面</td><td>第 6.0.11 条</td><td rowspan="3"></td><td rowspan="3"></td></tr>
<tr><td>轨头内侧工作面</td><td>第 6.0.11 条</td></tr>
<tr><td>轨底(焊筋)</td><td>第 6.0.11 条</td></tr>
<tr><td rowspan="3">一般项目</td><td>1</td><td colspan="2">左右股单元轨节锁定焊接头相对错动量</td><td>不宜大于 100 mm</td><td rowspan="3"></td><td rowspan="3"></td></tr>
<tr><td>2</td><td colspan="2">单元轨节起止点设置</td><td>第 7.2.13 条</td></tr>
<tr><td>3</td><td colspan="2">工地钢轨焊接接头编号标记和记录</td><td>第 7.2.14 条</td></tr>
</table>

<table>
<tr><td>施工单位检查评定结果</td><td>专职质量检查员　　年　月　日
分项工程技术负责人　　年　月　日
分项工程负责人　　年　月　日</td></tr>
<tr><td>监理单位验收结论</td><td>监理工程师
年　月　日</td></tr>
</table>

表 7－9　(有碴轨道)设置位移观测桩检验批质量验收记录表

01010403□□□

<table>
<tr><td colspan="4">单位工程名称</td><td colspan="3"></td></tr>
<tr><td colspan="4">分部工程名称</td><td colspan="3"></td></tr>
<tr><td colspan="4">分项工程名称</td><td></td><td>验收部位</td><td></td></tr>
<tr><td colspan="4">施工单位</td><td></td><td>项目负责人</td><td></td></tr>
<tr><td colspan="4">施工质量验收标准名称及编号</td><td colspan="3">《客运专线铁路轨道工程施工质量验收暂行标准》(铁建设［2005］160 号)</td></tr>
<tr><td colspan="4">施工质量验收标准的规定</td><td colspan="2">施工单位检查评定记录</td><td>监理(建设)单位验收记录</td></tr>
<tr><td rowspan="4">主控项目</td><td>1</td><td>位移观测桩的式样、规格和材料</td><td>第 7.3.3 条</td><td colspan="2"></td><td></td></tr>
<tr><td rowspan="3">2</td><td>位移观测桩预先设置牢固情况</td><td rowspan="3">第 7.3.4 条</td><td colspan="2"></td><td></td></tr>
<tr><td>位移观测桩设置的对数、位置</td><td colspan="2"></td><td></td></tr>
<tr><td>单元轨节两端就位后标记情况</td><td colspan="2"></td><td></td></tr>
<tr><td rowspan="2">一般项目</td><td rowspan="2">1</td><td>位移观测桩的编号情况</td><td rowspan="2">第 7.3.5 条</td><td colspan="2"></td><td rowspan="2"></td></tr>
<tr><td>每对位移观测桩基准点连线与线路中线的垂直情况</td><td colspan="2"></td></tr>
<tr><td colspan="3">施工单位检查评定结果</td><td colspan="4">专职质量检查员　　年　月　日
分项工程技术负责人　　年　月　日
分项工程负责人　　年　月　日</td></tr>
<tr><td colspan="3">监理单位验收结论</td><td colspan="4">监理工程师
年　月　日</td></tr>
</table>

表 7－10 （有碴轨道）线路锁定检验批质量验收记录表

01010404□□□

单位工程名称				
分部工程名称				
分项工程名称			验收部位	
施工单位			项目负责人	
施工质量验收标准名称及编号	《客运专线铁路轨道工程施工质量验收暂行标准》（铁建设［2005］160 号）			

		施工质量验收标准的规定		施工单位检查评定记录	监理单位验收记录
主控项目	1	应力放散时的钢轨位移量	第 7.4.5 条		
	2	实际锁定轨温	设计要求		
		相邻单元轨节间的锁定轨温之差	不应大于 5 ℃		
		同一单元轨节左右股钢轨的锁定轨温之差	不应大于 3 ℃		
		同一区间内单元轨节的最高与最低锁定轨温之差	不应大于 10 ℃		
一般项目	1	轨道纵向位移“零点”标记	第 7.4.7 条		

施工单位检查评定结果	专职质量检查员　　年　月　日 分项工程技术负责人　　年　月　日 分项工程负责人　　年　月　日
监理单位验收结论	监理工程师 年　月　日

表 7－11 （有碴轨道）轨道整理检验批质量验收记录表（Ⅰ）

01010405□□□

单位工程名称			
分部工程名称			
分项工程名称		验收部位	
施工单位		项目负责人	
施工质量验收标准名称及编号	《客运专线铁路轨道工程施工质量验收暂行标准》（铁建设［2005］160 号）		

施工质量验收标准的规定					施工单位检查评定记录						监理单位验收记录
主控项目	1	道床稳定状态参数指标	道床密度/（g/cm^3）	第 7.5.5 条						平均值	
			道床刚度/（kN/mm）	第 7.5.5 条						平均值	
			道床横向阻力/（kN/枕）	第 7.5.5 条						平均值	
			道床纵向阻力/（kN/枕）	第 7.5.5 条						平均值	
	2	钢轨头部工作边实际横断面允许偏差		±0.3 mm							
	3	轨道静态平顺度/mm	轨距	第 7.5.7 条							
			高低	第 7.5.7 条							
			水平	第 7.5.7 条							
			扭曲	第 7.5.7 条							
			轨向	第 7.5.7 条							

施工单位检查评定结果	专职质量检查员 分项工程技术负责人 分项工程负责人	年 月 日 年 月 日 年 月 日
监理单位验收结论	监理工程师	年 月 日

表 7－12　（有碴轨道）轨道整理检验批质量验收记录表（Ⅱ）

01010405□□□

单位工程名称			
分部工程名称			
分项工程名称		验收部位	
施工单位		项目负责人	
施工质量验收标准名称及编号	《客运专线铁路轨道工程施工质量验收暂行标准》（铁建设［2005］160 号）		

<table>
<tr><th colspan="6">施工质量验收标准的规定</th><th>施工单位检查评定记录</th><th>监理单位验收记录</th></tr>
<tr><td rowspan="11">一般项目</td><td>1</td><td colspan="3">轨道外观</td><td>第 7.5.9 条</td><td></td><td rowspan="11"></td></tr>
<tr><td>2</td><td colspan="3">道床质量</td><td>第 7.5.10 条</td><td></td></tr>
<tr><td>3</td><td colspan="3">钢轨预打磨后的表面质量</td><td>第 7.5.11 条</td><td></td></tr>
<tr><td rowspan="3">4</td><td rowspan="8">允许偏差/mm</td><td colspan="2">道床厚度</td><td>－20</td><td></td></tr>
<tr><td colspan="2">碴肩宽度</td><td>±20</td><td></td></tr>
<tr><td colspan="2">碴肩堆高</td><td>不得有负偏差</td><td></td></tr>
<tr><td rowspan="5">5</td><td rowspan="3">轨面高程</td><td>一般路基上</td><td>±20</td><td></td></tr>
<tr><td>建筑物上</td><td>±10</td><td></td></tr>
<tr><td>紧靠站台</td><td>0，+20</td><td></td></tr>
<tr><td colspan="2">轨道中线</td><td>30</td><td></td></tr>
<tr><td colspan="2">线间距</td><td>0，+20</td><td></td></tr>
</table>

施工单位检查评定结果	专职质量检查员　年　月　日 分项工程技术负责人　年　月　日 分项工程负责人　年　月　日
监理单位验收结论	监理工程师 年　月　日

表 7-13 铺道岔检验批质量验收记录表

01010501□□□

<table>
<tr><td colspan="3">单位工程名称</td><td colspan="3"></td></tr>
<tr><td colspan="3">分部工程名称</td><td colspan="3"></td></tr>
<tr><td colspan="3">分项工程名称</td><td colspan="2"></td><td>验收部位</td></tr>
<tr><td colspan="3">施工单位</td><td colspan="2"></td><td>项目负责人</td></tr>
<tr><td colspan="3">施工质量验收标准名称及编号</td><td colspan="3">《客运专线铁路轨道工程施工质量验收暂行标准》(铁建设[2005]160号)</td></tr>
<tr><td colspan="4">施工质量验收标准的规定</td><td>施工单位检查评定记录</td><td>监理单位验收记录</td></tr>
<tr><td rowspan="5">主控项目</td><td>1</td><td>道岔的类型、规格和质量</td><td>第 8.1.6 条</td><td></td><td></td></tr>
<tr><td>2</td><td>岔枕的类型、规格、质量、铺设数量和布置</td><td>第 8.1.7 条</td><td></td><td></td></tr>
<tr><td>3</td><td>基本轨、尖轨、辙叉及配件</td><td>第 8.1.8 条</td><td></td><td></td></tr>
<tr><td>4</td><td>道岔转辙器安装</td><td>第 8.1.9 条</td><td></td><td></td></tr>
<tr><td>5</td><td>辙叉安装</td><td>第 8.1.10 条</td><td></td><td></td></tr>
<tr><td rowspan="4">一般项目</td><td rowspan="2">1</td><td>道岔轨道中心线</td><td rowspan="2">第 8.1.11 条</td><td></td><td rowspan="4"></td></tr>
<tr><td>零配件安装与标记</td><td></td></tr>
<tr><td>2</td><td>螺栓扭矩</td><td>第 8.1.12 条</td><td></td></tr>
<tr><td>3</td><td>道岔各部分允许偏差</td><td>第 8.1.13 条</td><td></td></tr>
<tr><td colspan="3">施工单位检查评定结果</td><td colspan="3">专职质量检查员 年 月 日
分项工程技术负责人 年 月 日
分项工程负责人 年 月 日</td></tr>
<tr><td colspan="3">监理单位验收结论</td><td colspan="3">监理工程师
年 月 日</td></tr>
</table>

表 7－14 （有碴轨道道岔）设置位移观测桩检验批质量验收记录表

01010502□□□

<table>
<tr><td colspan="3">单位工程名称</td><td colspan="4"></td></tr>
<tr><td colspan="3">分部工程名称</td><td colspan="4"></td></tr>
<tr><td colspan="3">分项工程名称</td><td></td><td>验收部位</td><td colspan="2"></td></tr>
<tr><td colspan="3">施工单位</td><td></td><td>项目负责人</td><td colspan="2"></td></tr>
<tr><td colspan="3">施工质量验收标准名称及编号</td><td colspan="4">《客运专线铁路轨道工程施工质量验收暂行标准》（铁建设［2005］160 号）</td></tr>
<tr><td colspan="4">施工质量验收标准的规定</td><td colspan="2">施工单位检查评定记录</td><td>监理（建设）单位验收记录</td></tr>
<tr><td rowspan="4">主控项目</td><td>1</td><td>位移观测桩的式样、规格和材料</td><td>第 7.3.3 条</td><td colspan="2"></td><td rowspan="4"></td></tr>
<tr><td rowspan="3">2</td><td>位移观测桩预先设置牢固情况</td><td rowspan="3">第 7.3.4 条</td><td colspan="2"></td></tr>
<tr><td>位移观测桩设置的对数、位置</td><td colspan="2"></td></tr>
<tr><td>单元轨节两端就位后标记情况</td><td colspan="2"></td></tr>
<tr><td rowspan="2">一般项目</td><td rowspan="2">1</td><td>位移观测桩的编号情况</td><td rowspan="2">第 7.3.5 条</td><td colspan="2"></td><td rowspan="2"></td></tr>
<tr><td>每对位移观测桩基准点连线与线路中线的垂直情况</td><td colspan="2"></td></tr>
<tr><td colspan="3">施工单位检查评定结果</td><td colspan="4">专职质量检查员　　年　月　日
分项工程技术负责人　　年　月　日
分项工程负责人　　年　月　日</td></tr>
<tr><td colspan="3">监理单位验收结论</td><td colspan="4">监理工程师
年　月　日</td></tr>
</table>

表 7－15　（有碴轨道）道岔焊接及锁定检验批质量验收记录表

01010503□□□□

<table>
<tr><td>单位工程名称</td><td colspan="7"></td></tr>
<tr><td>分部工程名称</td><td colspan="7"></td></tr>
<tr><td>分项工程名称</td><td colspan="4"></td><td>验收部位</td><td colspan="2"></td></tr>
<tr><td>施工单位</td><td colspan="4"></td><td>项目负责人</td><td colspan="2"></td></tr>
<tr><td colspan="2">施工质量验收标准名称及编号</td><td colspan="6">《客运专线铁路轨道工程施工质量验收暂行标准》（铁建设［2005］160 号）</td></tr>
<tr><td colspan="5">施工质量验收标准的规定</td><td colspan="2">施工单位检查评定记录</td><td>监理（建设）单位验收记录</td></tr>
<tr><td rowspan="9">主控项目</td><td>1</td><td colspan="2">道岔全长偏差</td><td>±20 mm</td><td colspan="2"></td><td></td></tr>
<tr><td>2</td><td colspan="2">道岔胶接绝缘接头焊接前的电绝缘性能</td><td>第 8.3.5 条</td><td colspan="2"></td><td></td></tr>
<tr><td>3</td><td colspan="2">锁定焊接</td><td>第 8.3.6 条</td><td colspan="2"></td><td></td></tr>
<tr><td>4</td><td colspan="2">道岔与相邻轨条锁定轨温差</td><td>不应大于 5℃</td><td colspan="2"></td><td></td></tr>
<tr><td>5</td><td colspan="2">钢轨焊接接头探伤检查</td><td>第 8.3.8 条</td><td colspan="2"></td><td></td></tr>
<tr><td>6</td><td colspan="2">钢轨焊接接头外观质量</td><td>第 8.3.9 条</td><td colspan="2"></td><td></td></tr>
<tr><td rowspan="3">7</td><td rowspan="3">焊接接头平直度/mm</td><td>轨顶面</td><td>第 6.0.11 条</td><td colspan="2"></td><td></td></tr>
<tr><td>轨头内侧工作面</td><td>第 6.0.11 条</td><td colspan="2"></td><td></td></tr>
<tr><td>轨底（焊筋）</td><td>第 6.0.11 条</td><td colspan="2"></td><td></td></tr>
<tr><td rowspan="3">一般项目</td><td>1</td><td colspan="2">铝热焊焊缝距离轨枕边缘</td><td>不应小于 100 mm</td><td colspan="2"></td><td rowspan="3"></td></tr>
<tr><td>2</td><td colspan="2">道岔内焊接接头打磨质量</td><td>第 8.3.12 条</td><td colspan="2"></td></tr>
<tr><td>3</td><td colspan="2">纵向位移“零点”标记</td><td>第 8.3.13 条</td><td colspan="2"></td></tr>
<tr><td colspan="3">施工单位检查评定结果</td><td colspan="5">专职质量检查员　　年　月　日
分项工程技术负责人　　年　月　日
分项工程负责人　　年　月　日</td></tr>
<tr><td colspan="3">监理单位验收结论</td><td colspan="5">监理工程师
年　月　日</td></tr>
</table>

表 7－16 （有碴轨道）道岔整理检验批质量验收记录表（Ⅰ）

01010504□□□

单位工程名称			
分部工程名称			
分项工程名称		验收部位	
施工单位		项目负责人	
施工质量验收标准名称及编号	《客运专线铁路轨道工程施工质量验收暂行标准》（铁建设［2005］160 号）		

施工质量验收标准的规定					施工单位检查评定记录						监理单位验收记录
主控项目	1	道床稳定状态参数指标	道床密度/（g/cm^3）	第 7.5.5 条						平均值	
			道床刚度/（kN/mm）	第 7.5.5 条						平均值	
			道床横向阻力/（kN/枕）	第 7.5.5 条						平均值	
			道床纵向阻力/（kN/枕）	第 7.5.5 条						平均值	
	2	导曲线设置		第 8.4.3 条							
	3	道岔（直向）静态平顺度/mm	轨距	第 8.4.4 条							
			高低	第 8.4.4 条							
			轨向	第 8.4.4 条							
			扭曲	第 8.4.4 条							
			水平	第 8.4.4 条							

施工单位检查评定结果	专职质量检查员 年 月 日 分项工程技术负责人 年 月 日 分项工程负责人 年 月 日
监理单位验收结论	监理工程师 年 月 日

表 7－17 （有碴轨道）道岔整理检验批质量验收记录表（Ⅱ）

01010504□□□

<table>
<tr><td colspan="4">单位工程名称</td><td colspan="4"></td></tr>
<tr><td colspan="4">分部工程名称</td><td colspan="4"></td></tr>
<tr><td colspan="4">分项工程名称</td><td colspan="2"></td><td>验收部位</td><td></td></tr>
<tr><td colspan="4">施工单位</td><td colspan="2"></td><td>项目负责人</td><td></td></tr>
<tr><td colspan="4">施工质量验收标准名称及编号</td><td colspan="4">《客运专线铁路轨道工程施工质量验收暂行标准》（铁建设［2005］160 号）</td></tr>
<tr><td colspan="6">施工质量验收标准的规定</td><td>施工单位检查评定记录</td><td>监理单位验收记录</td></tr>
<tr><td rowspan="8">一般项目</td><td>1</td><td colspan="3">道岔质量</td><td>第 8.4.6 条</td><td></td><td rowspan="8"></td></tr>
<tr><td>2</td><td colspan="3">道床质量</td><td>第 8.4.7 条</td><td></td></tr>
<tr><td>3</td><td colspan="3">钢轨打磨后的表面质量</td><td>第 8.4.8 条</td><td></td></tr>
<tr><td rowspan="3">4</td><td rowspan="5">允许偏差/mm</td><td colspan="2">道床厚度</td><td>－20</td><td></td></tr>
<tr><td colspan="2">碴肩宽度</td><td>±20</td><td></td></tr>
<tr><td colspan="2">碴肩堆高</td><td>不得有负偏差</td><td></td></tr>
<tr><td rowspan="2">5</td><td rowspan="2">轨面高程</td><td>在有碴道床上</td><td>±20</td><td></td></tr>
<tr><td>在建筑物上</td><td>±10</td><td></td></tr>
<tr><td colspan="4">施工单位检查评定结果</td><td colspan="4">专职质量检查员 年 月 日
分项工程技术负责人 年 月 日
分项工程负责人 年 月 日</td></tr>
<tr><td colspan="4">监理单位验收结论</td><td colspan="4">监理工程师
年 月 日</td></tr>
</table>

表 7－18 （有碴轨道）铺钢轨伸缩调节器检验批质量验收记录表

01010601□□□

<table>
<tr><td colspan="3">单位工程名称</td><td colspan="8"></td></tr>
<tr><td colspan="3">分部工程名称</td><td colspan="8"></td></tr>
<tr><td colspan="3">分项工程名称</td><td colspan="2"></td><td colspan="3">验收部位</td><td colspan="3"></td></tr>
<tr><td colspan="3">施工单位</td><td colspan="2"></td><td colspan="3">项目负责人</td><td colspan="3"></td></tr>
<tr><td colspan="3">施工质量验收标准名称及编号</td><td colspan="8">《客运专线铁路轨道工程施工质量验收暂行标准》（铁建设［2005］160 号）</td></tr>
<tr><td colspan="4">施工质量验收标准的规定</td><td colspan="5">施工单位检查评定记录</td><td>监理单位验收记录</td></tr>
<tr><td rowspan="6">主控项目</td><td>1</td><td>钢轨伸缩调节器的种类、型号、方向和质量</td><td>第 9.1.4 条</td><td colspan="5"></td><td></td></tr>
<tr><td>2</td><td>钢轨伸缩调节器范围内的轨道部件</td><td>第 9.1.5 条</td><td colspan="5"></td><td></td></tr>
<tr><td>3</td><td>钢轨伸缩调节器的铺设位置</td><td>第 9.1.6 条</td><td colspan="5"></td><td></td></tr>
<tr><td>4</td><td>钢轨伸缩调节器基本轨、尖轨及配件的铺设</td><td>第 9.1.7 条</td><td colspan="5"></td><td></td></tr>
<tr><td>5</td><td>螺栓扭矩</td><td>第 9.1.8 条</td><td colspan="5"></td><td></td></tr>
<tr><td>6</td><td>扣件扣压力</td><td>第 9.1.9 条</td><td colspan="5"></td><td></td></tr>
<tr><td rowspan="4">一般项目</td><td>1</td><td>零配件安装外观质量</td><td>第 9.1.10 条</td><td colspan="5"></td><td rowspan="3"></td></tr>
<tr><td rowspan="2">2</td><td>轨枕间距允许偏差</td><td>±20 mm</td><td></td><td></td><td></td><td></td><td></td></tr>
<tr><td>连续 6 根轨枕的距离允许偏差</td><td>±30 mm</td><td></td><td></td><td></td><td></td><td></td></tr>
<tr><td>3</td><td>轨道中线允许偏差</td><td>30 mm</td><td></td><td></td><td></td><td></td><td></td><td></td></tr>
<tr><td colspan="3">施工单位检查评定结果</td><td colspan="8">专职质量检查员 年 月 日
分项工程技术负责人 年 月 日
分项工程负责人 年 月 日</td></tr>
<tr><td colspan="3">监理单位验收结论</td><td colspan="8">监理工程师
年 月 日</td></tr>
</table>

表 7－19　（有碴轨道钢轨伸缩调节器）设置位移观测桩检验批质量验收记录表

01010602□□□□

<table>
<tr><td colspan="3">单位工程名称</td><td colspan="3"></td></tr>
<tr><td colspan="3">分部工程名称</td><td colspan="3"></td></tr>
<tr><td colspan="3">分项工程名称</td><td colspan="2">验收部位</td><td></td></tr>
<tr><td colspan="3">施工单位</td><td colspan="2">项目负责人</td><td></td></tr>
<tr><td colspan="3">施工质量验收标准名称及编号</td><td colspan="3">《客运专线铁路轨道工程施工质量验收暂行标准》（铁建设［2005］160 号）</td></tr>
<tr><td colspan="4">施工质量验收标准的规定</td><td>施工单位检查评定记录</td><td>监理（建设）单位验收记录</td></tr>
<tr><td rowspan="4">主控项目</td><td>1</td><td>位移观测桩的式样、规格和材料</td><td>第 7.3.3 条</td><td></td><td rowspan="4"></td></tr>
<tr><td rowspan="3">2</td><td>位移观测桩设置牢固情况</td><td rowspan="3">第 7.3.4 条</td><td></td></tr>
<tr><td>位移观测桩设置的对数、位置</td><td></td></tr>
<tr><td>单元轨节两端就位后标记情况</td><td></td></tr>
<tr><td rowspan="2">一般项目</td><td rowspan="2">1</td><td>位移观测桩的编号情况</td><td rowspan="2">第 7.3.5 条</td><td></td><td rowspan="2"></td></tr>
<tr><td>每对位移观测桩基准点连线与线路中线的垂直情况</td><td></td></tr>
<tr><td colspan="3">施工单位检查评定结果</td><td colspan="3">专职质量检查员　　年　月　日
分项工程技术负责人　　年　月　日
分项工程负责人　　年　月　日</td></tr>
<tr><td colspan="3">监理单位验收结论</td><td colspan="3">监理工程师
年　月　日</td></tr>
</table>

表 7－20 （有碴轨道钢轨伸缩调节器）工地钢轨焊接检验批质量验收记录表

01010603□□□□

<table>
<tr><td colspan="3">单位工程名称</td><td colspan="4"></td></tr>
<tr><td colspan="3">分部工程名称</td><td colspan="4"></td></tr>
<tr><td colspan="3">分项工程名称</td><td colspan="2"></td><td>验收部位</td><td></td></tr>
<tr><td colspan="3">施工单位</td><td colspan="2"></td><td>项目负责人</td><td></td></tr>
<tr><td colspan="4">施工质量验收标准名称及编号</td><td colspan="3">《客运专线铁路轨道工程施工质量验收暂行标准》（铁建设［2005］160 号）</td></tr>
<tr><td colspan="5">施工质量验收标准的规定</td><td>施工单位检查评定记录</td><td>监理(建设)单位验收记录</td></tr>
<tr><td rowspan="6">主控项目</td><td>1</td><td colspan="2">锁定轨温测定及预留伸缩量计算、伸缩起点标记</td><td>第 9.3.3 条</td><td></td><td></td></tr>
<tr><td>2</td><td colspan="2">钢轨焊接接头的探伤检查</td><td>第 9.3.4 条</td><td></td><td></td></tr>
<tr><td>3</td><td colspan="2">焊接接头的外观质量</td><td>第 9.3.5 条</td><td></td><td></td></tr>
<tr><td rowspan="3">4</td><td rowspan="3">焊接接头平直度/mm</td><td>轨顶面</td><td>第 6.0.11 条</td><td></td><td></td></tr>
<tr><td>轨头内侧工作面</td><td>第 6.0.11 条</td><td></td><td></td></tr>
<tr><td>轨底（焊筋）</td><td>第 6.0.11 条</td><td></td><td></td></tr>
<tr><td>一般项目</td><td>1</td><td colspan="2">伸缩起点标志标记</td><td>第 9.3.7 条</td><td></td><td></td></tr>
<tr><td colspan="3">施工单位检查评定结果</td><td colspan="4">专职质量检查员 年 月 日
分项工程技术负责人 年 月 日
分项工程负责人 年 月 日</td></tr>
<tr><td colspan="3">监理单位验收结论</td><td colspan="4">监理工程师
年 月 日</td></tr>
</table>

表 7－21　（有碴轨道钢轨伸缩调节器）轨道整理检验批质量验收记录表（Ⅰ）

01010604□□□□□

单位工程名称			
分部工程名称			
分项工程名称		验收部位	
施工单位		项目负责人	
施工质量验收标准名称及编号	《客运专线铁路轨道工程施工质量验收暂行标准》（铁建设［2005］160 号）		

施工质量验收标准的规定					施工单位检查评定记录						监理单位验收记录
主控项目	1	道床稳定状态参数指标	道床密度/（g/cm^3）	第 7.5.5 条						平均值	
			道床刚度/（kN/mm）	第 7.5.5 条						平均值	
			道床横向阻力/（kN/枕）	第 7.5.5 条						平均值	
			道床纵向阻力/（kN/枕）	第 7.5.5 条						平均值	
	2	基本轨伸缩及尖轨锁定工作状态		第 9.4.3 条							
	3	轨道静态平顺度/mm	轨距	第 9.4.4 条							
			高低	第 9.4.4 条							
			水平	第 9.4.4 条							
			扭曲	第 9.4.4 条							
			轨向	第 9.4.4 条							

施工单位检查评定结果	专职质量检查员　　年　月　日 分项工程技术负责人　　年　月　日 分项工程负责人　　年　月　日
监理单位验收结论	监理工程师 年　月　日

表 7－22 （有碴轨道钢轨伸缩调节器）轨道整理检验批质量验收记录表（Ⅱ）

01010604□□□□

单位工程名称											
分部工程名称											
分项工程名称							验收部位				
施工单位							项目负责人				
施工质量验收标准名称及编号	《客运专线铁路轨道工程施工质量验收暂行标准》（铁建设［2005］160 号）										
施工质量验收标准的规定						施工单位检查评定记录					监理单位验收记录
一般项目	1	道床质量			第 9.4.6 条						
	2	钢轨预打磨后的表面质量			第 9.4.7 条						
	3	允许偏差/mm	道床厚度		－20						
			碴肩宽度		±20						
			碴肩堆高		不得有负偏差						
	4		轨面高程	一般路基上	±20						
				在建筑物上	±10						
			轨道中线		30						
			线间距		0，+20						
施工单位检查评定结果	专职质量检查员　　年　月　日 分项工程技术负责人　　年　月　日 分项工程负责人　　年　月　日										
监理单位验收结论	监理工程师 年　月　日										

表 7－23　线路及信号标志检验批质量验收记录表

01010701□□□□

<table>
<tr><td colspan="3">单位工程名称</td><td colspan="4"></td></tr>
<tr><td colspan="3">分部工程名称</td><td colspan="4"></td></tr>
<tr><td colspan="3">分项工程名称</td><td colspan="2"></td><td>验收部位</td><td></td></tr>
<tr><td colspan="3">施工单位</td><td colspan="2"></td><td>项目负责人</td><td></td></tr>
<tr><td colspan="3">施工质量验收标准名称及编号</td><td colspan="4">《铁路轨道工程施工质量验收标准》TB1043—2003</td></tr>
<tr><td colspan="4">施工质量验收标准的规定</td><td colspan="2">施工单位检查评定记录</td><td>监理单位验收记录</td></tr>
<tr><td rowspan="2">主控项目</td><td>1</td><td>标志的材质、规格、图案</td><td>第 10.0.2 条</td><td colspan="2"></td><td></td></tr>
<tr><td>2</td><td>标志的数量、位置、高度、标示方向、牢固程度</td><td>第 10.0.3 条</td><td colspan="2"></td><td></td></tr>
<tr><td rowspan="3">一般项目</td><td>1</td><td>标志设置端正</td><td>第 10.0.4 条</td><td colspan="2"></td><td rowspan="3"></td></tr>
<tr><td>2</td><td>标志的涂装、色泽</td><td>第 10.0.4 条</td><td colspan="2"></td></tr>
<tr><td>3</td><td>标志的图像、字迹</td><td>第 10.0.4 条</td><td colspan="2"></td></tr>
<tr><td colspan="3">施工单位检查评定结果</td><td colspan="4">专职质量检查员　　年　月　日
分项工程技术负责人　　年　月　日
分项工程负责人　　年　月　日</td></tr>
<tr><td colspan="3">监理单位验收结论</td><td colspan="4">监理工程师
年　月　日</td></tr>
</table>

参考文献

[1] 吴松勤. 建筑工程管理文件资料形成及常用表式[M]. 北京:中国建筑工业出版社, 2008.

[2] 北京土木建筑学会. 建筑工程监理资料[M]. 北京:经济科学出版社,2003.

[3] 吴锡桐. 建筑工程资料员手册[K]. 上海:同济大学出版社,2005。

[4] 吕宗斌. 建筑工程技术资料管理[M]. 武汉:武汉理工大学出版社,2005.

[5] 中华人民共和国建设部. GB/T 50328—2001 建设工程文件归档整理规范[S]. 北京:中国建筑工业出版社,2002.

[6] 本书编委会. 市政工程资料填写与组卷范例[M]. 北京:中国建筑工业出版社,2008.

[7] 北京土木建筑学会. 建筑工程技术交底记录[M]. 北京:经济科学出版社,2007.

[8] 罗广香. 铁路工程项目资料管理手册[K]. 北京:中国铁道出版社, 2010.

[9] 中华人民共和国建设部. GB 50300—2001 建筑工程施工质量验收统一标准[S]. 北京:中国建筑工业出版社,2002.

[10] 中华人民共和国建设部. GB 50319—2000 建设工程监理规范[S]. 北京:中国建筑工业出版社, 2001.

[11] 刘宏敏,李翠华. 建筑工程资料管理[M]. 北京:机械工业出版社, 2014.